Roma Freifrau v. Grießenbeck

Kirche Macht Geschichte

Streifzüge durch Europas Vergangenheit

„Wer nicht von dreitausend Jahren sich weiß Rechenschaft zu geben,

bleibt im Dunkeln unerfahren, mag von Tag zu Tag leben."

Johann Wolfgang von Goethe (1749–1832)
aus West-östlicher Divan (1814–1819)

Anschrift des Verlages:
C. A. Starke Verlag
Zeppelinstr. 2, D-65549 Limburg an der Lahn
Tel. 06431 / 96 15 0; Fax 06431 / 96 15 15
www.starkeverlag.de

Umschlagsgestaltung: Stefan Schröter

ISBN 3-7980-0577-X

Roma Freifrau v. Grießenbeck

KIRCHE MACHT GESCHICHTE

Streifzüge durch Europas Vergangenheit

C. A. Starke Verlag
Limburg an der Lahn

Inhalt

Geleitwort

Vor 450 Jahren wurde mit dem Augsburger Religionsfrieden von 1555 in Deutschland erstmals der Gedanke der religiösen Toleranz gesetzlich verankert. Im „Heiligen“ Römischen Reich lebten seitdem Katholiken und Protestanten mehr oder weniger friedlich nebeneinander; seit dem Westfälischen Frieden 1648 waren auch die Calvinisten reichsrechtlich geduldet.

Diese Tradition der religiösen Toleranz, an die im Jahr 2005 zu Recht mit Ausstellungen, Tagungen und Vorträgen erinnert wird, können Deutschland und andere Länder (wie etwa Polen) als bedeutendes historisches Vermächtnis in das vereinigte Europa einbringen.

Die Erinnerung an ein 450 Jahre zurückliegendes und bis heute nachwirkendes Ereignis wie den Augsburger Religionsfrieden zeigt uns, welche weltgeschichtliche Bedeutung die jeweilige Stellung des Staates zur Kirche oder besser: zu den Religionen hatte. Dies ist auch das große Thema des vorliegenden Buches. Darin zeigt die engagierte Autorin, wie sich das Verhältnis von Staat und Kirche im Spannungsfeld der Geschichte entwickelte. Dabei wird deutlich, dass es im Wesentlichen drei Grundformen der Koexistenz von Staat und Kirche gibt: Im ersten Fall vereinnahmt der Staat die Religion (oder wird von ihr vereinnahmt), im zweiten Fall versucht der Staat, Religion zu eliminieren, und im dritten Fall gibt es ein mehr oder weniger gesichertes Nebeneinander (Duldung, Trennung von Staat und Kirche). Im ersteren Fall fällt die Religion dem Staat als Staatsreligion zum Opfer oder der Staat wird das Opfer der Religion wie etwa im Genfer Gottesstaat eines Calvin. Staatsreligionen zeichnen sich durch Unduldsamkeit gegenüber anderen Religionen aus. Im zweiten Fall kommt es zu einer Verfolgung und Unterdrückung der Religion überhaupt. Die atheistische kommunistische Diktatur ist ein Beispiel für einen Staat, der die Religionen allgemein bekämpft, sich aber selbst dabei religiöser Formen bedient. Diese modernen „politischen“ Religionen kennen ebenso wie die „alten“ Religionen die „Bibeln“ ihrer Glaubensstifter (etwa Maos „rote Bibel“ oder Hitlers „Mein Kampf“). Sie kennen einen Alleinvertretungsanspruch, sie kennen „religiöse“ Inszenierungen und „Märtyrer“. Der dritte Fall des Miteinanders von Kirche und Staat ist derjenige der friedlichen Koexistenz, der Trennung und der Toleranz. Er ist bis heute heiß umkämpft und keineswegs gesichert.

Warum hat die Autorin dieses Buch geschrieben? Da sind zunächst die persönlichen Forschungen zur Familiengeschichte, die auch in ihrem Artikel über die Gegenreformation in Böhmen ihren Niederschlag finden. Die Suche nach den persönlichen Wurzeln weitet die Autorin aus zur Suche nach den Wurzeln Europas, die nicht zuletzt in den religiösen oder auch antireligiösen Bewegungen zu finden sind, die in Europa wirksam wurden. Dazu gehören etwa die orthodoxen Kirchen, aber auch der Islam oder auch die Freimaurer. Das Buch möchte dazu beitragen, das Verständnis für die Religionen zu vertiefen und zu wecken. Vor allem aber ruft es zur Toleranz auf, sowohl zur Toleranz von Seiten des Staates, als auch von Seiten der Kirchen und Religionen. Ich wünsche dem Buch viel Erfolg.

Prof. Dr. Reinhard Heydenreuter, München

Prolog

Geschichte scheint heute nicht mehr gefragt und in der Schule wohl auch nur ungenügend vermittelt zu werden. Wie kann es sonst sein, dass es Schüler gibt, die den Ersten Weltkrieg in das 18. Jahrhundert verlegen, Goethe mit dem Vornamen Alfred verbinden, keine drei deutschen Komponisten nennen können und nicht wissen, dass Tschechien in Europa liegt. In keinem Lehrplan ist vorgesehen, den jungen Menschen die deutsche Nationalhymne beizubringen.

Ein historisches Bewusstsein findet man kaum. Sonst hätten die deutschen Bürger 2001 nicht kritiklos die Äußerung ihres Politikers hinnehmen können, der das neue Kanzleramt in Berlin von keinen Konfessionen einweihen lassen wollte, weil er sich „auf keine Kultur festlegen will".

Wo ist unser Traditionsbewusstsein, unser Selbstbewusstsein, wenn von Regierungsseite erwogen wird, mit dem viel diskutierten muslimischen Kopftuch auch die Nonnenhauben und Mönchskutten verbannen zu wollen?

Selbst in der Europäischen Verfassung, die nach der Osterweiterung der Europäischen Union im Jahre 2004 neu konstituiert wurde, umgingen die Mitgliedsstaaten bewusst den christlichen Aspekt Europas und einigten sich auf die Version eines „kulturellen, religiösen und humanistischen Erbes Europas".

Unsere Vergangenheit besteht nicht nur aus den zwölf schrecklichen Jahres des „Hitler-Regimes", nach denen wir Deutschen unser nationales Selbstgefühl, unsere Achtung und Würde noch nicht wieder zurückgewonnen haben. Vielmehr tragen wir ein über tausendjähriges deutsch-europäisches Erbe, auf das wir stolz sein dürfen.

In diesem Buch wird Geschichte unterhaltsam und kurzweilig näher gebracht. Es richtet sich an historisch interessierte Leser, die einen Überblick über Schwerpunkte unserer abendländischen Vorzeit gewinnen möchten. Die einzelnen Themen spannen einen Bogen aus der Vergangenheit in die Gegenwart. Hierbei lässt das Aufgreifen von reizvollen Details die Lektüre nie langweilig erscheinen. So erkennt man in den damaligen Lebensumständen die Vorbedingungen unserer staatlichen Existenz, die Spiegelung von aktuellen Problemen unserer Zeitgeschichte und Tatsachen unseres alltäglichen Lebens. Jene Epochen, in denen das Althergebrachte verändert und Neues geschaffen wurde, sind für uns so bedeutungsvoll.

Die Streifzüge sind Rückblicke in die Zukunft. So wie die Vergangenheit ihre Schatten vorauswirft, kann sich die Geschichte durchaus in ähnlicher Weise wiederholen. Das Buch verbindet Vergangenheit mit Gegenwart.

Was aber ist Vergangenheit?

Ein älterer Mensch wird sein eigenes Leben als Vergangenheit ansehen. Die Eltern, Großeltern, die Ahnen geben eine Vergangenheit vor. Das Land der Vorfahren wurde geprägt durch die Geschichte. Die Geschichte war wiederum abhängig von der Kultur, die dem Land über Jahrhunderte etwas Spezifisches verliehen hat, das in Denk- und Lebensweise zum Ausdruck kommt. Dieses Charakteristische ist unbestritten die jeweilige Religion, die als Kulturträger in allen Kontinenten unserer Erde den Völkern eine Seele einhauchte.

Im Mittelpunkt dieses Buches steht der religiöse, kulturelle und politische Einfluss der Religionen. Wer Politik betreibt, erstrebt Macht. Die katholische Kirche hat ebenso wie die orthodoxen Kirchen durch alle Jahrhunderte ihre Macht ausgeübt. Ihr Einfluss auf Politik und Volk gab Europa seine Prägung und verhalf dem Abendland zu einer christlich-kulturellen und schöpferischen Entfaltung. Europa, das als Kontinent des Glaubens bezeichnet wird, wurde aber durchdrungen von Abendland und Morgenland, von Okzident und Orient, vom Christentum, Judentum und Islam. Diese verschiedenen Religionen, die in Europa aufeinander trafen, erzeugten Spannungen. Diese führten in frühen Zeiten zu Unbehagen und Abneigung beim päpstlichen Stuhl, der aufrief gegen Juden und Muslime vorzugehen, Lutheraner und Hugenotten zu verfolgen und u. a. die Freimaurer wegen ihrer religiösen Toleranz mit dem Kirchenbann zu belegen.

So verstand die katholische Kirche in ihrer Vielseitigkeit nicht nur die Mystik ihrer Lehre einzusetzen, vielmehr weitete sie auch die Macht und Dominanz ihrer Position zunehmend aus. Ihr starkes Eingreifen in staatliche Belange stellte deshalb oftmals die „Vernunftehe" zwischen Kirche und Staat auf eine Zerreißprobe. „Da Machtfülle auf der einen Seite ohne Ohnmacht auf der anderen nicht denkbar ist“ (Max Weber, 1864-1920, deutscher Ökonom und Soziologe), geriet die einstige Partnerschaft zwischen Kreuz und Krone aus dem Gleichgewicht.

Nach dem Augsburger Religionsfrieden im Jahre 1555 fanden im Heiligen Römischen Reich Deutscher Nation Religionsflüchtlinge aus ganz Europa Aufnahme. Deutschland wurde zum Einwanderungsland für Protestanten, Hugenotten und Juden. Mit Beginn der Neuzeit hatten sich Verständnis und Toleranz immer stärker durchgesetzt.

Rund vierhundert Jahre später, im Jahre 1995, proklamierten die Mitgliedsstaaten der Organisation der Vereinten Nationen für Bildung, Wissenschaft, Kultur und Kommunikation in ihrer 28. UNESCO-Generalkonferenz die Prinzipien der Toleranz, um diese in unserer Gesellschaft zu verbreiten.

Der Artikel 1.1 formuliert gleichzeitig in so treffender Weise den Leitgedanken dieses Buches, dass er hier wiedergegeben werden soll:

„Toleranz bedeutet Respekt, Akzeptanz und Anerkennung der Kulturen unserer Welt, unserer Ausdrucksformen und Gestaltungsweisen unseres Menschseins in all ihrem Reichtum und ihrer Vielfalt. Gefördert wird sie durch Wissen, Offenheit, Kommunikation und durch Freiheit des Denkens, der Gewissensentscheidung und des Glaubens. Toleranz ist Harmonie über Unterschiede hinweg. Sie ist nicht nur moralische Verpflichtung, sondern auch eine politische und rechtliche Notwendigkeit. Toleranz ist eine Tugend, die den Frieden ermöglicht, und trägt dazu bei, den Kult des Krieges durch eine Kultur des Friedens zu überwinden.“

Abb. 1: Europa auf dem Stier
Wittelsbacher Brunnen, München

1

Das „alte Europa"
Kontinent des Glaubens

Was bewegt uns, wenn die „Neue Welt", wenn Amerika vom „alten Europa" spricht?

Jeder Einzelne ist wie jedes Volk von seiner Vergangenheit geprägt und trägt deren Erbe, das wiederum den Weg in die Zukunft weist. Die Kenntnis der Ursprünge und Traditionen lässt eine Beziehung zur Herkunft entstehen, die uns eine Antwort auf die Frage geben kann.

Die mythologische Wiege Europas stand auf Kreta.
Einem griechischen Mythos zufolge soll Gott Zeus sich in die phönizische Prinzessin „Europa" verliebt haben. Er nahm die Gestalt eines Stieres an, verleitete sie, auf seinen Rücken zu steigen, und eilte mit ihr über das Meer nach Kreta. Dort teilte er mit ihr das Nachtlager. Der Sohn

dieser Verbindung, Minos, schuf als erster König auf Kreta die minoische Kultur (der Begriff „minoisch“ wurde 1883 von Arthur Milchhöfer verwendet und durch Sir Arthur Evans bekannt). Diese erlebte um 2200 v. Chr. eine Blütezeit und wird als die erste europäische Hochkultur bezeichnet. Kreta war Ursprung, war Vorläufer und Anfang der abendländischen Kultur.

Auf dieser Insel trafen die Einflüsse aus dem nahen Ägypten und von den Küsten Asiens zusammen, die von griechischen Volksstämmen bewohnt waren. Die griechische Gedankenwelt nahm also ihren Ausgang von diesen griechischen Kolonien an der Westküste Kleinasiens und nicht vom Peloponnes aus. Dort im Vorderen Orient, wo die Handelswege dreier Kontinente sich kreuzten und wo verschiedene Eindrücke, Anschauungen und Völker aneinander stießen, bestand eben die Neigung zu vergleichen, zu beurteilen und weiterzudenken.

Der Name Europa war zunächst auf Griechenland beschränkt. In seiner *Histories Apodeixis* verwendete der griechische Geschichtsschreiber Herodot in der 2. Hälfte des 5. Jahrhunderts v. Chr. im Rahmen seiner Beschreibung der Perserkriege erstmals den Begriff Europa, der noch kaum mehr umfasste als die Abgrenzung der „zivilisierten“ griechischen Welt gegen das „barbarische“ Asien.

Dann stand im Jahre 479 v. Chr. die Schicksalsfrage im Raum, ob dieses Europa überhaupt werden sollte oder nicht. Der Orient, das Morgenland, in dem die Sonne längst aufgegangen war, rückte vor, während der Okzident im Abendlicht noch im Dämmerschlaf seines Erwachens lag. Aber Griechenland war kampfbereit und gab die Antwort mit der siegreichen Seeschlacht bei Salamis unter seinem Feldherrn und Staatsmann Themistokles (525 v. Chr.– 460 v. Chr.) im Jahre 480 v. Chr. Das war die Entscheidungsschlacht gegen den starken Perserkönig Xerxes (486 v. Chr.– 465 v. Chr.), die unserem Kontinent den Boden sicherte und ihm den Atem einhauchte. Es ging darum, ob auf der zerklüfteten Halbinsel am äußersten westlichen Rand des asiatischen Kontinents, die vom Schwarzen Meer bis an den Atlantik reichte, für alle Zeiten arabische Kultur und orientalisches Leben sein sollten oder griechisches Denken und später lateinische Sprache und christliche Religion. Jetzt war gesichert, dass das Abendland zum geistigen Erbe des Nahen Orients und Ägyptens, der griechischen Kultur sowie des römischen Genius und der christlichen Kirche werden konnte. In der abendländischen Identität sind diese großen Kulturkreise vereinigt.

Am Ende des 4. Jahrhunderts n. Chr. rückte, mit Hilfe römischer Cäsaren, der christliche Glaube in den Rang der Staatsreligion. Als einhundert Jahre später, 476 n. Chr., das weströmische Reich unterging, überlebte das Christentum. Auch die orthodoxe Kirche im oströmischen Reich, die für die Europäer die Hüterin der griechischen und römischen Kultur war, überlebte in Byzanz. Die oströmischen Herrscher erkannten von vorneherein ihre Verpflichtung, die ererbte Kultur zu bewahren und der Bedrohung durch die Barbaren entgegenzusetzen. So hatte zum Beispiel Kaiser Justinian I. (527–565) systematisch die in Jahrhunderten gewachsene römische Rechtsüberlieferung in einem vierteiligen Werk zusammengefasst. Der *Codex Justinianus* und der *Corpus Juris Civilis* gelten heute als wichtigste Texte und Grundlagen der europäischen Rechtsgeschichte. Über elf Jahrhunderte blieb Konstantinopel, die Hauptstadt des Byzantinischen Reiches an der Wasserstraße zwischen zwei Kontinenten, der bewaffnete Wall gegen die Muslime. Immer wieder wehrte sich von Byzanz aus die starke griechisch-orthodoxe Christenheit gegen den Übergriff des Islam.

Die Kirche vermittelte das Wissen der Antike in das aufbrechende Europa, pflegte es in den Klöstern, an den Universitäten, prägte den Jahreskalender und gliederte die geographischen Räume durch die Anlagen von Kirchen, Klöstern und Wallfahrtsorten. Das lateinische Christentum brachte seine reichen Erfahrungen bei der Verfestigung der germanischen und slawischen Gemeinschaften ein, ein Prozess, der vom 6. bis zum 14. Jahrhundert dauerte. Es stand auf der Seite der politischen Macht, trug Verantwortung und ging Kompromisse ein, ohne sich jedoch vom Kern der christlichen Botschaft abzuwenden. Mit diesem kulturellen Erbe hat Europa durch Kontinuität die ganze Welt mit Gedankenreichtum, Erfinderkraft, Kunstschaffen und Religionstiefe erfüllt. Die Weltgeschichte kennt kein anderes Beispiel dafür, dass eine Kultur sich derart ausgebreitet und ihre Wirkung so dauerhaft gefestigt hat.

Das bezeugte im Jahre 2005 das weltumspannende Interesse am Tod des Oberhauptes der katholischen Kirche, Papst Johannes Paul II. Zur Trauerfeier für den „Pontifex des Abendlandes", wie die Päpste heute noch heißen, reisten Staats- und Religionsvertreter aus über 130 Ländern aller Erdteile an.

Europa, der Größe nach unter den fünf Kontinenten an vorletzter Stelle, griff mit seinen Völkern und seiner abendländischen Zivilisation am weitesten und mächtigsten über die Erde aus. Zwei Erdteile wurden von den Angelsachsen europäisiert, Nordamerika und Australien. Mittel- und Südamerika wurden von den Spaniern und Portugiesen kulturell abendländisch beeinflusst. Westliche Lebensformen drangen über das europäische Russland bis an die pazifische Küste.

Der Name „Europa" verdrängte allmählich den Begriff „Okzident".

Der Vorstoß germanischer Stammesverbände bis nach Rom bewirkte im Jahre 476 die Auflösung des römischen Reiches als Staat und als kulturelle Einheit und führte zur Neubildung verschiedener Reiche auf dem Boden des ehemaligen römischen Imperiums. In dieser Zeit begann Europa seine heutige Struktur anzunehmen.

Papst Gregor der Große (590–604) wurde „die Blume ganz Europas" genannt.

Das erste germanische Großreich, das bereits im 4. Jahrhundert das Bündnis mit dem Römerreich aufgekündigt hatte, das Reich der Westgoten oder Westgermanen in Spanien und Südfrankreich, wurde zu Beginn des 8. Jahrhunderts durch die Muslime zerschlagen. Die Araber hatten die Iberische Halbinsel unter ihre islamische Herrschaft gebracht und bestimmten für mehrere Jahrhunderte dort die politische und kulturelle Entwicklung. Auf ihrem weiteren Eroberungszug nach Norden, ins Reich der Franken, kam es 732 zur großen Schlacht bei Tours und Poitiers. Ein Chronist beschrieb diese Araberschlacht gegen den fränkischen Hausmeier Karl Martell (688–741), den ersten Karolinger in dieser Position, und bezeichnete erstmals das Reich der Franken als kontinentale Gemeinschaft, als *Europenses*. Er meinte damit die Völker nördlich der Pyrenäen und der Alpen. Diese von den Franken beherrschten Länder bildeten Europa, das durch Rhein und Donau bewässert wurde.

Durch das Vordringen der Araber bis ins Herz Europas und ihre Eroberung der Küstengebiete rund um das Mittelmeer war das Abendland, zum ersten Mal seit der Entstehung des Römischen Reiches, vom Rest der Welt isoliert. Das Mittelmeer, das das Frankenreich und spätere Heilige Römische Reich mit der Kultur der Antike verbunden hatte, verschloss sich ihm jetzt. Das war vielleicht die bedeutendste weltgeschichtliche Folge der muslimischen Eroberungen, denn das christliche Abendland, dessen bisherige Handelswege gesperrt waren, wurde nun eine abgesonderte Welt. Gezwungen, sich mehr und mehr vom Mittelmeer abzuwenden, richtete es seine Handelswege und Aktivitäten auf die Nachbarländer im Norden und im Osten.

Mit der Eingliederung Bayerns (788) ins Frankenreich und der Eroberung der Sachsen (804) durch Kaiser Karl den Großen (König seit 768, Kaiser 800–814) vertiefte sich das europäische Bewusstsein. Es war Westeuropa bestimmt, groß zu werden und schließlich sogar über die alten Grenzen des Römischen Reiches hinauszuwachsen. Hier kristallisierte sich die europäische Kultur heraus, die später die Welt erobern sollte.

Die Chronisten feierten Karl als den „Herrn Europas", als „Vater Europas" und setzten sein Reich und Europa in eins. Karl sah sein „Weltreich", das *Regnum Francorum*, das Reich der Franken, in der Tradition des römischen Imperiums. Es umfasste nicht Europa im geographischen Sinne, vielmehr war es in der Vorstellung der Intellektuellen der Zeit ein christliches Reich, das außerhalb von Rom und des Römischen Reiches geschaffen wurde, dessen Nachfolge es antrat.

Peter Bamm, Schriftsteller und Kenner der Antike, sagte: „Europa ist kein geographischer Begriff. Europa ist eine geistige Weisheit, entstanden aus Antike und Christentum. Das Christentum ist der Vermittler und Träger unserer Kultur."

Die Krönung Karls des Großen zum Kaiser des Frankenreiches im Jahr 800 durch Papst Leo III., den Heiligen (795–816), vertiefte das Bündnis von Kirche und Reich und erneuerte die Idee des weströmischen Imperiums. In nahezu allen Bereichen, wie Politik, Verwaltung, Rechtsprechung und Kultur, griff Karl der Große auf antikes Erbe zurück, verschmolz es mit römischer und germanischer *Traditio* und schuf mit der Christianisierung eine alle Stämme umfassende kulturelle Klammer. Europa wurde „der Kontinent des Glaubens" genannt. Daraus entwickelte sich ein europäisches Bewusstsein.

Wenn rund 800 Jahre später Papst Johannes Paul II. (1978–2005) in Rom mit dem „Außerordentlichen Karlspreis“ aus Aachen für seine besonderen Verdienste um die politische, vor allem aber um die kulturelle Einheit Europas geehrt wird, schließt sich ein Kreis, der die Vergangenheit lebendig werden lässt.

Mit der machtpolitischen Annäherung des Papsttums an das Frankenreich leitete die römische Kirche die Ablösung des Abendlandes von der Oberhoheit des Byzantinischen Reiches ein, dessen Kaiser gleichzeitig auch Oberhaupt der orthodoxen Kirche war.

In der allzu eng gewordenen Verbindung von Kathedra Petri und Kaiser-Thron, die auf christlichen, imperialen und universalen Vorstellungen ruhte, bahnte sich ein Machtkampf an. Beide Kräfte rangen um die Vorherrschaft, beide erhoben den Anspruch, die Ideale der Christenheit zu vertreten, die in diesem Streit trotz allem das gemeinsame Band blieben. Damit drohte das Bündnis zwischen Kirche und Reich zu zerfallen.

Das führte im 11. und 12. Jahrhundert zu einem Konflikt zwischen Papst und Kaiser, zum Investiturstreit. Das Papsttum entzog den weltlichen Herrschern die Amtseinsetzung von Bischöfen und Äbten und beschnitt damit die Universalmacht des Kaisertums. Daraufhin verlor der Thron für die Zukunft die Reichskirche als Herrschaftsinstrument und büßte im Inneren an Macht ein. Dagegen stärkte das die dynastischen und staatlichen Sonderinteressen der einzelnen Regionen. Nationale Königs- und Fürstenherrschaften traten in den Vordergrund. Die Strukturen der bislang hierarchisch gegliederten Feudalgesellschaft mit ihrem weit reichenden Einfluss der Kirche begannen aufzubrechen, und die Spannungen nahmen nationalen Charakter an. Europa wurde nun zu einem geographischen Begriff.

Bisher war die Geschichte des europäischen Geistes ausschließlich ein Kapitel der Kirchengeschichte. Nun wurde – mit der aufkommenden Strömung der Renaissance und des Humanismus, die von Italien aus vom 14. bis 16. Jahrhundert ganz Europa erfasste – der Blick auf eine Welt gerichtet, die der Mensch wandeln und gestalten konnte. Der Schweizer Historiker Jacob Burckhardt (1818–1897) definierte diese Epoche als die Zeit der Geburt des Individuums. Tief greifende soziale, politische, kulturelle und geistesgeschichtliche Veränderungen leiteten den Bruch mit den mittelalterlichen Traditionen ein.

Hinzu kam die Entdeckung Amerikas im Jahre 1492, die eine Erweiterung des Horizontes in das Ungeahnte brachte. Die Neuzeit hatte begonnen. Die Geschichte nahm eine Wende.

Die nächsten Jahrhunderte zeichneten sich durch neue Weltanschauungen, durch Sehnen und Suchen nach Neuerungen aus. An die Stelle des Autoritätsglaubens trat der Geist kritischer Forschung. Zum ersten Mal wagte das Volk zu denken. Man lernte kritisch forschen, begreifen und erkennen, ohne dass der allmächtige Bezug zu Gott und dem Jenseits, zu Kirche und Glauben im Vordergrund stand. Es schien, als wollte man die Fesseln des Mittelalters abschütteln.

Diese Veränderungen, die der christlichen Tradition entgegenstanden, wurden von der konservativen katholischen Kirche verurteilt. Zwistigkeiten zwischen Kirche, Humanisten und Wissenschaftlern konnten nicht ausbleiben. So entging Galileo Galilei (1564–1642), italienischer Physiker und Astronom, mit seiner Aufsehen erregenden Entdeckung, dass die Erde die Sonne umkreiste, nur knapp dem Kirchenbann. Seine ungeheure Behauptung: „Und sie dreht sich doch!“ (der Ausspruch ist historisch nicht eindeutig nachgewiesen) widersprach dem christlichen Schöpfungsgedanken. 1633 dafür verurteilt, wurde er erst 1992 vom Vatikan offiziell rehabilitiert.

Aus der Kenntnis und dem Studium antiker Literatur erwuchs in den Kreisen der Gelehrten eine ungeheuer befreiende Tendenz. Universitäten und Lateinschulen wurden gegründet. Die Bildung ging nicht mehr ausschließlich von den Klöstern aus. Die Träger des Humanismus waren ebenso Angehörige des Bürgertums und profaner Berufe wie Staatsbeamte, Juristen, Professoren, akademische Lehrer oder Schriftsteller. Da einige von ihnen außer auf Latein auch in der Sprache des Volkes lehrten und schrieben, erhielt jetzt die Laienwelt die Möglichkeit lesen und schreiben zu erlernen.

Die Humanisten wie der Italiener Lorenzo Valla (1407–457), der Engländer Thomas Morus (1478–1535), der Holländer Erasmus von Rotterdam (um 1466–1536) und die Deutschen Johannes Reuchlin (1455–1522), Ulrich von Hutten (1488–1523) und Philipp Melanchthon (1497–1560) leiteten mit ihren Schriften ungewollt die Reformation ein, die in Deutschland durch Martin Luther (1483–1546) und mit dem Augsburger Religionsfrieden von 1555 fortgesetzt wurde.

In England hatte sich König Heinrich VIII. 1533 von Rom losgesagt, begründete mit dem *Act of Supremacy* (1534) die Anglikanische Staatskirche und machte sich selber zu deren Oberhaupt. Damit war Großbritannien das erste europäische Land, das die Trennung von römischer Kirche und Staat durchgeführt hat.

Die Einigkeit der Völker und Fürsten in dem einst so katholischen Europa war zerbrochen, und mit der Spaltung der Kirche war die Widerstandskraft gegen die Angriffe der muslimischen Türken in Europa geschwächt. Der Papst und die großen Verfechter der Gegenreformation, die Habsburger und Bourbonen, hatten ihr Ziel verfehlt, die mittelalterliche, universale Idee eines geeinten christlichen Abendlandes zu erhalten. Sie konnten trotz der blutigen Kämpfe des Dreißigjährigen Krieges und der Hugenottenkriege, die Europa im 16. und 17. Jahrhundert in Atem hielten, die Einheit der Kirche nicht wiederherstellen.

Die Reformation hatte nicht nur die alte römische Kirche gespalten, das Papsttum geschwächt und der Kirche ihre universale Kraft genommen, sie hatte die Welt entzaubert, denn die Krise der Kirche wurde zur Krise des Reiches.

Staat und Kirche fielen in zwei Ordnungen auseinander, welche sich im Mittelalter als *imperium* und *sacerdotium* konkretisiert hatten. Jetzt stellten sich die einzelnen Territorialherren als Kirchenherren über die streitende Kirche und regelten als Friedens- und Ordnungsgaranten die religiösen Angelegenheiten in ihren Ländern.

Die hieraus resultierende dominante Haltung der Könige und Landesfürsten führte zum Absolutismus (1648 – etwa 1720), zur uneingeschränkten Herrschaft.

Doch die Gesellschaft, vom Adel bis zum Bürgertum, kritisierte sehr bald diese sie beherrschenden Zustände. War nicht das Weltbild des Humanismus, bezeichnet durch die Idee von Ulrich von Hutten: „Ich hab's gewagt; es lebe die Freiheit", ebenso vorausgegangen wie die Wirksamkeit der Reformation mit dem Recht der Selbstverantwortung und dem Anspruch auf Mündigkeit? Diese erworbene Freiheit setzte sich nun in der gesellschaftspolitischen Geistesströmung der Aufklärung (1720–1785) durch und manifestierte sich.

Immanuel Kant (1724–1804) interpretierte diese Epoche als „Loslösen des Menschen aus seiner selbstverschuldeten Unmündigkeit". Damit löst er die Moral von der Religion. Dennoch bestätigt er, dass die Kraft der Religion ein unverzichtbarer Schatz und die Allmacht Gottes existent ist, wenn er sagt: „Es ist unmöglich, dass ein Mensch ohne Religion seines Lebens froh werde." Der große Philosoph der Aufklärung gesteht: „Ich habe in meinem Leben viele kluge Bücher gelesen. Aber ich habe in ihnen allen nichts gefunden, was mein Herz so still und froh gemacht hätte, wie die vier Worte des 23. Psalms aus der Bibel: ‚Du bist bei mir!'" („Der Herr ist mein Hirte … und wenn ich auch wandere im finsteren Tal, ich fürchte kein Unheil, denn du bist bei mir!")

Kant fordert den Menschen auf: „Habe Mut, dich deines Verstandes zu bedienen". Die Menschen zeigten Mut und auch den Willen, durch die Vernunft die innere Freiheit und die Würde der Persönlichkeit zu erlangen. „Ich denke, also bin ich" (René Descartes, 1596–1650).

Emanzipation und Säkularisierung des Geistes, egalitäre Gesellschaft und Öffentlichkeit des Lebens setzten sich durch und ließen zunächst das Bürgertum, dann das Volk zur geistigen und politischen Kraft werden.

Die Folgen der Aufklärungsphilosophie riefen das Vorgefühl einer umstürzlerischen Wende hervor: der Französischen Revolution (1789). Sie hatte ihren Ursprung im amerikanischen Unabhängigkeitskrieg (1776) und zeigte ihre Auswirkung in ganz Europa. Sie bescherte der Welt im 18. Jahrhundert die entscheidende politische Veränderung des ganzen zweiten Jahrtausends. Mit der Devise „Freiheit, Gleichheit, Brüderlichkeit" riss der Dritte Stand das Zepter an sich. Mit dem Aufstieg des Bürgertums zum gesellschaftspolitischen Machtfaktor wurden die Grundstrukturen in allen Lebensbereichen verändert und damit war der Bruch mit der Vergangenheit vollzogen. Diese Zeit stand, im Gegensatz zum Mittelalter, für alles Neue, für Zukunft und säkulare Welt, für Individualismus und Sozialismus, für Freiheit und Gleichheit und gegen alle Bindungen. Erstmals war sich das Volk einig in seiner ablehnenden Haltung gegenüber der herrschenden Klasse, dem absolutistischen Staat und der konservativen Kirche.

Spätestens seit diesem Einschnitt war grundsätzlich nichts mehr unantastbar, nichts mehr selbstverständlich, schon gar nichts mehr heilig.

Infolge der neuen Erkenntnisse, dass die oberste Gewalt vom Volk als der Gesamtheit der Individuen ausgehe, ließ sich das Volk nicht mehr durch Kirche und Staat gängeln. Die angegriffenen Ordnungsmächte waren herausgefordert, sich dagegen zu schützen. Beide wollten sie die gleichen geistigen Waffen benützen, um dem Gegner, der erstmals in der Geschichte das Volk war, gewachsen zu sein. Da sie sich aber unter dem Zwang der Zeitströmungen, nämlich der neuen weltanschaulichen Bewegungen, auch selbst bekämpften, schadeten sie sich gegenseitig. Ungewollt arbeiteten sie der Umsturzbewegung in die Hände.

In einem auf das Diesseits gerichteten Staatsdenken war für die Kirche kein Platz mehr. Kirchliche Einmischungen in die Angelegenheiten des Staates waren nicht mehr gefragt. Die christlichen Institutionen, auf denen Gesellschaft und Kultur in Europa seit dem Mittelalter beruht hatten, erschienen als überlebte Gebilde, als Relikte einer veralteten Welt. Umso schärfer musste nun die Diskrepanz zu der immer noch bestehenden Verbindung von geistiger und weltlicher Gewalt, die bei den Fürstbischöfen in einer Hand lag, auffallen. Nirgendwo sonst in Europa waren die Bischöfe und Äbte durch Jahrhunderte zu Instrumenten der Reichspolitik geworden wie in Deutschland. Im Namen des Königs oder Kaisers hatte die Geistlichkeit Regierungen ganzer Kurfürsten- und Herzogtümer übernommen, dort Gericht gehalten, Zölle erhoben, aber auch in besonderem Maße Kunst und Kultur gefördert. In diesem kirchlichen Machtsystem sah man nun kein erfolgreiches Gegengewicht zur politischen Gesellschaft mehr.

Natürlich waren es nicht nur publizistische Stimmen, die den Untergang der nach außen mächtigen und prächtigen Reichskirche vorbereitet oder gar herbeigeführt hatten. Es waren ebenso machtpolitische und wirtschaftliche Erwägungen. Die Säkularisation lag in der Luft.

Das aufgeklärte Staatsrecht und Staatskirchenrecht sprach dem Staat ohnehin die Kirchenhoheit und damit den Zugriff auf die Kirchengüter zu. Napoleon, Kaiser der Franzosen (1804–1814/15), der auf dem Höhepunkt seiner Macht im Frieden von Lunéville 1801 das linksrheinische Gebiet zu Frankreich geschlagen hatte, drängte 1803 auf den Reichsdeputationshauptschluss. „Zur Erleichterung ihrer Finanzen“, wie es im Paragraph 35 hieß, wurden die Besitzungen der wohlhabenden Kirche zugunsten des verschuldeten Staates eingezogen. Schlagartig verlor die Kirche alle machtpolitischen Privilegien und nahezu ihren gesamten Besitz. Mit den konfiszierten kirchlichen Gütern entschädigte Napoleon die Fürsten, die am linken Rheinufer ihre Besitzungen abtreten mussten, und nahm damit eine territoriale Neuordnung des Heiligen Römischen Reiches vor.

Als habe man in der Geschichte plötzlich ein halbes Jahrtausend vergessen, setzten sich die Kämpfe des Mittelalters fort. Gerade so muteten die Verwicklungen zwischen dem Kaiser der Franzosen und der geistlichen Weltmacht an. Napoleon griff in Italien herrisch in die Kirchenverhältnisse ein. Er okkupierte 1805 den Kirchenstaat und betrachtete sich als römischen König. Vom Papst verlangte er ein Vasallenverhältnis. Nach über einem Jahrtausend war die Kirche erstmals eine Kirche ohne politische Macht und ohne Land. Das war das Ende der Reichskirche, die Otto der Große 850 Jahre zuvor begründet hatte.

Infolge von Napoleons selbstherrlichem Verhalten und seiner eigenmächtigen Kaiserkrönung in Paris, zu der er 1804 Papst Pius VII. (1800–1823) als Zuschauer beordert hatte, legte Kaiser Franz II. (1792–1806/1804–1835) im Jahre 1806 die alte deutsche Kaiserkrone nach rund 1000 Jahren nieder, um nur noch Kaiser Franz I. seiner österreichischen Erblande (seit 1804) zu sein. Das Heilige Römische Reich deutscher Nation, in dem Papst und Kaiser als unlösbare Einheit erschienen waren und sich gegenseitig geschützt hatten, hatte sein endgültiges Ende gefunden.

Was zunächst als Katastrophe erschien, erwies sich in anderer Hinsicht für die Kirche als Segen. Die Säkularisation bedeutete für sie einen Neuanfang, denn das Ende der Adelskirche mit ihrer Verquickung von weltlicher und geistlicher Macht und dem Pfründenwesen brachte eine innere Rückbesinnung. Die Kirche fühlte sich nun frei für ihre geistigen Aufgaben. Das trug zur Gesundung des Religiösen bei.

Unter den Gläubigen war das Christentum fest verwurzelt. Es entstanden ultramontane, das heißt romtreue Strömungen, aus denen sich Kräfte entwickelten, die das Christentum vor der Vergessenheit bewahren wollten. Selbst die Monarchen erinnerten sich der Reichsidee des Mittelalters und suchten wieder den Bund mit der katholischen Kirche als Garantie der Beständigkeit. Zar Alexander von Russland, der der orthodoxen Kirche angehörte, schloss im Interesse eines christlichen Europas 1815 eine „Heilige Allianz“ mit dem evangelichen König Friedrich Wilhelm III. von Preußen und dem römisch-katholischen Kaiser Franz I. von Österreich. Noch im gleichen Jahr wurde auf dem Wiener Kongress die Wiedereinführung des Kirchenstaates beschlossen.

Das hinderte eine antichristliche Volksströmung im 19. Jahrhundert nicht daran, eine völlige Wende herbeizuführen. Das Industriezeitalter hatte begonnen, das Jahrhundert der ersten Autos, Dampfloks und Glühbirnen, aber auch das der unzufriedenen Fabrikarbeitermassen. Unter diesem politischen Druck verlagerten sich jetzt die Auseinandersetzungen zwischen Staat und Kirche auf eine politische Ebene.

Gravierende Eingriffe schufen eine tiefe Kluft zwischen den beiden Ordnungsgewalten. Italien löste 1870 endgültig den Kirchenstaat auf und drängte den Papst in den Vatikanstaat zurück. Durch alle Jahrhunderte war man Rom gegenüber nie so antichristlich aufgetreten, hatte man der Religion gegenüber nie ein so trotziges *non credo* ausgesprochen.

Die Kirche sah sich einer wachsenden Schar von Gegnern und Kritikern gegenüber, die sich nicht mehr mit dem Schwert, sondern mit Feder, Papier und Stimme offenbarten.

Der Rückblick auf die unterschiedlichen Systeme von Kirche und Staat spiegelt ein zweitausendjähriges, oft leidenschaftlich geführtes Ringen zwischen den beiden großen Gewalten. Theoretisch sind beide Mächte nicht vergleichbar, sie wirken auf verschiedenen Ebenen, praktisch treten sie aber mit ihrem absoluten Bestimmungsanspruch an die gleichen Menschen heran und erstrecken ihren Zuständigkeitsanspruch oft auf die gleichen Sachgebiete, wie die Ehe oder die Schulen. Daraus erwuchs ein Kompetenzkampf.

Otto von Bismarck, Reichskanzler des 1871 gegründeten deutschen Kaiserreiches, führte einen geistigen Krieg mit der katholischen Kirche. Als Italien 1870 den Kirchenstaat endgültig konfiszierte und den Papst in den Vatikan zurückgedrängt hatte, inszenierte Bismarck, den so genannten Kulturkampf (1871–1887). Damit musste die alte Kultur und Tradition der katholischen Kirche – per Gesetz – gravierende Einschnitte hinnehmen.

Drängt sich nicht schon lange die Frage auf, was Kultur ist? „Kultur" geht auf „Kult" zurück, somit auf eine „gemeinsame Gottesverehrung", die die Seele jeder Kultur ist. Im abendländischen Raum wurden die Christen zu Kulturträgern, und aus ihrer Religion entwickelten sich unsere Weltanschauung, Sprache, Kunst, Wissenschaft, Recht und Sitte, die soziale und staatliche Ordnung. Eine Kulturnation entsteht aus den Zeugen der Vergangenheit, die von Generationen gestaltet wurde, und aus dem Willen ihrer Bürger, das Erbe zu erhalten und weiterzugeben. Aus dem kulturellen Erbe seines Volkes schöpft der Mensch seine Identität. Der Feind der Kultur aber ist die religiöse Gleichgültigkeit.

Tatsächlich streben in jüngster Zeit einige das Verdrängen unserer Kultur, den Untergang unserer Traditionen, das Verschwinden der Kirchen an, mit der Begründung, diese spielten in der Gesellschaft keine Rolle mehr. Ohne Kirchen seien die westlichen Gesellschaften „freier, offener, toleranter" geworden. Die Kirchen würden zu einer von vielen weltanschaulichen Gruppen absinken, was sie noch nicht bemerkt hätten. Der Gottesglaube sei für die Befolgung ethischer Normen bedeutungslos geworden. Europa habe die Nabelschnur zur Religion, die es durch die tausendjährige Schwangerschaft des Mittelalters getragen hat, durchtrennt. Säkularisierung habe die religiöse Bindung gelockert oder aufgelöst. Es scheint, als habe Europa gegenwärtig seine traditionell christliche Prägung in vielen Bereichen aufgegeben. Damit hätten wir auch unsere Identität aufgegeben!

Wir wissen, dass die schöpferischen Geister der einzelnen Nationen wie Aristoteles, Sokrates und Augustinus oder Dante, Erasmus von Rotterdam, Shakespeare, Goethe, Schiller, Kant und Dostojewskij aus den geschichtlichen Schicksalen ein geistige Netz geschaffen haben. Auch das ist abendländisch und kann auf Dauer eine Einheit bewirken, denn Europa besteht nicht nur aus Kriegen, aus Ökonomie, Technokratie oder Börse.

Der amerikanische Präsident Ronald Reagan (1981–1989) erkannte unsere Schwächen, als er am 8. Mai 1985, zum 40. Jahrestag des Kriegsendes in Straßburg vor dem Europaparlament in seiner unvergessenen Rede Folgendes sagte: „Europa, geliebtes Europa, du bist größer, als du glaubst. Du bist der jahrhundertealte Hort westlicher Ideen und westlicher Kultur, du bist der Ursprung der westlichen Ideale und der Quell des westlichen Glaubens ... Wenn wir Amerikaner an unser europäisches Erbe denken, neigen wir dazu, an Ihre kulturellen Einflüsse und an das reiche ethnische Erbe zu denken, das Sie uns gaben ... für das wir Amerikaner Ihnen danken müssen ... Wir haben gerade erst angefangen ... Man hat mir aber auch gesagt, dass Europa sein Selbstbewusstsein verloren habe ... Wenn es in unseren Tagen so etwas gibt wie eine ‚verlorene' Eigenschaft, mag das mit der Tatsache zusammenhängen, dass in den letzten Jahren einige Leute begonnen haben, die moralischen und geistigen Werte sowie die Ideale und Lehren in Frage zu stellen, die den Westen jahrhundertelang geleitet haben ..."

Das heute vereinte Europa konnte nur Wirklichkeit werden, weil das Mittelalter (etwa 550 bis 1500) für das moderne Europa eine geistige Vorarbeit geleistet hat. In dieser frühen Zeit bestand schon die kirchliche Idee der Globalisierung, die die Grundlage eines einheitlichen Weltbildes festlegte. Wie konnte es dann aber dazu kommen, dass die Mitgliedsstaaten in der Europäischen Verfassung, ausdrücklich den christlichen Aspekt Europas umgingen?

Nur wenn wir unsere eigene Geschichte und Kultur kennen und achten, wenn wir uns unserer regionalen Wurzeln bewusst sind, wird es uns möglich sein, gegenüber den kosmopolitischen Veränderungen unserer Zeit ein Maß an eigener Stabilität und Sicherheit zu wahren. Es wäre ein falscher Schritt, die Pflege des eigenen Kulturgutes aufzugeben oder zu vernachlässigen, und sei es aus Rücksichtnahme anderen Kulturträgern gegenüber. Weltoffenheit und Toleranz gegenüber anderen Ländern und Kulturen sind geboten, dürfen aber nicht zur Aufgabe der eigenen Identität führen.

Wir können unser kulturelles Erbe auch ausschlagen, geschichtlich wäre der Preis dafür aber das Ende der Vernunft. Wir können unseren christlichen Geist und unsere abendländischen Werte verleugnen, dann wäre Europa ein seelenloses, ein heimatloses Gebilde.

Jeder Untergang beginnt mit der Einebnung der Lebensstile. Dazu vertrat schon der russische Schriftsteller Fjodor Dostojewskij (1821–1881) die Ansicht: „Wenn Gott tot ist, ist alles erlaubt und Freiheit verwandelt sich in Elend."

Europa galt durch die Jahrhunderte als „der Kontinent des Glaubens". Oder sind wir doch, was Amerika und der Islam uns heute unterstellen: ein gottloser Kontinent?

Der französische Schriftsteller Paul Valéry (1871–1945) stellte die Frage: „Wird Europa zu dem werden, was es eigentlich ist, nämlich ein kleines Vorgebirge des asiatischen Kontinents? Oder wird es bleiben, was es zu sein scheint, nämlich der edelste Teil des Universums, die Perle der Welt, das Hirn eines großen Körpers?"

Diese Frage ist heute aktueller denn je zuvor. Und die Antwort ist eindeutig: Die hohe Einschätzung unserer Kulturnation gibt uns ein Selbstbewusstsein, das uns sagt, wir können und dürfen stolz sein auf das „alte Europa", auf unser abendländisches Erbe.

Abb. 2: Rechte Hälfte des Doppelfreskos aus dem 12. Jahrhundert in SS. Quattro Coronati in Rom

2

Altar und Thron

Die Grundpfeiler der europäischen Kultur im frühen Mittelalter

In Rom, im Herzen des Imperium Romanum, das man für nahezu weltumspannend hielt, brach im 4. Jahrhundert n. Chr. eine der entscheidenden Epochen der Weltgeschichte an: die Anerkennung der neuen Christenkirche durch römische *imperatores.*

Rom war das Ziel der ersten Christen. Nur von Rom aus, dem Mittelpunkt des Universalreiches, konnte der Siegeszug der Judenchristen aus

Jerusalem erfolgreich sein. Wer Einfluss erlangen wollte, tat dies in Rom, wo die Fäden von Macht, Politik und Kultur zusammenliefen. Wer sich Gehör verschaffen wollte, konnte dies nur in Rom erreichen. Alle Wege führten nach Rom. Es war der römische Staat, der von Rom aus dem Christentum die Straßen in sein Reich bahnte, in dem die römischen Legionen die Gebiete von der Sahara bis zu den schottischen Bergen, von der atlantischen Küste bis zu den germanischen Urwäldern und von den Gestaden der Krim bis hin zu den Ufern des Euphrats beherrschten.

Kaiser Diokletian (284–305) – sein Palast aus dem Jahr 295 steht heute noch in Split – verfolgte die Christen radikal, denn er fürchtete in ihrer Organisation einen Staat im Staat. Um das Jahr 300 ließ er Münzen mit der Umschrift prägen: „Das Christentum ist vertilgt". Er war einem großen Irrtum verfallen. Nicht das Christentum, sondern das Römerreich ging dem Ende zu. Das Weltreich, das sich über ein halbes Jahrtausend in seiner Macht gesonnt, sich in Cäsarenwahn und Kaiserkult hineingesteigert hatte, zeigte Dekadenzerscheinungen. Sittlich verkommen, wirtschaftlich und kulturell am Ende, fehlte ihm jede eigene Kraft, den inneren Verfall aufzuhalten. Auch von außen bestürmten germanische und slawische Stämme im Norden und Osten die Grenzfesten des Imperiums.

Kaiser Konstantin (274–337) suchte nach einer Möglichkeit, die Einheit seines Reiches zu retten. Er sah die Chance darin, im Christentum jene geistige Klammer des Reiches zu bilden, die der Kaiserkult nicht mehr zustande brachte.

Als Konstantin, am 28. Oktober 312, nach einer Vision in der entscheidenden Schlacht an der Milvischen Brücke nördlich vor Rom im Zeichen Christi seinen Mitkaiser Maxentius besiegen konnte, war er überzeugt, den geistigen Zusammenhalt in der christlichen Lehre gefunden zu haben. Denn eine Stimme hatte zu ihm gesprochen: „In diesem Zeichen wirst du siegen." Eusebius, Bischof von Caesarea und zeitgleicher Historiker († 342), ließ offen, ob Konstantin am Himmel das Kreuzzeichen oder die griechischen Anfangsbuchstaben des Namens Christi, uns als „XP" bekannt (X = *chi/khi* und P = *ro*), gesehen hatte. Konstantin soll nach seinem Traum das Monogramm als Feldzeichen auf Fahnentüchern und Kriegsschilden angebracht haben. Konstantin ist mit diesem Christuszeichen auf römischen Münzen dargestellt.

Dieser Kaiser, der in seiner Person die autonome Majestät des heidnischen Roms verkörperte, konnte naturgemäß das Christentum nicht zur römischen Staatsreligion machen. Aber der Mann, dem der Christengott in so anschaulicher Weise seine Unterstützung angeboten hatte, erkannte in visionärer Kraft, was sich in der Zukunft verwirklichen ließ. Künftig wollte er die Kirche als tragende Säule des Staates nutzen. In dieser Zeit des gesellschaftlich und politisch geschwächten Umfelds verfügte das Christentum bereits über einen ernst zu nehmenden Einfluss. Deshalb ging Konstantin klug und berechnend eine Allianz mit den Christen ein. Obwohl auf beiden Seiten keineswegs die inneren Voraussetzungen dazu gegeben waren, schloss der römische Thron mit dem christlichen Altar ein Bündnis, das nicht vorhersehbare Folgen nach sich ziehen sollte.

Abb. 3: Kaiser Konstantin trägt das „XP", das Christusmonogramm an seinem Helm. Medaillon um 315

In jener Epoche war der heidnische Cäsar P*ontifex maximus*, das Oberhaupt des Staates, und als Hüter und Ausleger der Glaubenslehren auch oberster Priester der römischen Religion. Er strebte göttlichen Charakter an. Seine Person selbst war heilig und göttlich. Der Kult beherrschte den Staat, der Staat mischte sich seinerseits in Angelegenheiten ein, die eigentlich nur das Gewissen des Einzelnen angingen, und bestrafte jede Verletzung der Riten oder des Staatskultes. Religion und Staat, Kult und Politik waren eins.

Nun traten die Christen in den Vordergrund und verkündeten öffentlich die Worte ihres Religionsbegründers Jesus Christus, der sagte: „Mein Reich ist nicht von dieser Welt, gebt dem Caesar, was des Caesar ist, und Gott, was Gottes ist. Dem Caesar zu gehorchen ist nicht dasselbe, wie Gott gehorchen."

Es war das erste Mal, dass zwischen Gott und Staat so klar unterschieden wurde. Jesus trennte Religion und weltliche Herrschaft. Er trennte, was das Altertum vereinigt hatte. Damit kämpften die jungen Christen gegen den Staat und zogen einen Graben zwischen Regierung und Religion. Das war der eigentliche Grund ihrer Verfolgung. Welch ein ungeheurer Entschluss eines Cäsars, sich dennoch für diese Religion zu entscheiden! Aber Kaiser Konstantin brauchte die neue Religion als Stützpfeiler seines desolaten Staatsgefüges. Er benutzte den Monotheismus mit seiner ethischen Strenge, der eindrucksvollen Organisation und seiner Fähigkeit, heidnische Vorstellungen und Kulte zu integrieren. Die Christen brauchten den Kaiser zur Verbreitung ihrer jungen Kirche.

Mit dem Edikt von Mailand respektierte Konstantin im Jahre 313 das Christentum samt seiner Organisation als zu Recht bestehende Religionsgemeinschaft. Damit wurde die christliche Kirche im römischen Imperium neben Heiden und Juden geduldet. Das bedeutete: Es herrschte allgemeine Religionsfreiheit, mit der auch die politische Absicht verknüpft war, im Reich Ruhe herzustellen.

Bischof Eusebius hielt in seiner „Kirchengeschichte" den Inhalt der Mailänder Zusammenkunft fest. Da heißt es: „In der Erkenntnis, dass die allgemeine Religionsfreiheit nicht verwehrt werden dürfe, dass es vielmehr einem jeden gemäß seiner Gesinnung und seinem Willen gestattet sein solle, nach eigener Wahl sich religiös zu betätigen, haben wir bereits früher den Befehl erlassen, auch den Christen das Schutzversprechen für ihre Gemeinschaft und ihren Kult sorgfältig angedeihen zu lassen ... Es geschah dies in der Absicht, dass jede Gottheit und jede himmlische Macht, die es ja gibt, uns und allen, die unter unserer Herrschaft leben, gnädig sein möge."

Nicht umsonst ist dieses Edikt von Mailand als „Toleranzedikt" in die Geschichte eingegangen.

Konsequent stellte Konstantin die Jesus-Nachfolger unter seinen Schutz und verknüpfte die Christenlehre mit heidnischen Gewohnheiten. Der christliche „Tag des Herrn" sollte künftig „Sonntag" heißen, benannt nach dem „Tag der Sonne", dem römischen Fest der „Unbesiegbaren Sonnengottheit".

Die meisten unserer Wochentage sind nach heidnischen Göttern benannt. Der Gedenktag der Menschwerdung Christi wurde bewusst auf den 25. Dezember, den höchsten römisch-heidnischen Feiertag, das „Fest des Lichtes" gelegt. Die Christen setzten ihrerseits den Hinweis auf das Licht in Verbindung mit dem Geburtsfest des Herrn, dem Weihnachtsfest: „Christus brachte Licht in die Finsternis."

Konstantin gab den Christen ihren beschlagnahmten Besitz zurück und entschädigte sie für erlittene Verfolgungen mit weiteren Schenkungen. Die allgemein übliche Kreuzigung schaffte er als reguläre römische Strafform ab. Neue Gesetze im Rechtswesen sollten dem milden Geist der neuen Religion angepasst werden. Dazu übertrug er den Bischöfen seines Reiches, die er selber einsetzte, richterliche Vollmachten. Kaiserliche Beamte wurden mit Vorliebe aus den Reihen der Christen gewählt, womit sie von öffentlichen Verpflichtungen und lästigen Ämtern und Abgaben entbunden waren. Diese Vergünstigungen ließen viele Reiche zum geistigen Stand drängen.

Im Laufe der Jahre behauptete sich der christliche Einfluss immer mehr. Diese Wende durchdrang nicht gleich das ganze Volk. In Köln gab es noch im Jahre 330 Christenverfolgungen.

Nach kurzer Zeit beherrschte Konstantin das Episkopat, das Kollegium der Bischöfe, einschließlich seiner Beamtenschaft. Er verlangte unbedingten Gehorsam gegenüber den staatlichen Anordnungen, selbst wenn diese in rein innerkirchliche Dinge eingriffen. Der P*ontifex maximus* bezeichnete sich gerne als „Mitbischof". In dieser Funktion berief er 325 ein Konzil in seinen kaiserlichen Palast zu Nicäa ein – heute ein kleines Dorf in der Nähe von Istanbul.

Schon früh hatten sich verschiedene Sekten gebildet, die die Evangelien unterschiedlich auslegten. Diskussionen über die christliche Lehre gehörten zum Alltag auf der Straße, in Geschäften oder auf den Märkten. Von religiöser Leidenschaft getrieben, wurden bisherige wissenschaftliche Erkenntnisse, die den heiligen Büchern und der Literatur der Kirchenväter widersprachen, verworfen und bekämpft. Am Ende des 4. Jahrhunderts vernichteten fanatische Mönche Teile der Alexandrinischen Bibliothek, der bedeutendsten Schöpfung des antiken Bibliothekswesens. Bei diesen kritischen Debatten kam es zu unterschiedlichen Interpretationen, die das erste „ökumenische Konzil" zur Wahrung der Einheit der jungen Christenkirche notwendig machten. Als schärfste Gegner standen sich in Nicäa der fromme Priester Arius (280–336) aus Alexandrien und der Diakon Athanáasius (ab 328 Bischof von Alexandrien) gegenüber. Sie führten einen erbitterten Streit um den Buchstaben „i“ in dem Wort *homoi-usios* oder *homo-usios*. Die Wertigkeit dieses „i“ bedeutete aber die weit tragende Entscheidung, ob Jesus „wesensähnlich“ oder „wesensgleich“ mit Gottvater ist. Nach heftigen Auseinandersetzungen verwarfen die Konzilsväter die Lehre des Arius und verkündeten die Entscheidung für homousios: „Jesus Christus ist Gottes eingeborener Sohn, gezeugt vom Vater aus seiner Wesenseinheit ...“ Die Lehre von der Trinität, der Dreifaltigkeit oder Dreieinigkeit, die im 4. Jahrhundert konkret formuliert wurde, erklärte die drei Personen für ebenbürtig. Vater, Sohn und Heiliger Geist sind ein Dreieiniger Gott.

Das hier im Beisein des Bischofs von Rom, des heiligen Silvester I. (314 bis 31. Dezember 335, er gab dem letzten Tag des Jahres seinen Namen), und von rund 250 Klerikern formulierte Nicäische Glaubensbekenntnis war die Grundlage für das zweite Glaubensbekenntnis, das auf dem 1. Konzil von Konstantinopel im Jahre 381 festgelegt wurde. Dieses Glaubensbekenntnis wird auch heute noch von den katholischen, orthodoxen und den meisten reformierten Christen anerkannt.

Der Kaiser selbst war es, der in Nicäa das Kreuz als offizielles Symbol der Christenheit festgelegt hat. Für ihn, der schon im Zeichen Christi an der Milvischen Brücke gesiegt hatte, bedeutete das Kreuz die Erlösung schlechthin, an dem man auf dem Weg zu Gott nicht vorbei kann. Der ältesten Kruzifix-Darstellung begegnen wir in der Kirche S. Sabina in Rom, sie stammt aus dem 4. Jahrhundert.

Auf den Konzilien nahm Konstantin, der selbst noch nicht getauft war, das Recht für sich in Anspruch, den Vorsitz über die Bischöfe zu führen. Hierbei knüpfte er an orientalische Traditionen des „Priesterkönigtums“ an. Er stellte sich als „Apostelgleicher“ oder „Stellvertreter Christi“ eine christliche Sakralherrschaft vor, die ihm Macht über die Menschen seines Reiches gab. Er, der bisherige Gottkaiser, wurde zum kaiserlichen Stellvertreter des Christengottes auf Erden.

Die monarchische Form einer christlichen Theokratie, eine Herrschaftsform, in der religiöse und imperiale Ordnung eine Einheit bilden, war entstanden. Sie bewirkte ein neues Verhältnis zwischen Gott, Religion, Kirche einerseits und Welt, Macht und Herrschaft andererseits.

Konstantin stand unter dem starken Einfluss seiner bereits getauften Mutter, der heiligen Helena. Er schickte die 85-jährige Dame nach Jerusalem, um nach dem wahren Christuskreuz zu suchen. War seine Vision vor der Schlacht an der Milvischen Brücke doch die Kreuzesdarstellung? Helena suchte und fand in Jerusalem das Kreuz. In Bethlehem entdeckte sie die Geburtsstätte Jesu, über die in ihrem Auftrag eine Kirche gebaut wurde, die bis heute fast unverändert ist. Konstantin bezeugte seine Verehrung des Christengottes im Bau monumentaler Gotteshäuser. Er legte den Grundstein zur Grabeskirche in Jerusalem. In seinem Kaiserpalast in Trier, wo er sich am häufigsten aufhielt, gab er die Doppelkirche in Auftrag. 313 schenkte er dem Bischof von Rom den Lateranspalast, den ursprünglichen Kaiserpalast, und erbaute S. Giovanni in Laterano, die Lateranbasilika. Sie ist die erste christliche Basilika, die ihre typische Architektur von dem Prachtbau der ersten Basilika Porcia ableitete, die 185 n. Chr. am Forum Romanum für Versammlungen zu Auditorien, Gerichtssitzungen und Handelsgeschäften erbaut wurde. Die christliche Basilika als religiöser Versammlungsort erhielt die gleiche Architektur: eine große Pfeilerhalle mit einem langgezogenen Hauptschiff und zwei Seitenschiffen. Die bedeutsame Ergänzung war eine halbrunde Apsis im Osten als Abschluss des Hauptschiffes, die den Altarraum bildete. Konstantin stattete die Lateranbasilika mit so unerhörter Pracht aus, dass sie im Volk die „Basilica Aurea“, die „goldene Kirche“ genannt wurde. Auf dem Platz und aus dem Baumaterial des von Kaiser Nero errichteten Zirkus ließ er 320 die fünfschiffige Petersbasilika über dem Petrusgrab errichten, die im 16. Jahrhundert einem erweiterten Bau einer Kuppelbasilika weichen musste. Überlegungen der Nachfolgepäpste, sich die kaiserlichen Geschenke als kirchlichen Grundbesitz zu garantieren, führten 754 zu einer Bestätigung in der so genannten „Konstantinischen Schenkung“. Diese Urkunde stellte sich im 15. Jahrhundert als Fälschung heraus.

Im Jahre 330, nach seinem Sieg über das oströmische Reich, verlegte Konstantin seinen Regierungssitz von Rom nach Byzanz. Er nannte es *Konstantinopolis*, die Stadt des Konstantin. Damit legte er das Fundament für das oströmische Reich von tausendjährigem Bestand.

Die Historiker sind sich nicht einig, ob man vom „Oströmischen Reich“ oder vom „Byzantinischen Reich“ sprechen soll, denn die Länder im Osten waren heidnisch. Sie wurden nun unter die römische Tradition von Gesetz und Verwaltung gestellt und von einem christlich orientierten Kaiser regiert, der seine Herrschaft auf den Grundlagen eines einheitlichen christlichen Glaubens aufbauen wollte. Es war ein Reich mit einer christlichen Hauptstadt, in einer Welt gelegen, in der die griechische Kultur tief verwurzelt war!

In diesem zweiten Rom gab Konstantin die großartige Kirche der „Heiligen Weisheit", die *Hagia Sophia,* in Auftrag, die fortan die Haupt- und Krönungskirche des oströmischen Reiches wurde. Nach der Zerstörung dieser Basilika erneuerte Kaiser Justinian (527–565) sie in der nach damaliger Vorstellung „modernen" Form einer Kuppelbasilika. Ihre enorme Größe und die gewagte Technik der weit gespannten Kuppel von 35 Metern machten sie zu einem der beeindruckendsten Bauwerke der damaligen Welt. Sie sollte die unlösbare Verbindung von politischer und geistiger Führung demonstrieren. Nach der Eroberung Konstantinopels durch die Osmanen (1453) wurde sie in eine islamische Moschee umgewandelt und 1934 von Kemal Atatürk zum Museum erklärt.

Diese ersten christlichen Basiliken, in nur einem Menschenalter entstanden, wurden von einem römischen Kaiser erbaut, der selbst noch Heide war, denn Konstantin ließ sich vermutlich erst 337 auf dem Sterbebett von Bischof Eusebius taufen.

Die prunkvollen Gotteshäuser sollten mit den Kaiserpalästen konkurrieren, womit der christliche Altar auf die gleiche Stufe mit dem Pontifex-Thron gestellt wurde. Konstantin tat dies mit gezieltem Weitblick, um die Grundlagen eines universalen Reiches durch eine universale Religion zu sichern. Er ahnte nicht, dass er mit der Gründung des neuen Roms im Byzantinischen Reich die Trennung des Imperiums in ein Ost- und Westreich und die Trennung der Ecclesia in eine Ost- und Westkirche eingeleitet hatte.

Es heißt, dass dieser römische Cäsar, der seine Entscheidung zwischen den alten Göttern und dem Gott der Christen getroffen hatte, zuvor seinen Schwiegervater habe hinrichten lassen, dem sein eigener Vater die Kaiserwürde verdankte. Auf seinen ausdrücklichen Befehl hin soll sein Schwager erdrosselt, seine Ehefrau Fausta im heißen Bad erstickt und sein ältester Sohn Crispus in seinem Auftrag vergiftet worden sein.

Konnte dieser Mann aus Überzeugung zum Christentum übertreten?

Auch wenn die Zahl seiner begangenen Morde nicht klein war, haben seine Verbrechen nicht das bei römischen Kaisern jener Zeit übliche Maß überschritten. Die griechisch-orthodoxe Kirche ging davon aus, dass er am Ende seines Lebens seine Missetaten bereute, und betrachtete Konstantin nicht nur als Heiligen, sie verehrte ihn zeitweise sogar als „dreizehnten Apostel". Die römische Kirche hat sich weise damit begnügt, ihm das Prädikat „der Große" zuzubilligen.

Dieser Heilige, dieser *Constantinus magnus*, hatte das Christentum konsequent in den staatlichen Raum hineingestellt und damit die Christianisierung des öffentlichen Lebens in seinem ganzen Reich eingeleitet. Unbeschadet dessen, ob er im christlichen Glauben ein echtes Bekenntnis oder ein politisches Spektakel sah, hatte er den Weg der christlichen Missionare geebnet. Dieser führte symbolisch wie auch tatsächlich über die Milvische Brücke, nach Norden.

Ein Doppelfresko aus dem Jahre 1246 in der Kapelle des Hl. Silvester der ehemaligen Kirchenburg SS. Quattro Coronati in Rom stellt diesen weittragenden Augenblick, den Wendepunkt in der Geschichte dar. Das eine Bild zeigt Kaiser Konstantin, wie er zu Fuß und ohne Krone auf Silvester, den Bischof von Rom, zugeht und ihm die Herrschaftszeichen, die Tiara, den Baldachin und den Lateranpalast, übergibt. Er, der römische Herrscher des weltlichen Reiches, erkennt damit das Oberhaupt der Ecclesia als Stellvertreter Christi auf Erden an und verleiht ihm symbolisch die Macht über den Westen des Imperiums, während er den Segen des Papstes entgegennimmt. Auf dem zweiten Fresko reitet Papst Silvester I. hoch zu Ross, mit der Tiara geschmückt, in Rom ein. Kaiser Konstantin, der wieder seine Krone trägt, nimmt die Zügel des weißen Zelters und leistet somit eine Art Marschalldienst.

Da es hier den Anschein hat, als habe sich mit der Taufe des römischen Kaisers das Reich der Kirche unterworfen und als regiere Christus in der Person des Papstes die Welt, verweist der Maler dieses Bildes schon in der ersten, allerersten Begegnung eines Kaisers mit einem Papst auf die Frage nach dem grundsätzlichen Verhältnis von Papst und Kaiser, von Kirche und Reich.

Die ersten Bischöfe von Rom sahen die Welt von zwei Gewalten regiert, von der geistigen Autorität ihrer Person als Papst und von der ihnen un-

Abb. 4: Linke Hälfte des Doppelfreskos aus dem 12. Jahrhundert in SS. Quattro Coronati in Rom

tergeordneten weltlichen Macht des christlichen Kaisers. Damit waren die Positionen von kirchlicher Seite her zunächst klar definiert.

Auch die folgenden Kaiser traten mehr oder weniger fördernd für die Kirche ein. Kaiser Theodosianus I., der Große genannt (379–395), letzter Herrscher des vereinten römischen Reiches, ein überzeugter Christ, krönte das Werk Konstantins. Als er 391 das Christentum per Edikt zur Staatsreligion erklärte, kettete er nicht nur den Altar an den Thron, auch der Thron war an den Altar gebunden. Beide Seiten schlossen diese „Vernunftehe" ausschließlich zum jeweils eigenen Vorteil.

Die Geschichte wird zeigen, wie beide mit diesem Verhältnis umgingen.

Die selbstbewussten Christen ließen sich gerne auf den Bund mit dem geschwächten römischen Thron ein. Sie zeigten kein Interesse mehr an einem starken Imperium.

Wenn der *Pontifex maximus* glaubte, mit der christlichen Religion das Auseinanderfallen des Imperiums verzögern zu können, wurden seine

Hoffnungen enttäuscht. Der Zerfall des weströmischen Reiches war nicht mehr aufzuhalten. Der wankende Thron des desolaten römischen Weltreichs sank. Dagegen übernahm der gefestigte „Heilige Stuhl" der jungen Christenkirche die Rolle des Trägers und Vermittlers der Kultur, die die Römer mit dem Schwert erkämpft und die Griechen mit dem Schreibstift begonnen hatten. Damit fanden die griechische Weltkultur und die römische Weltherrschaft in der katholischen Weltreligion ihre Vollendung. Das Christentum wurde zum kulturellen Wegbereiter des Abendlandes. Das war die Geburtsstunde der europäischen Kultur, der Frucht aus der Verbindung von Altar und Thron.

Ohne die Kirche wäre die Welt der Antike ins Grab gesunken. Ohne das heidnische Rom wäre ein christliches Rom nicht denkbar gewesen. Ohne das römische Weltreich wäre ein christliches Weltreich nicht möglich geworden.

Wer kann es den Bischöfen und Kirchengelehrten verdenken, wenn sie diese politischen Steigbügel annahmen. Das Blatt hatte sich gewendet: Das einst verfolgte Christentum war zur Staatsreligion geworden und die Ecclesia zur Reichskirche, zur späteren römisch-katholischen Weltkirche.

Nach dem Umzug der kaiserlichen Residenz von Rom nach Byzanz im Jahre 330 emanzipierten sich die Bischöfe von Rom zunehmend von jeder weltlichen Macht und kaiserlichen Einflüssen. Tatsächlich wurden sie Alleinherrscher in Rom. Kurzerhand ernannte sich Leo I., der Heilige (440–461), 440 zum „Heiligen Vater", zum Bischof aller Bischöfe, zum Papst. Dagegen wurde in der orthodoxen Kirchentradition des oströmischen Reiches, die später auch Russland übernahm, die Einheit des geistlichen und weltlichen Reiches unter der obersten Leitung des weltlichen Herrschers untermauert. Der Patriarch von Konstantinopel, als Oberhaupt der Ostkirche, blieb fortan unter dem Einfluss der dort regierenden Kaiser. Es entstand der so genannte *Cäsaropapismus.*

Papst Leo I. taktierte in Rom äußerst geschickt, um seine Position zu sichern. Er nutzte die politische Schwäche des westlichen Kaisers Valentinian III. (425–455) und führte ihm bei dem offiziellen Anerkennungsschreiben die Feder. Darin stand geschrieben, dass der Nachfolger Petri in der römischen Kirchengemeinde, der das „Primat unter allen Gemeinden" zukomme, der höchste Richter und Lehrmeister innerhalb der Christenheit sei. Zudem müsse die Verwaltung der Kirche ausschließlich in Rom angesiedelt sein und der dortige offizielle Sitz der christlichen Verwaltung als unantastbar gelten.

Die römische Vormachtstellung und das Papsttum schienen gesichert. Der Kaiser hatte den Titel des *Pontifex maximus,* also die Eigenschaft des römischen Kaisers als oberster Priester im alten Rom, auf den Papst übertragen. Doch diese Bestätigung kam im Laufe der Jahre wie ein Bumerang auf die römische Kirche zurück, hatte sich doch auch in Ostrom, in Konstantinopel, ein Patriarch als Oberhaupt der Kirche etabliert.

Der provozierende Machtanspruch verursachte die Trennung der römisch-katholischen Kirche, welche die lateinische Sprache als Amts- und Kirchensprache pflegte, von der griechisch-orthodoxen, die vom griechischen Charakter und der griechischen Sprache bestimmt war. Die Kirchenspaltung wurde im Jahre 1054 endgültig vollzogen.

Bei fortschreitender Schwäche des weströmischen Reiches blühte im römischen Ostreich noch für ein Jahrtausend Luxus, Macht, Pracht und Kultur. Die Verknüpfung von römischem Staatswesen, griechischer Kultur und christlichem Glauben ließ Konstantinopel zum bedeutendsten Kultur- und Bildungszentrum werden.

Dagegen ging seit dem 4. Jahrhundert von den schwachen weströmischen Kaisern die Macht immer mehr auf das kirchliche Oberhaupt, auf den Papst über, der die weltlichen Pflichten übernahm. Ein neues geistiges Römisches Reich entstand. Darauf beruhen die ersten Ansätze eines weltlichen Staatswesens unter päpstlicher Leitung.

Mit der Herrschaft des Papsttums hatte die „Entstehungszeit" der christlichen Religion geendet. Die Zeit des Aufbruchs ging über in die Zeit des Umbruchs. Mit der weltpolitischen Geltung des Papsttums stand die Ecclesia vor einer ihrer großen, geschichtlich entscheidenden Aufgaben, die über ihre ursprünglich geistigen hinausgingen: Die Kirche wurde politisch. Damit begann eine neue Epoche: die Epoche der Machtentfaltung.

War dieser Wandel für die Kirche Erfolg versprechend? Mehrere Kirchenhistoriker sind sich einig, dass die „Konstantinische Wende" dem Christentum mehr Schaden als Nutzen gebracht hat. Der privilegierte Status der Kirche bedeutete ein Problem, ein größeres aber lag in der Verflechtung des Altars mit dem Thron und der damit verbundenen Übernahme der politischen Macht durch die Kirche. Das führte dazu, dass nach kürzester Zeit die einst verfolgte Gemeinde zu einer verfolgenden Kirche wurde. Als offizielle Staatsreligion des römischen Reiches schlug sie schonungslos auf ihre früheren Feinde ein, auf Heiden, Juden und Ketzer. Diese Religion, die sich katholisch, also universal nannte, für die ursprünglich nur Gott und der Mensch im Mittelpunkt standen, hatte nicht mehr viel gemein mit *christianismos*, das heißt „Christus, dem Erlöser folgen".

Die Kirchenhistoriker drücken es so aus: „Die Kirche hat ihre Unschuld verloren."

Die Tatsache, dass im Jahre 410 zum ersten Mal seit 1000 Jahren ein feindlicher Fuß siegreich Rom betreten hatte, ließ für die Römer den Himmel einstürzen, der Weltuntergang war da. Alarich hatte die Stadt eingenommen und sie drei Tage lang plündern lassen. Daran konnte nur der eine neue Gott der Christen schuld sein. Ihre alten Götter hätten sie schützen können. Ein Affront gegen die junge Kirche! In dieser Zeit schrieb Augustinus (354–430), der hervorragende Kirchenvater und gewaltige Denker des 4. Jahrhunderts, unter dem Eindruck der Eroberung Roms durch den Westgotenkönig Alarich, seine berühmte Geschichtsphilosophie über den „Gottesstaat" (*de civitate Dei*). Augustinus erkannte, dass es zwei Gemeinschaften auf Erden gibt, den weltlichen Staat, *civitas terrena,* und den Gottesstaat, *civitas caelestis.* Der weltliche Staat war das Römische Reich, das als Verkörperung der Sünde untergehen werde. Nach dessen Untergang werde das unangreifbare, ewige Reich Gottes, die Herrschaft der Ecclesia, beginnen. Danach werde Gott durch die geistige Natur des Papstes und die weltliche Position eines christlichen Kaisers den irdischen Staat lenken. Augustinus sah im Papst den Inhaber zweier Schwerter, der geistigen und der weltlichen Macht. Später vertrat der Heilige Stuhl den Standpunkt, dass Papst und Kaiser je ein Schwert tragen, mit dem sie gemeinsam die Welt im Sinne der Kirche regieren sollten.

Tatsächlich hatten die immer gefährlicher werdenden Germaneneinbrüche den Verfall des weströmischen Reiches eingeläutet.

Attila, König der Hunnen (um 433–453), mit dem späteren Beinamen „Gottesgeißel", fiel in Norditalien ein. Vor seinem Ansturm flüchteten einige Bewohner der bedrängten Städte wie Aquileia und Padua auf die

Laguneninseln, ließen sich schließlich dort fest nieder und begründeten ein neues Staatswesen, aus dem später die Republik Venedig hervorging. Attila rückte 452 weiter direkt nach Rom vor. Dort soll Papst Leo den Hunnenkönig durch Vermittlung und sein erhabenes Auftreten tief beeindruckt und zum Rückzug bewogen haben. In seiner Agonie geriet das weströmische Kaisertum in vollständige Unterlegenheit, bis es im Jahre 476 aufhörte zu existieren. Sein Geist lebte im Heiligen Römischen Reich Deutscher Nation fort. Ein Versuch des oströmischen Kaiserpaares Kaiser Justinian (527–565) und Kaiserin Theodora (527–548), von Konstantinopel aus das west- und oströmische Reich noch einmal unter einer Herrschaft zu vereinen, gelang ihm nur für kurze Zeit. Das bekannte Mosaik in der byzantinischen Basilika San Vitale zu Ravenna zeigt Kaiser Justinian I. inmitten seines Hofstaates und gegenüber Kaiserin Theodora, die von ihren Hofdamen umringt ist.

Die beiden Reiche auf Dauer wieder zu vereinen, scheiterte an den germanischen Machthabern in den Ländern der Franken. Das Frankenreich war nach dem Zusammenbruch des weströmischen Reiches, nachdem der germanische Heermeister Odoaker den letzten weströmischen Cäsar Romulus Augustulus im Jahre 476 abgesetzt hatte, auf dem besten Wege, die stärkste Macht im Westen zu werden. Chlodwig I. (um 482–511) aus dem Geschlecht der Merowinger war der Begründer des Frankenreiches. 508 wurde er vom oströmischen Kaiser Anastasios I. formell als König der Franken anerkannt. Die neue Hauptstadt seines Reiches war Paris.

Im Frankenreich lag auch das missionarische Ziel der Christen. Auf ihrem Weg zu den Völkern des Nordens, denen die Zukunft gehörte, nutzten sie die ausgebauten Verkehrswege des Römischen Reiches über Gallien bis nach Britannien. Im ehemals römischen Imperium, das bis an die Grenzen der damals bekannten Welt stieß und dennoch zu einer kulturellen, politischen und wirtschaftlichen Einheit zusammengewachsen war, fanden sie einen idealen Boden, ihr religiöses und kulturelles Wirken zu entfalten.

Am Weihnachtsfest des Jahres 498 trat Chlodwig I. zum christlichen Glauben über. Bischof Remigius taufte ihn in der Kirche zu Reims mit den Worten: „Bete an, was Du verbrannt hast, verbrenne, was Du angebetet hast.“ Auch Chlodwig stand in seiner religiösen Entscheidung unter weiblichem Einfluss. Seine Frau Chlothilde, eine burgundische Prinzessin, war bereits in ihrem Elternhaus christlich erzogen worden.

Chlodwig, „ein zweiter *Constantinus magnus*", wusste, was zu tun war. Er war auf die Kirche angewiesen. Um das aus germanischen und romanischen Völkern neu entstandene, noch chaotische Frankenreich wirklich einigen zu können, musste neben der zentralen Macht des Königtums auch eine zentrale Kirche geschaffen werden. Chlodwig sah die christliche Religion als Möglichkeit, die rivalisierenden Volksgruppen seines Reiches durch ein gemeinsames Band zu vereinigen. Und diese durch Jahrhunderte an römische Kulturelemente gewöhnten Barbaren zeigten dabei eine bemerkenswerte Aufnahmebereitschaft. Ein wesentlicher Einfluss auf die Christianisierung ist den Frauen zuzuschreiben, deren Stellung in der germanischen Gesellschaft angesehen war.

Die Folgejahre sollten des Königs politisches Kalkül bestätigen. Mit seinem Übertritt zur Ecclesia hatte er dem Abendland die christliche Kultur und die antike Zivilisation gesichert. Nach römischem Vorbild schuf er ein zentralisiertes Verwaltungssystem, bewahrte daneben aber auch germanisches Recht (*Lex Salica*). Um 500 band er die Christenkirche in seine Politik ein. Der Klerus übernahm die meisten Funktionen der vormaligen Institutionen, insbesondere das Rechtswesen. Chlodwig stellte sich eine Ecclesia vor, die dem Staat dient und ihm zu Eigen sein sollte. Das, was dem Monarchen wichtig schien, sollte vom „Sprachrohr des Glaubens" vermittelt werden. Deswegen bestimmte und ernannte nicht der ferne Papst die Würdenträger, sondern Chlodwig selbst wählte die Kandidaten für die geistigen Ämter aus. Die Ordinarien des Reiches waren Bischöfe von des Herrschers Gnaden. Eine wichtige Rolle spielte dabei von Anfang an der Adel, der Klöstern und Bistümern vorstehen sollte. Diese kirchlichen Großgrundbesitzer hatten für den König naturgemäß einen unschätzbaren Vorteil gegenüber der Interessenpolitik des weltlichen Adels, da sie keine leiblichen Erben zu bedenken hatten. Über das Mittelalter hinaus waren diese Kirchenfürsten für die Reichspolitik von großem Nutzen. Sie nahmen nicht nur eine geistige, sondern auch eine politische und wirtschaftliche, in jedem Fall auch eine weltliche Position ein. Aufgrund ihres Ansehens in der Bevölkerung blieben sie während der nächsten Jahrhunderte eine neben dem Herrscher bestehende politische wie kirchliche Macht. Damit war Chlodwig der erste christliche König

Westeuropas. Unter seiner Regentschaft entwickelte sich eine neue Art von Kirche, die sich an weltlichem Machtstreben orientierte und von Rom in strategischen Fragen unabhängig war.

Obwohl Papst Gregor der Große (590–604) von Rom aus die Ansicht vertrat, dass die Ecclesia für die Demut geschaffen sei und nicht für eine hochmütige Herrschaft, war der ferne Klerus durch die Belehnung mit Gebieten, Verwaltungsaufgaben und Hoheitsrechten dennoch längst in verantwortliche politische Positionen eingebunden und ein fester Bestandteil der Reichsverwaltung geworden. Er hatte bald erkannt, dass er langfristig nur als „die Macht hinter und neben dem Thron", nur durch Geltung bei und Beziehung zu den Herrschern und der Oberschicht erfolgreich sein konnte. Die Kirche hatte damit an weltlicher Macht gewonnen, aber an kirchlichem Einfluss verloren.

Die nachfolgenden fränkischen Könige und ihre Hausmeier, die Vorsteher der merowingischen Haushaltungen, benutzten in ähnlich kluger Weise wie Konstantin und Chlodwig die starke Organisation der Kirche, um den jungen Staat zu festigen.

Die Kirche in Rom musste dagegen im Lauf der Jahre erfahren, dass ein geistiger Einfluss ohne weltlichen Schutz nicht möglich war. So suchten die Päpste bei den Königen und Kaisern Zuflucht. In Zukunft gewährte die höchste weltliche Macht dem bedrohten Rom einen immer wichtiger werdenden Schutz.

Als im Winter 753 Papst Stephan III. (752–757), von den Langobarden aufs äußerste bedrängt, über die Alpen zog, erflehte er Hilfe beim Frankenkönig Pippin III. (um 714–768), Sohn Karl Martells aus dem Geschlecht der Karolinger. Noch nie zuvor hatte ein Papst die Alpen überquert. Der Frankenkönig führte das Ross des Papstes eine Zeit lang am Zügel, ein Zeremoniell, das später bei Begegnungen von Papst und Kaiser beibehalten wurde.

Pippin eroberte das von den Langobarden geraubte Territorium, das sich von Ravenna über Perugia bis nach Rom erstreckte, und legte die Torschlüssel der Städte mit der so genannten Pippinischen Schenkungsurkunde am Petrusgrab nieder. Damit begründete er 756 den Kirchenstaat und bekräftigte die politische Machtstellung des Papstes in Mittelitalien. Der Papst salbte ihn im Gegenzug 754 zum König und verlieh ihm und seinen Söhnen den Titel *Patricius Romanorum*, Schutzherr der Stadt Rom und ihrer Gebiete.

Altar und Thron schworen sich ewige Freundschaft. Eine innige Verbindung zwischen Papsttum und Königtum war hergestellt. Das lässt sich durchaus auch als römisch-katholische Taktik der Machterhaltung auslegen, denn das schwache Papsttum suchte mit allen Mitteln einen militärisch starken Verbündeten an sich zu binden. Und das Frankenreich war stark und mächtig. Es war der Vorläufer des deutschen Reiches und des französischen Staates.

Den nächsten Schritt machte Papst Leo III. (795–816) am Weihnachtstage des Jahres 800, als er in der Peterskirche zu Rom Pippins Sohn und Nachfolger Karl (768–814 König der Franken, ab 744 auch König der Langobarden, 800–814 Kaiser), wie dessen Vertrauter und Biograph Einhard (um 770–840) berichtete, völlig unerwartet zum Kaiser krönte. Der Papst ernannte ihn nicht etwa zum „Frankenkaiser", nein, er kürte ihn zum „römisch-fränkischen Kaiser". Das Ziel des Papstes war ein Zusammenschluss der abendländischen Christenheit, und damit eine Wiederherstellung des *Imperium Romanum.*

Ab Mitte des 9. Jahrhunderts lag das Recht des Papstes darin, den Kaiser zu krönen und ihm dadurch erst die wahre Kaiserwürde zu verleihen. Der von Gott gekrönte Kaiser hatte als Schutzherr der Kirche dagegen das Recht, die Wahl des Papstes zu bestätigen. Das war ein Vorrecht und bedeutete zwar für den Kaiser eine Machterhöhung, gleichzeitig wollte sich die Kurie mit der Krönung aber auch ein Abhängigkeitsverhältnis in Form eines Lehensverhältnisses sichern. Das Krönungszeremoniell, das wohl aus dem Byzantinischen übernommen wurde, kam schon fast einer Erniedrigung gleich. Der König hatte nach Rom zu ziehen. Der Krönungsort sollte der Petersdom sein. Nachdem der König am Stadttor mit dem Römereid die angestammten Rechte der Stadt anerkannt hatte, wurde er die Stufen zur Petersbasilika hinaufgeführt. Dort musste er dem Papst den Fuß küssen und wurde dann erst von ihm mit einer Umarmung begrüßt. Noch bevor der feierliche Zug die Schwelle der Kirche überschritten hatte, leistete der künftige Kaiser den Krönungseid, mit dem er sich zum Schutz des Papstes verpflichtete. Jetzt war ihm die Krönung sicher.

Das historische Ereignis der Krönung Kaiser Karls des Großen ließ Papst Leo III. in Rom im Speisesaal des Lateranpalastes, kurz nach dem dortigen Festessen für Kaiser Karl, als Mosaik anbringen. Es ist heute an der Außenfront der Scala Santa in Rom weithin sichtbar. Am linken Bildrand sitzt Christus auf dem Thron und reicht Petrus die Schlüssel, während er Kaiser Konstantin die Fahne des römischen Reiches gibt. Auf der rechten Seite befindet sich die Parallelszene: Der thronende Petrus reicht Papst Leo III. das Pallium, ein Ornat, das die Fülle der Pontifikalgewalt versinnbildlicht, und übergibt König Karl die Fahne Roms. Karl der Große wird damit zum Nachfolger des *Constantinus Magnus* und zum Neugründer des römischen Reiches. Dieser Rollenverteilung war sich die damalige Zeit durchaus bewusst. Zu beachten ist aber auch, dass Karl seine Würde und seinen Auftrag direkt von Petrus erhält und gleichzeitig mit dem Papst auf einer Stufe kniet. Das Bild selbst gibt den Nachweis seiner frühen Entstehungszeit. Es muss vor 814, dem Todesjahr Kaiser Karls, entstanden sein, denn Leo und Karl tragen einen viereckigen Heiligenschein. Der zeigt, dass beide noch lebten, als das Bild angefertigt wurde, und beide als Heilige galten. In der Kunst des frühen Mittelalters erhielten lebende, schon als heilig verehrte Personen einen quadratischen Heiligenschein auf blauem Grund, verstorbene Heilige einen runden Heiligenschein auf goldenem Grund.

Die Krönung Kaiser Karls besiegelte das politische und religiöse Gefüge des neu geschaffenen fränkischen Großreiches, in dem Papsttum und Kaisertum die Entwicklung Europas bestimmten.

Künftig verstand sich jeder Herrscher „von Gottes Gnaden", der seine weltlichen Aufgaben in göttlichem Auftrag wahrnahm. Seine Kaiserkrönung konnte nur in Rom stattfinden, denn der Papst und auch die Römer vertraten die Ansicht, dass es sich um die Kaiserwürde des *Imperium Romanum* handle, die nur in Rom verliehen werden könne.

Der Papst schenkte Kaiser Karl, anlässlich seines Rombesuches, ein Gelände auf der Südseite der Peterskirche, damit sich dieser hier seine römische Residenz erbauen konnte. Eine Schule, die *Schola Francorum,* wurde angeschlossen, in der Kleriker aus dem Frankenland studieren und Pilger, die erschöpft zu Fuß über die Alpen gekommen waren, betreut werden konnten. Ein deutscher Pilgerfriedhof, gleich neben der Peterskirche, der

Campo Santo Teutonico, durfte nicht fehlen. Das war ein einzigartiges Privileg der Franken und ist bis heute eines der Deutschen geblieben. Denn in der idyllischen kleinen Oase können auch heute noch deutsche Katholiken, die in Rom ihren Wohnsitz haben, beerdigt werden.

Hatte Pippin III. schon die Oberhoheit über den weltlichen Staat des Papstes übernommen, so fühlte sich Kaiser Karl der Große als Schutzherr der gesamten Ecclesia, die er in seinem Reich als Trägerin der Kultur nutzen und sie mit den germanischen Traditionen verbinden wollte. In diesem Zusammenhang darf man das aufkommende Mönchstum nicht unterschätzen. Die Benediktiner, die ihr erstes Kloster 529 auf dem Monte Cassino gegründet hatten, wurden zu den großen Kulturträgern des Abendlandes. Sie übertrugen das antike Bildungsgut in ihre literarischen Werke und konnten so den Geist Europas immer wieder neu befruchten.

Für Bildung war Kaiser Karl sehr empfänglich. Nach dem Vorbild Konstantins, der in Byzanz eine Universität für Reichsbeamte gegründet und Begabte gefördert und unterstützt hatte, erkannte auch Karl, dass eine Verwaltungseinheit in seinem Reich nur erreicht werden konnte, wenn auch der ungebildete Beamte Latein erlernte. Mit der gemeinsamen Sprache für Klerus und Beamte wurde eine geschlossene Lebensform im Abendland, in Europa grundgelegt. Dazu gehörten alle Völker zwischen Ostsee, Pyrenäen und der Poebene, zwischen Atlantischem Ozean und der Elbe. 788 war es Karl gelungen, im Süden das katholische Fürstentum Bayern unter dem stolzen Agilolfinger Tassilo III. (um 741 – nach 794) dem Frankenreich einzugliedern, und im Osten unterwarf er 804, nach drei Jahrzehnte langen Angriffen, das kämpferische Herzogtum Sachsen und vollendete die kirchliche und verwaltungstechnische Eingliederung des Herzogtums in das Frankenreich. Nun gab es an seinen Grenzen keine Feinde mehr.

Das Karolingische Reich konnte sich neben der Großmacht Byzanz behaupten. Man muss bis in die Zeiten des römischen Imperiums zurückgehen, um eine vergleichbare Machtbildung zu finden. Karls weitgehend geeinte Herrschaft umfasste weite Teile Mitteleuropas bis in das heutige Ungarn, Frankreich, Nordspanien bis zum Ebro und ins langobardische Italien. Politische, soziale und kulturelle Grundstrukturen verfestigten sich, wirkten einigend und beeinflussten in unterschiedlichem Maß die benachbarten Reiche im nördlichen Spanien, in England und Dänemark.

Deshalb gilt Karl der Große im politischen und kulturellen Sinn als Begründer Europas. In Würdigung seiner Leistungen vergibt die Stadt Aachen alljährlich für Verdienste um die europäische Einigung den Karlspreis.

Aus dem karolingischen Reich, in dem sich der Verschmelzungsprozess zwischen Antike, Christentum und Germanentum bis zur Unlösbarkeit vollzogen hatte, hat sich das geistig-politische Selbstbewusstsein unseres heutigen Europas entwickelt. Niemand wird Europa in der Gegenwart verstehen, der nicht seine mittelalterlichen Grundlagen kennt, der nicht weiß, dass das Christentum nicht nur Kirche, sondern auch Staat war, und dass diese Kirche die Kulturmächte des römischen Reiches in den Dienst ihrer Sache gestellt hatte. Nur deswegen ist europäische Kultur christlich erfüllt und das mittelalterliche Europa bis zum 18. Jahrhundert christlich gewesen. Dabei ist Europa nicht als geographischer Begriff zu betrachten, sondern als geistige, kulturelle und universale Idee.

Karl der Große fasste seine kaiserliche Führungsaufgabe ganz im christlichen Geiste auf. Die „Kaiserchronik", eine um 1150 in Regensburg entstandene mittelalterliche Chronik, berichtete, dass Kaiser Karl das Ideal eines Gottesstaates vorschwebte, in dem die Macht gleichermaßen zwischen Kaisertum und Papsttum verteilt sein sollte. Nach der Vorstellung des frühen Mittelalters konnte dieser Gottesstaat nur bestehen, solange sich beide Machtträger gegenseitig stützten und ergänzten. Papst und Kaiser sollten vereint die Fülle aller Macht in sich verkörpern: symbolisch ausgedrückt mit zwei Schwertern, dem geistigen des Papstes und dem weltlichen des Kaisers; beide Schwerter gleich scharf, gleich mächtig, für das Gute und gegen das Böse eingesetzt.

Beide Mächte waren aufeinander angewiesen. Die Kirche konnte ihren Pflichten nur nachkommen, wenn ein geordneter Staat ihr Freiheit und Rückhalt bot. Das Kaisertum bedurfte für den geordneten Ausbau seiner Macht nicht nur des sittlichen Einflusses der christlichen Lehre, es war auch abhängig von der zentralen Amtgewalt der Kirche und ihrer Diener.

Nach dem frühen Mittelalter zeigten sich Höhen und Tiefen im Verhältnis zwischen *Sacerdotium* und *Imperium.* Es geschah auch, dass beide Schwerter feindlich gegeneinander gezückt wurden. In der Vernunftehe zwischen Altar und Thron wurden die ersten Anzeichen einer krisenhaften Entwicklung sichtbar.

Abb. 5: Investitur eines Bischofs durch den König

3

Papst und Kaiser
Machtstreit im Hochmittelalter

Papsttum und Kaisertum waren die beiden Faktoren, die im Wesentlichen im Mittelalter die geschichtliche und kulturelle Entwicklung des Abendlandes, unseres heutigen Europas, bestimmten.

Als der innige Freundschaftsbund zwischen Papst und Kaiser – seit der Kaiserkrönung Karls des Großen (800) durch den Papst – zustande gekommen war, begriff das Abendland, dass es eine Einheit bildete, die auf einem festen gemeinsamen Glauben ruhte. Die Menschen fühlten sich als große christliche Familie in der Kirche geborgen und das auch im internationalen Sinne. Das ganze Denken und Streben des mittelalterlichen Menschen war getragen von tiefem Gottesglauben und ernstem

Vertrauen, in den Plan des Schöpfers eingebunden zu sein. Die Ecclesia durchdrang Europa im geistigen wie weltlichen Bereich, ohne dass eine klare Abgrenzung zwischen Religion und Politik immer möglich gewesen wäre. Der Papst, als geistlicher Leiter, übte das Amt eines allgemeinen Sittenwächters aus, vor allem auch über die Inhaber der weltlichen Macht, die sonst für Strafen kaum erreichbar waren. Das mittelalterliche Kaisertum hatte die Doppelaufgabe, eine gewisse „Weltherrschaft" über das Abendland auszuüben und „Schutzvogt über die Kirche" zu sein.

Mit der Zeit bauten beide Regenten ihre Machtmonopole weiter aus. Sie waren sich zwar einig, ihre Schwerter von Gott bekommen zu haben, um sich gegenseitig zu schützen und zu stärken, aber sie schienen sich nicht einig über den Gebrauch der Schwerter, die sie wiederholt gegeneinander richteten. Papst und Kaiser wirkten im Kräftespiel zwischen zwei Polen. Doch das christliche Mittelalter vertrug weder einen Papstkaiser noch einen Kaiserpapst.

Da die ursprüngliche Verbindung von Altar und Thron nicht viel mehr als eine Interessenallianz war, lassen sich aus dem Zwiespalt um das Vorrecht des einen oder anderen Machtbereiches die Kämpfe der beiden höchsten Gewalten verstehen. Der wechselvolle Kampf zwischen Papst und Kaiser, zwischen geistlicher und weltlicher Macht, spielte sich auf der Bühne des Mittelalters ab: ein Dualismus, der das nächste halbe Jahrtausend bestimmen sollte.

Was Karl der Große begonnen hatte, führten 150 Jahre später die Otto nen aus dem sächsischen Adelsgeschlecht fort.

Im Jahre 843 hatte der Vertrag von Verdun den Zerfall des Karolingerreiches besiegelt.

Mit der endgültigen Ablösung des westlichen Königreichs Frankreich hatte sich der östliche Teil des Frankenreiches zum „Reich der Deutschen" entwickelt. Erster König des ostfränkisch-deutschen Reiches war Heinrich I. (919–936), der in Fritzlar 919 zum König gewählt wurde. Danach tauchte der Begriff *Regnum teutonicorum* erstmals auf. Doch erst um die Jahrtausendwende ist nicht mehr von einzelnen Stämmen wie Alemannen, Bayern, Franken, Lothringern oder Sachsen die Rede, sondern bereits von den „Deutschen" als Volk.

Otto I., der Große (936 König, 962–973 Kaiser), Sohn Heinrichs I., in der Tradition Karls des Großen in Aachen zum König gekrönt, erkannte, dass eine neue Epoche in der Staatenbildung begonnen hatte. Unter Mithilfe des Augsburger Bischofs Ulrich konnte er 955 die Ungarn endgültig auf dem Lechfeld besiegen, die deutsche Ostgrenze weit über die Elbe vorschieben, Lothringen dem Reich erhalten und Italien zum größten Teil unterwerfen. Er gründete die Bistümer Meißen und Magdeburg. Die ottonische Zeit (919–1024), teilweise auch die der salischen Regenten (1024–1125) schuf eine stabile Grundlage für ein starkes Königtum, das Otto I. wieder mit dem Kaisertitel verbunden hatte. Am 2. Februar 962 hatte er sich vom Papst in Rom zum *Augustus* und ersten „Kaiser des Heiligen Römischen Reiches“ krönen lassen. Als weströmischer Kaiser und Schutzherr Italiens erneuerte er das *Imperium Romanum*. Damit stand die römische Kirche wieder unter dem Schutz der Kaiser, den zuvor schon die spätrömischen Kaiser und dann die Karolinger übernommen hatten. Dieser Schutz garantierte dem Papst ein dauerhaftes Überleben und die Verquickung der kirchlichen mit den kaiserlichen Interessen. Andererseits brauchte das Reich zu seinem Bestand Italien. Rom war schließlich Mittelpunkt der Kirche, und das Reich konnte ohne Kirche nicht bestehen. Italien mit seinen Hafenstädten war das Tor zur Welt. Das mittelalterliche Reich wäre ohne Italien und ohne den Anschluss an das Mittelmeer vom Welthandel abgeschnitten gewesen.

Als Äquivalent für die Schutzbereitschaft sicherte der Papst den Kaisern das Recht zu, Bischöfe und Äbte selbst einsetzen zu dürfen, während er sich die Krönung der Kaiser vorbehielt.

Die Verbindung der Königsherrschaft mit der von Rom verliehenen Kaiserkrone blieb für mehrere Jahrhunderte ein wesentlicher Bestandteil der teutonischen Politik. Diese Geschlossenheit bewirkte die religiöse und politische Stabilität des mittelalterlichen Reiches.

Während der Ottonenherrschaft festigte sich das Reichskirchentum, wodurch die Bischöfe eng an das Reich gebunden wurden. Damit trat der Kaiser als Advokat und weltlicher Arm der Kirche auf.

Kaiser Otto III. (983 König, 996–1002 Kaiser), der schon früh seinen Vater Otto II. (961 König, 973–983 Kaiser) verloren hatte (für ihn, der als Kind zum König gekrönt worden war, regierte bis 991 seine Mutter

Theophanu, eine byzantinische Prinzessin, und bis 994 seine Großmutter Adelheid), setzte die Osterweiterung und Ostmission seines Großvaters fort. Von einer persönlichen Leidenschaft getrieben, pilgerte er um 1000 nach Gnesen in Polen an das Grab seines Freundes Adalbert, des Bischofs von Prag, Ostmissionars, Märtyrers und Heiligen, um auch in Gnesen ein Bistum zu gründen. In Ungarn erhob er Gran, das heutige Esztergom, zum Bischofssitz. Auf seine Fürsprache hin verlieh der Papst dem polnischen Herzog Mieszko und dem ungarischen Herzog Stephan die Königswürde. König Stephan I. von Ungarn (1000–1038) wurde zum Schutzheiligen seines Landes, dessen Bewohner noch wenige Jahrzehnte zuvor als heidnische Krieger den Westen, speziell Bayern (955), überfallen und verwüstet hatten. Durch die Heirat König Stephans mit Gisela, der Tochter des bayerischen Herzogs Heinrichs des Zänkers und Schwester des späteren Kaisers Heinrich II., trat Ungarn in den Verbund des europäischen Reichsfürstenstandes ein.

Mehr und mehr zogen die Kaiser die kirchlichen Würdenträger zum Reichsdienst heran und stützten ihre Reichspolitik auf die Kirche. Diese besaß, ohne es je erstrebt zu haben, das Monopol des Wissens: Nur sie unterhielt Schulen, ihre Bücher waren fast die einzigen jener Zeit. Damit wurden die Geistlichen für die Gesellschaft eine unentbehrliche Hilfe, ohne die die Administration im Reich nicht funktionierte. Die Kirchenfürsten wurden als Schreiber für alle amtlichen und beratenden Funktionen und zur Führung der Kanzleien eingesetzt. Kleriker bedeutet in vielen Sprachen nichts anderes als „Schreiber" (*clerc, clerk, klerk*). Kleriker schienen in jeder Hinsicht die verlässlicheren Pfeiler des Kaisertums zu sein, weil sie ihre Würde, ihr Amt und ihren Besitz nicht vererben konnten. Die Entscheidung über ihre Nachfolge fiel dadurch immer wieder auf den König, den Kaiser zurück. Die Bischöfe und Äbte wurden von den Herrschern ernannt oder ihre Wahl wurde bestätigt. Nach erfolgtem Eid belehnten die Herrscher den Klerus mit Reichsgütern und banden so die Kirche an das Reich. Obwohl die Kirche sich dem Reich zur Verfügung stellte, unterwarf sie sich ihm nicht.

Das Ideal Kaiser Ottos III. war ein erneuertes christliches Römerreich mit der Hauptstadt Rom, in der Papst und Kaiser gemeinsam regieren sollten.

Unter den Ottonen erlebte das Abendland für ein Jahrhundert auf politischem und geistigem Gebiet eine Blütezeit.

Kaiser Heinrich II., der Heilige (1002–1024), oder doch eher der machtbewusste Realpolitiker, ein bayerischer Herzog, der letzte aus einer Seitenlinie der Ottonen, entwickelte innenpolitisch das so genannte „Ottonische Reichskirchensystem" weiter. Kraft päpstlich verliehenen Investiturrechtes setzte er 56 Bischöfe ein und gründete das Bistum Bamberg. Heinrich II. liegt gemeinsam mit seiner Gemahlin Kunigunde von Lützelburg im Bamberger Dom begraben. Beide wurden 1146 von Papst S. Eugen III. (1145–1153) heilig gesprochen.

Die damit von den Ottonen gefestigte Reichskirche unterstützte mit Rat und Hilfe den Kaiser. Die großen Figuren der Reichspolitik vom 10. bis zum 13./14. Jahrhundert waren meist hohe Kirchenfürsten. Kirchliches und weltliches Wirken gingen am Herrscherhof weiterhin ineinander über, und die Wechselwirkung war überaus groß und erfolgreich. Die universale Reichskirche war in weltliche Aufgabenbereiche eingebunden und war eine wesentliche Klammer für das in viele Stämme gegliederte Großreich.

Solange der Kaiser Männer seines Willens zu Bischöfen und Äbten machen konnte, funktionierte dieses Reichskirchensystem.

Die römische Kirche behielt dagegen ihre unabhängige Macht, weil sie genügend wirtschaftliche Mittel hatte, sich zu entwickeln und ein entsprechendes Leben zu führen. Sie verdankte ihren Reichtum im Wesentlichen dem römischen Kaiser Konstantin dem Großen (306–337) und seinen Nachfolgern. Die römischen Kaiser hatten der Kirche die ehemals heidnischen Tempel übertragen und damit die Kirche zu einem der größten Grundbesitzer gemacht. Der Kirchenstaat, der fast ganz Mittelitalien einnahm und wie jedes andere Reich den Gesetzen der Haushaltsführung, Verwaltung und Verteidigung unterworfen war, wurde Bündnispartner oder militärischer Gegner. Daher wurde im Laufe der Zeit der Kirchenstaat für Kaiser und Könige zunehmend zum Objekt der Begierde. Da das Papsttum dabei aber seine innerkirchliche Bedeutung einbüßte, bedeutete das eine Schwäche des Heiligen Stuhls, die die mächtigen italienischen Adelsfamilien nutzten, um das päpstliche Amt und damit den Kirchenstaat unter ihre Kontrolle zu bringen. Sie setzten, ohne Rücksicht auf Tauglichkeit, ihre Familienangehörigen als Petrinachfolger ein und verfügten bedenkenlos über den Kirchenbesitz. Die von ihnen gestellten Päpste waren meist ihres Amtes unwürdig.

Unter diesen Vorzeichen setzte im 10. Jahrhundert ein Verfall der kirchlichen Ordnung ein. Mehr und mehr zeichneten sich Korruption, Weltlichkeit und Nepotismus ab.

897 erlebte Rom das makabre Schauspiel einer Leichensynode. Der ausgegrabenen, mit Pontifikalgewändern bekleideten Leiche des Papstes Formosus (891–896) machte man den Prozess. In diesem wurde seine Wahl für ungültig erklärt und sein Leichnam in den Tiberfluss geworfen. Papst Theodor II. (897) sorgte später für ein angemessenes Begräbnis und hob das Urteil der Synode auf.

Unter dem Schreckensregiment dreier ehrgeiziger und schamloser Frauen, Theodoras und ihrer beiden Töchter Marozia und Theodora, wurde Rom zum Ort der Schande. Der große römische Kirchenhistoriker und Kardinal Baronius hat um die Wende des 16. Jahrhunderts dieser dunklen Periode des Papsttums den Namen „Pornokratie" gegeben. Marozia, dreimal verheiratet und die Mätresse Papst Sergius' III., ließ drei Päpste ermorden, um 914 ihren Sohn, den sie aus der Beziehung mit Papst Sergius III. empfangen hatte, als Papst Johannes XI. (914–928) inthronisieren zu können. Diesem absoluten moralischen Tiefpunkt des Papsttums machte ihr Sohn aus erster Ehe ein Ende, der sie in den Kerker der Engelsburg werfen ließ.

Als schließlich in den Jahren 1045 und 1046 drei Päpste gleichzeitig Anspruch auf die Führung der Kirche erhoben, griff Kaiser Heinrich III., Sohn und Nachfolger Konrads II. aus dem Hause der Salier (1028 König, 1046–1056 Kaiser), tief in die römische Struktur ein. Er, der deutsche Kaiser, setzte die rivalisierenden Päpste, Silvester III., Gregor VI. und Benedikt IX., ab und benannte in Folge vier Reichsbischöfe für den Petristuhl.

Die aus dem Deutschen Reich berufenen vier Päpste waren Clemens II. (1046–1047), vorher Bischof von Bamberg, der Bamberg zu seiner Begräbnisstätte wählte. Es ist das einzige Papstgrab nördlich der Alpen. Ihm folgte Benedikt IX. (1032–1044, 1045, 1047–1048). Dreimal wurde er rechtmäßig gewählt und zweimal seines Amtes enthoben. Mit Damasus

II. (1048) und dem heiligen Leo IX. (1049–1054) endete das dunkle Jahrhundert der Kirche, das *saeculum obscurum.*

Drängt sich hier nicht die Frage auf: Wer oder was war denn damals „Kirche"? Wohl kaum der Papst im fernen Rom, der als Bischof von Rom den Führungsanspruch über die Christenheit für sich beanspruchte. Jetzt war es der Kaiser, der als Stellvertreter Gottes und Schutzherr der Kirche in die oberste kirchliche Führung eingriff und versuchte Ordnung herzustellen.

Das Abgleiten der Kirche in Weltlichkeit hatte Ordensbewegungen entstehen lassen, die eine strikte Trennung von Kirche und Reich, von Religion und Politik forderten. Sie setzten sich ein, die geistige Kraft der Ecclesia zu reinigen und zu reformieren. Dabei spielte das Mönchtum eine tragende Rolle. Von Anfang an bildete es ein korrigierendes Gegengewicht zur „institutionellen" Kirche.

Übernahmen also die Klöster die Führung der Kirche?
Da war die Benediktiner-Abtei Cluny in Burgund, 910 von Herzog Wilhelm von Aquitanien gegründet, das geistige Reformzentrum der Christenheit und Ausgangspunkt einer für damalige Vorstellungen revolutionären Bewegung. Die Benediktiner vertraten die völlige Freiheit und Unabhängigkeit der Kirche gegenüber den weltlichen Machthabern. Sie verwarfen die Priesterehe. Die Ehelosigkeit des Klerus war im Laufe der ersten Jahrhunderte mehr und mehr als Ideal empfunden und im 4. Jahrhundert zum verpflichtenden Gesetz erklärt worden. Die Mönche brandmarkten den „Verkauf" von geistlichen Titeln, Simonie genannt, und lehnten die Mitwirkung bei der Besetzung kirchlicher Ämter durch Laien (Laieninvestitur) entschieden ab. Schließlich verlangten sie die Vergabe der Bischofssitze nach kanonischem Recht. Andere Klöster schlossen sich der Reformbewegung an.

Auch wenn Cluny die Kirche von den Übeln der Verweltlichung heilen wollte, darf nicht übersehen werden, dass die höchste weltliche Macht, die Kaiserwürde, ein sakrales Amt war. Krönung und Salbung waren wie ein Sakrament zu betrachten und das Reich selbst war etwas Heiliges, es war das *Sacrum Imperium.*

Die Tatsache, dass die Kaiser die römische Kirche wie eine kaiserliche Eigenkirche betrachteten und über sie entsprechend verfügten, musste daher zu den tragischen Spannungen zwischen Papst und Kaiser führen. Neben der religiösen Führungsrolle ging es den Kaisern ohne Zweifel auch um das politische Ziel, den deutschen Einfluss in Italien zu halten und zu sichern.

Kaum hatte Heinrich III. 1056 die Augen geschlossen, ja schon unter seiner Regierung, unter der das Reich seinen Höhepunkt erreicht hatte, begann der Atem einer neuen Zeit zu wehen. Man kann sagen, dass durch sein Eingreifen, durch das Eingreifen des Kaisertums in die päpstliche Hierarchie, das Papsttum aufgerüttelt und dem Heiligen Stuhl so zu einem glänzenden Aufstieg verholfen wurde.

Zur Stärkung des Papstes trug auch wesentlich die endgültige Abspaltung der römisch-katholischen von der griechisch-orthodoxen Kirche im Jahre 1054 bei. Machtpolitische und religiöse Meinungsverschiedenheiten hatten zu immer heftiger werdenden Auseinandersetzungen geführt. Während die Ostkirche und der Patriarch von Konstantinopel den byzantinischen Kaiser als Oberhaupt der Christenheit anerkannten, lehnten der Papst in Rom und die Westkirche ihn als Oberhaupt ab. Rom nutzte die Gunst der Stunde. Der Papst musste ab jetzt seine Autorität nicht mehr mit Konstantinopel teilen und konnte in voller Souveränität über die lateinische Kirche im Westen herrschen. Papst Gregor VII. (1073–1085) brachte sich nun als alleiniger Hüter des Glaubens in den Vordergrund.

Künftig setzte das Papsttum die geistliche Macht über die weltliche, nach dem Motto *libertas ecclesiae*, Befreiung der Kirche von dem Übergewicht der weltlichen Macht. Die Macht des Wortes ersetzte die Macht des Schwertes. Der Weg zur Papstkirche war frei!

Die Gregorianische Reform und die Bewegung von Cluny deuteten das bisherige Bild von den zwei Schwertern wieder so, wie es Augustinus im 4. Jahrhundert niedergeschrieben hatte. Danach gehörten beide Schwerter ausschließlich in die Hand des Papstes, so wie die zwei Schlüssel, die Jesus Petrus alleine anvertraut hatte. Das geistliche Schwert hatte die Kirche zu führen, das weltliche Schwert hatte sie dem Kaiser zu leihen, damit er es für sie und in ihrem Namen führe.

In der zweiten Hälfte des 11. Jahrhunderts begann ein historisches Kräftemessen, ein Ringen zwischen Kaisern und Päpsten „um die rechte Ordnung in dieser Welt" (Gerd Tellenbach). Das spielte sich in drei Phasen ab. Die erste führte zum so genannten Investiturstreit. Dieser war kein Konflikt im herkömmlichen Sinn, sondern ein reiner Kompetenzstreit. Er war ein Balanceakt im Machtkampf zwischen dem kirchlichen und dem weltlichen Herrscher. Um die angestrebte kirchliche Freiheit durchzusetzen, entzog der jeweilige Papst dem König die Zuständigkeit, Bischöfe seiner Wahl eigenständig zu ernennen. Rom allein sollten die Bischöfe unterstellt sein. Das bedeutete, eine Zusage zu brechen, das bedeutete, eine jahrhundertealte Gewohnheit zu stürzen. Ein gigantischer Kampf begann.

Bis zum Streit um die Investitur war der König/Kaiser Garant und Schutzherr christlicher Einheit. Mit Papst Gregor aber wurde der Bischof von Rom „Primus der christlichen Welt". Das konnte dem weltlichen Regenten nicht recht sein, denn damit war das „Ottonische System" in Gefahr. Macht stand gegen Macht. Heinrich IV. (1056 König, 1084–1106 Kaiser) fuhr fort, geistige Würdenträger in seinem Reich einzusetzen. Papst Gregor reagierte, machte von seinem geistlichen Schwert Gebrauch, setzte Heinrich 1076 ab und sprach über ihn den Bann (Ausschluss aus der kirchlichen Gemeinschaft). Das war ungeheuerlich: Der Papst maßte sich erstmals das Recht an, über die Eignung des Königs zu entscheiden. Seit Heinrich II., dem Heiligen, war in den Augen der christlichen Welt der König der *vicarius Christi,* der Stellvertreter Christi auf Erden gewesen. Nun stieß der Bann den König aus sakraler Höhe hinab in die Tiefen eines Laienstandes, der dem Erbarmen des Papstes ausgeliefert war, der dem Gebot der päpstlichen Macht unterstand. Dergleichen hatte es noch nie gegeben. Diese Nachricht ließ nach dem Bericht des Chronisten Bonizo von Sutri den „gesamten römischen Erdkreis erzittern".

Das Papsttum setzte fortan alle Kräfte ein, um die Vormacht zu gewinnen. Es folgten Bannflüche ohne Ende und zahlreiche gedungene Morde. Gregors Lebenswerk war, die Kirche aus der Verquickung mit dem weltlichen Imperium zu lösen. Papst und Kaiser begannen, den gegenseitigen Respekt voreinander zu verlieren. Heinrichs Enkel, der Geschichtsschreiber Otto von Freising, schrieb: „Die Kirche hat das Reich an dem Tag zerschmettert, als sie beschloss, den römischen König nicht mehr wie den Herrn der Welt zu achten, sondern wie ein aus Lehm geformtes Geschöpf mit dem Bannschwert zu schlagen."

Nie ging der politische Machtanspruch der Päpste weiter als in dieser Epoche. Der Himmel des Mittelalters verdunkelte sich, und ein Gewittergrollen kündigte ein Unwetter in der Vernunftehe zwischen Thron und Altar an.

Die Absetzung und der Bannspruch zogen ein politisches Nachspiel mit kapitaler Wirkung nach sich. Der König sah sich einer nahezu geschlossenen Opposition im eigenen Land gegenüber. Es waren die sich neu formierenden Gruppen der einzelnen Landesfürsten, Herzöge und Gaugrafen, die innerhalb des Reichsgebietes in ihren eigenen kleinen Territorien ihren Einfluss geltend machen wollten. Sie luden den Papst ein, als Richter zwischen ihnen und dem König nach Deutschland zu kommen. Noch zu Pippins (um 714–768) und Karls des Großen Zeiten (800–814) war ein Papst Hilfe suchend über die Alpen nach Deutschland gekommen. Diese Zeiten waren vorbei. Wenn jetzt die Päpste nach Norden zogen, dann kraft ihrer apostolischen Amtsgewalt, um nach dem Rechten zu sehen.

Das Königtum Heinrichs IV. war ernsthaft gefährdet. Um möglichst bald die Absolution vom Papst zu erreichen, begab er sich mitten im Winter über die Alpen, während der Papst bereits auf dem Weg nach Augsburg war, um dort auf dem Fürstentag über Heinrich zu entscheiden, wie die Chronik berichtet. Als er vom bedrohlichen Eintreffen des Königs in Italien erfahren hatte, zog er sich auf die Burg von Canossa am Nordrand des Apennins zurück. Dort erschien am 25. Januar 1077 König Heinrich IV. im Büßergewand, und mit bloßen Füßen soll er drei Tage vor den Toren der Burg ausgeharrt haben, bis er vom Papst vorgelassen wurde.

War sein Bußgang ehrlich oder ein politischer Schachzug?

Papst Gregor wurde von Heinrich IV. abgesetzt. Mit den Worten „Ich habe die Gerechtigkeit geliebt und das Unrecht gehasst, deshalb sterbe ich in der Verbannung“ endete das Leben des scheinbar gescheiterten Gregors VII. am 25. Mai 1085 im Exil in Salerno, nachdem er Rom verlassen musste, das er mit Hilfe der Normannen noch verwüsten ließ. Sein Episkopat hat die Ausrichtung der Kirche stark geprägt und vermittelt nur oberflächlich den Eindruck eines Scheiterns. Der „heilige Revolutionär“ wurde aus dem Geist der Gegenreform heraus heilig gesprochen. König Heinrich IV. ließ sich 1084 durch den in Rom amtierenden Gegenpapst Klemens III. zum Kaiser krönen.

Der Kniefall von Canossa war zweifellos eine unheilbare Wunde für das Kaisertum und ein Erfolg für das Papsttum. Die Machtfrage war für Rom entschieden. Die Kirche entwickelte sich zu einem überstaatlichen Organ, dem mehr Menschen gehorchten, als je einem Kaiser untertan waren.

Mit dem Wormser Konkordat wurde 1122 der Investiturstreit endgültig beendet und die Rechte des Königs gegenüber der Kirche wurden beschnitten. Kaiser und Könige hatten nun keinerlei Verfügungsgewalt mehr über die Investitursymbole von Ring und Stab. Diese blieben den Päpsten vorbehalten. Fortan trugen die weltlichen Herrscher das Zepter als Symbol ihrer Macht und nutzten es, um dem Erwählten beim Investiturvorgang die weltlichen Hoheitsrechte zu übertragen.

Die hier festgelegten Positionen von Kirche und Kaiser wurden in das kanonische Recht aufgenommen.

Eine Bresche war in das „Ottonische System" geschlagen worden, die eine harte Auseinandersetzung über das Recht der weltlichen und der geistlichen Gewalt entfachte. Hier rangen ein neues und ein altes Ordnungsprinzip um Europas zukünftige Gestalt. Hatte doch der Sieg der Päpste der ungehemmten Entfaltung nationaler Fürstenstaaten die Wege geebnet und damit die politische Einheit des Reiches für die Zukunft verhindert.

Nachdem Papst Gregor VII. im Ringen mit Heinrich IV. die äußere Machtstellung des Papsttums eingeleitet hatte, kündigte sich die zweite Phase des Kräftemessens an. Friedrich Barbarossa, der Stauferkaiser (1152 König, 1155–1190 Kaiser), wollte die alte Kaiserherrlichkeit und deren Rechte in der Reichskirche wieder zur Geltung bringen und fand in den Fürstbischöfen seine tüchtigen Helfer. Der Papst gab dem Kaiser aber zu verstehen, dass das Reich nur ein päpstliches Lehen sei. Das wies Friedrich scharf zurück und verteidigte die Gleichrangigkeit von Kaiser und Papst. Als er seinen Kanzler Rainald von Dassel (1120–1167) 1159 zum Erzbischof von Köln einsetzte, entbrannte eine 20-jährige erbitterte Fehde gegen den Nachfolgepapst Alexander III. (1159–1181), dem der Kaiser den Gegenpapst Viktor IV. (1159–1164) gegenüberstellte.

Dann führte Papst Innozenz III. (1198–1216) das Papsttum auf den Gipfel der Macht. Wie keiner seiner Vorgänger oder Nachfolger hat Innozenz in seiner 18-jährigen Regierung in hervorragender Weise die Vorstellungen der mittelalterlichen Reformen dem Papsttum zugewiesen, nämlich Sittenwächter über die Christenheit, Schiedsrichter in politischen Streitigkeiten und Mittelpunkt der christlichen Welt zu sein. Unter Innozenz III. fand die gregorianische Reform, die ihren Akzent auf die päpstliche Autorität als Schlüssel zur Erneuerung der Kirchenordnung gelegt hatte, ihre Vollendung.

Ein modernes Papsttum war begründet worden, das weniger auf Glaube und Kult setzte als auf juristisch präzise formulierte kirchliche Gesetze, die von nun an in direkte Konkurrenz zu den Erlassen der Fürsten und Könige traten.

Auch die Nachfolgepäpste, wie zum Beispiel Papst Gregor IX. (1227–1241), begnügten sich nicht mit dem alten Dualismus von Kaisertum und Papsttum, sondern beanspruchten für sich die Oberherrschaft über den Kaiser.

Papst Gregor IX. forderte eine der päpstlichen Gerichtsbarkeit unterstehende zentralisierte Inquisitionsbehörde, die er mit seiner Bulle *Excommunicamus* begründete. Schon nach römischem Recht waren der Abfall vom Glauben (Häresie) und der Unglaube (Atheismus) Staatsverbrechen. Zur Bekämpfung der stetig anwachsenden häretischen Gemeinschaften, wie etwa der Katharer, der Albigenser und der Waldenser, übertrug er 1231 deren Verfolgung der Oberaufsicht des Dominikanerordens. Die neue Institution der Inquisition war zunächst auf das Reich und Aragonien beschränkt, wurde jedoch bald auf das ganze Kirchengebiet ausgedehnt. Später einigten sich Kirche und Staat auf die gemeinsame Ketzerverfolgung.

Diese Zeit des ausgeprägten Selbstbewusstseins der römischen Kirche drückte sich im Bau gigantischer gotischer Dome aus, die nach der bodenständigen, ruhigen Harmonie der romanischen Gotteshäuser nicht nur ein himmelstrebendes Sehnen nach göttlicher Nähe ausdrücken wollten, vielmehr auch Macht und Stärke repräsentieren sollten. Der Machtapparat unter dem Führungsanspruch des Papstes entwickelte sich zu einem eigenständigen politischen Schwergewicht. Damit hatte sich auch die Einstellung der Kirche zum Krieg geändert. Diese neue Sichtweise führte zu eigenen militärischen Kriegsplänen, den Kreuzzügen. Das ganze Abendland wurde von Rom aus mobilisiert, Jerusalem von den Muslimen zu befreien. Damit setzte im 12./13. Jahrhundert die Vertreibung des Islam aus Europa und die Missachtung der Juden ein.

Der Stauferkaiser Friedrich II., König von Sizilien (1194–1250 römisch-deutscher König, 1196/1212/1220–1250 Kaiser des *Sacrum Imperium*), Enkel Kaiser Barbarossas, hatte auch zu einem Kreuzzug aufgerufen. Eigenmächtig brach er 1228 ins Heilige Land auf, ohne vorher den Papst, mit dem er im Streit lag, informiert zu haben. Im Gegensatz zu den bisherigen verlustreichen und blutigen Kämpfen eroberte Friedrich Jerusalem ohne Krieg und ohne Blutvergießen. Nach Verhandlungen in arabischer Sprache übergab Sultan Al-Kamil ihm die Stadt kampflos. 1229 setzte sich der deutsche Kaiser in der Grabeskirche zu Jerusalem selbst die Krone des Königreichs Jerusalem auf. Das war mehr als beachtenswert. Doch der Patriarch von Jerusalem und die christlichen Ritterorden der Johanniter (päpstliches Privileg 1113 und Bestätigung 1119) und der Templer (seit 1128 dem Papst unterstellt) verhielten sich abweisend. Nur der Deutsche Orden (seit 1198 anerkannt) stand auf Friedrichs Seite. Es ist auch in keiner historischen Quelle zu lesen, dass Friedrichs Handlungsweise von Papst Gregor IX. gutgeheißen wurde. Der Grund dieser Missbilligung war, dass Friedrich, ein vom Papst gebannter Fürst, zu einem Kreuzzug, zu einem heiligen Krieg ausgezogen war! Ein solch unerhörtes Schauspiel hatte die Welt noch nicht erlebt.

Die Position beider Parteien blieb unversöhnlich, ob der Gegner nun Papst Innozenz III., Gregor IX. oder Innozenz IV. hieß. Bei seiner nächsten Begegnung verweigerte Kaiser Friedrich II. dem Papst so lange den Zügel- und Bügeldienst (Hilfe beim Aufsteigen des Pferdes), bis er die Zusicherung erhielt, dass diese Hilfestellung eine Ehrenbezeugung, aber kein Vasallendienst sei.

Auf das Problem in der Beziehung zwischen kirchlicher und weltlicher Macht, deren Vertreter beide eine heilige Symbolik verkörperten, wurden nun auch die arabischen Fürsten aufmerksam. Als die Kunde ins Morgenland gedrungen war, besetzten die Muslime erneut Jerusalem.

Wie kaum ein anderer Herrscher des Mittelalters hatte Friedrich II. viele seiner Zeitgenossen, aber auch die Nachwelt in seinen Bann gezogen. Er verstand Traditionelles mit Zukunftsweisendem zu verknüpften. Der Historiker Jacob Burckhardt bezeichnete diesen hochgebildeten, immer nach neuen Erkenntnissen und Wissen strebenden Mann als den „ersten modernen Menschen auf dem Thron“, als *Stupor mundi*, „der die Welt in Erstaunen versetzt“.

Mit der anhaltenden Zwietracht zwischen Papst Innozenz IV. (1243–1254) und Friedrich II., dem Staufer, begann die dritte Phase des Kräfteringens. Dabei ging es nicht vorrangig um religiöse Ideale, sondern um politische Ziele, um Herrschaftsbewusstsein. Der Papst wollte nicht nur Friedrich, sondern die ganze Staufer-Dynastie beseitigen, in deren Doppelherrschaft über Deutschland und den mütterlichen Erbteil Sizilien er eine gefährliche Umklammerung seines Kirchenstaates sah. Er fürchtete um den Bestand seines kirchlichen Territoriums, das für das Papsttum mit einem Herrschaftsanspruch verbunden war. Deshalb erklärte der Papst den Stauferkaiser auf dem Konzil zu Lyon 1245 für abgesetzt. Als Gegenkönig schlug der Papst den Landgrafen Heinrich Raspe von Thüringen und später Wilhelm II. von Holland vor.

Damit kam es zum Bruch zwischen beiden Gewalten, der sich als endgültig herausstellen sollte.

Kaiser Friedrich II. verfasste ein Schreiben an alle Könige und Fürsten der Christenheit, in dem er ausführte, der Papst habe weder Richteramt noch Strafgewalt über die Fürsten. Friedrich forderte eine Reform der Ecclesia und die Rückkehr zu ihrem Urzustand. Papst Innozenz IV. setzte dagegen, dass jedermann dem römischen Stuhl unterworfen sei. Christus habe nicht nur eine priesterliche, sondern auch eine königliche Herrschaft gegründet und dem heiligen Petrus zugleich die Zügel des irdischen und des himmlischen Reiches im Symbol der beiden Schlüssel gegeben. Es sei eine lächerliche Anmaßung zu wähnen, der Kaiser sei über die Gesetze der Kirche und deren Anwendung erhaben.

Die Zeit arbeitete für Innozenz. In dieser Auseinandersetzung zeigte es sich wieder einmal, dass schließlich derjenige den Sieg davonträgt, welcher ein durchführbares Ziel mit letzter Energie konsequent verfolgt. Friedrich konnte seinen Gegner nicht vernichten und die Institution des Papsttums abschaffen – und er wollte es auch nicht. Er griff ja nicht allein die Person des Papstes an, sondern die reich und politisch gewordene Kirche. Innozenz dagegen wollte seinen Gegner beseitigen.

Dem Papst war daran gelegen, dass nach Friedrichs Tod im Jahre 1250 kein ähnlich genial begabter Staufernachfolger das kaiserliche Amt antreten werde. Er wollte den „Untergang der bösen Schlangen". Zu seiner Unterstützung suchte er beim französischen König Ludwig IX., dem Heiligen (1226–1270), Hilfe. Kurzerhand wurde Karl von Anjou (1266–1285), Bruder des Königs, zum Herrscher des Königreichs Neapel-Sizilien eingesetzt, dem der Papst den Auftrag zur Gefangennahme der Enkel als der letzten Staufererben (Kinder König Manfreds) erteilte: „Sie mögen leben, aber leben, als ob sie nie zur Welt gekommen wären, leben, um im Gefängnis zu sterben." Drei kleine Knaben, Friedrich, Enzio und Heinrich, ihre Schwester Beatrix und deren Mutter Helena wurden 1266 im lichtlosen Kerker des Castel dell'Ovo in Neapel angekettet. Jedes Jahr, da die Kinder heranwuchsen, wurden die Ketten ihren Gliedmaßen neu angepasst. Noch im Jahre 1300 haben sie, die niemals das Licht der Sonne sehen, niemals aufrecht gehen konnten, in ihrem Kerker gehaust. Nach 52 Jahren Haft starb 1318 Heinrich, der Enkel Friedrichs II. und letzter Staufer. Das glänzende Geschlecht der Staufer, das stolzeste Kaiserhaus der deutschen Geschichte, endete elend, weil Papst Innozenz IV. es so wollte: „Rottet aus Namen und Leib, Samen und Spross dieses Babyloniers."

Seitdem fand das Kaisertum als Träger der Reichseinheit keinen offiziellen Nachfolger, weil das Papsttum nur bereit war, einen Kaiser nach eigenen Bedingungen zu ernennen. Die Reichsfürsten, Herzöge und Grafen kämpften um das frei gewordenen Reichsgut und vergaben deswegen den Thron nur an mehr oder weniger unfähige Anwärter. Diese sollten den Ausbau ihrer Landesherrschaften nicht stören. So gab es im Reich keinen allgemein anerkannten Herrscher. Das Heilige Römische Reich Deutscher Nation versank in Anarchie.

Das Jahr 1250 hatte eine Schicksalswende in der Geschichte des Abendlandes angekündigt. Mit dem Tod Friedrichs II. war das universale mittelalterliche Kaisertum, das mit Karl dem Großen im Jahre 800 angefangen hatte, zugrunde gegangen. In der Mitte der christlichen Welt stand jetzt der Papst als Garant ihrer geistigen Einheit und ihrer politischen Vielfalt. Die Päpste nahmen für sich in Anspruch, die wahren Kaiser zu sein, und die weltlichen Träger des Kaisertitels seien lediglich ihre Diener. Der Kampf gegen das Kaisertum hatte die alte Einheit von Reich und

Kirche vollends zersprengt. Das Gleichgewicht der zweiköpfigen Herrschaftsmacht war zerbrochen.

Das Papsttum hatte mit Hilfe einiger antistaufischer Fürsten im gesamten Reich Unruheherde entfacht und Bürgerkriege entfesselt. Das sollte dazu führen, dass sich im Laufe der Zeit auf dem Boden des alten Kaiserreiches ein merkwürdiges Gebilde aus Territorialstaaten, Bistümern, Grafschaften, Reichsklöstern, Stiften, Reichsstädten und Rittersitzen entwickelte.

Das Reich war ab 1250 der Zerrissenheit anheim gegeben. Damit löste sich auch unmerklich die alte christliche Universalkirche auf. Die Kleinstaaterei wurde zum Schicksal der deutschen Geschichte. Es bahnte sich ein 600-jähriger Verfall des Reiches an. Kaiser und Reich bildeten keine Einheit mehr. Vielmehr machten sich Gegenkräfte zwischen Oberhaupt und Fürsten breit. Trotzdem konnten die Fürsten das Reich nicht außer Kraft setzen. Denn mit der Wahl Rudolfs I. von Habsburg (1273–1291) zum König, im Jahre 1273, hatte das „Heilige Römische Reich Deutscher Nation“ wieder eine übernationale Institution. Mit Rudolf endete das Interregnum, „die kaiserlose, die schreckliche Zeit“. Die Habsburger Dynastie hatte bis 1806 Bestand.

Das Papsttum, das nach dem Ende der Staufer auf die Alleinherrschaft gehofft hatte, erreichte während der Amtsperiode Papst Bonifatius' VIII. (1294–1303) seinen letzten Höhepunkt. Doch eine Auseinandersetzung mit König Philipp IV. dem Schönen von Frankreich (1285–1314), der diese päpstliche Überlegenheit nicht akzeptieren wollte, überschattete das Pontifikat. 1302, auf dem Höhepunkt der Streitigkeiten, ließ Bonifatius die Bulle *Unam Sanctam* veröffentlichen, die die Oberhoheit des Papstes über alle Herrscher sowohl in weltlichen als auch in geistlichen Fragen behauptete. Philipp ignorierte die Bulle, beschuldigte den Papst verschiedener Verbrechen wie Mord, Ketzerei und Unzucht und forderte seine Absetzung.

Die Niederlage des Heiligen Stuhls gegenüber König Philipp, mit der das päpstliche Ansehen gesunken war, leitete die endgültige Wende zur Vormachtstellung weltlicher Monarchen ein. Das Papsttum erreichte nie mehr die Machtfülle, die es im Früh- und Hochmittelalter besessen hatte.

1305 setzte König Philipp IV. die Wahl des ihm ergebenen Franzosen Klemens V. (1305–1314) zum Papst durch und veranlasste ihn, seinen Sitz nach Avignon zu verlegen. Damit begann das so genannte Avignonische Exil des Papsttums (1309–1377).

Während sieben französische Päpste (Klemens V. 1305–1314, Johannes XXII. 1316–1334, Nikolaus V. 1328–1330, Benedikt XII. 1334–1342, Klemens VI. 1342–1352, Innozenz VI. 1352–1362, Urban V. 1362–1370) in Avignon residierten, standen sie unter der politischen Vorherrschaft der französischen Krone. In dieser Zeit waren sie abhängig, politisch entmachtet und oft nicht mehr als ein Instrument in den Händen des französischen Königs. Als König Philipp IV. zur Finanzierung des Krieges gegen England erstmals den französischen Klerus besteuerte, provozierte er damit einen heftigen Konflikt mit Papst Bonifatius VIII. (1294–1303), denn von der Geistlichkeit durften nur mit Zustimmung des Papstes Steuern erhoben werden. Bonifatius reagierte 1302 mit der berühmten Bulle *Unam Sanctam,* in der er die alte These von der Überordnung der geistlichen Gewalt über die weltliche wieder aufgriff. Um weiterhin seinen großen Finanzbedarf zu decken, ließ König Philipp landesweit am Freitag, den 13. Oktober des Jahres 1307, in einer Blitzaktion den bekanntlich reichen Templerorden zerschlagen und seine Ritter inhaftieren, um sich deren Besitz einzuverleiben. Dieser berüchtigte „Freitag der 13." hat sich bis heute bei Abergläubigen als Unglückstag erhalten.

König Philipp IV. strebte mit Hilfe des Papstes anschließend die rigorose Aufhebung des Ordens an, indem er den Mitgliedern Ketzerei und Unzucht unterstellte. Papst Klemens V. fügte sich dem Willen des Königs und ließ den Orden, der ihm direkt unterstand, durch die Inquisition verfolgen und nach einem langwierigen Prozess 1312 verbieten. (1705 haben sich die Templer in Frankreich wieder neu gegründet. Als christlicher Orden sind sie mit verankerten Statuten anerkannt.)

Nie hat Frankreich in der Geschichte der Kirche eine größere Rolle gespielt als damals. Bis 1377 dauerte diese „Babylonische Gefangenschaft" der Päpste. Der Dichter Petrarca (*Epistolae sine nomine, 11*) beschrieb das vollkommen verweltlichte und luxuriöse Leben in Avignon als ein wahres Babylon, als einen Ort, „wo keine Frömmigkeit, keine Barmherzigkeit, kein Glaube vorhanden ist, wo Hochmut, Neid, Liederlichkeit und Habsucht herrschen, mit all ihren Tücken, wo der Schlechte bevorteilt wird, der freigebige Räuber verehrt und der Gerechte mit Füßen getreten, wo Ehrlichkeit Dummheit genannt wird, Listigkeit Weisheit, wo Gott verspottet wird, Geld verehrt, Gesetze mit Füßen getreten und die Guten verhöhnt werden."

So hatten nach dem Untergang des universalen Kaisertums (1250) auch die Päpste die universale kirchliche Machtstellung verloren und stürzten von der Höhe ihrer geistlichen und politischen Vormacht tief hinab. Macht korrumpiert. Es wurde offenbar, dass Kaisertum und Papsttum sich in der Vergangenheit tatsächlich gegenseitig gestützt und Autorität verliehen hatten. Für die Geschicke Europas wurde nun zunehmend Frankreich entscheidend, wo die religiösen und politischen Fragen der Zeit auf sehr andere Weise geklärt wurden als im Heiligen Römischen Reich. Frankreich war das erste Land, das nach dem Muster des vom Stauferkaiser Friedrich II. gegründeten Beamtenstaates auf Sizilien einen Einheitsstaat verwirklichte. Ihm folgten England und Spanien.

Im Deutschen Reich unterlagen jetzt die Päpste den vielen Königen, Reichsfürsten und kleinen Territorien, mit denen sie sich auseinandersetzen mussten. Die einzelnen Fürsten fühlten sich zwischenzeitlich eigenständig. Kaum durch religiöse Bedenken gehemmt, handelten sie selbstbewusst und politisch. Charakteristisch für die neue Kampflage im zersplitterten Reich war die Erklärung der Landesfürsten, dass künftig ein rechtmäßig gewählter deutscher König keiner päpstlichen Bestätigung zum Kaisertitel bedürfe. Verschiedentliche Versuche, die Kaiserkrönung römisch-deutscher Könige vom Papst loszulösen, waren bisher ohne Erfolg geblieben. 1323 wählten die Landesfürsten Ludwig den Bayern (1314–1347 König, 1328–1347 Kaiser) in Frankfurt am Main zu ihrem König. Daraufhin geriet Ludwig in Konflikt mit Papst Johannes XXII. in Avignon, weil er dessen Approbationsanspruch ablehnte. Die Exkommunikation des Königs 1324 war die Folge. 1327 zog Ludwig nach Italien, wurde 1328 in Rom zum Kaiser gekrönt, erstmalig nicht vom Papst, sondern von Vertretern der Stadt Rom. Anschließend setzte er den Papst in Avignon ab und rief in Rom den Gegenpapst Nikolaus V. (1328–1330) aus. Im Reich erklärten sich 1338 die Kurfürsten im „Kurverein von Rhense" mit dem gebannten Kaiser solidarisch und bestritten das Recht des Papstes auf Einflussnahme auf die deutsche Königswahl. Im Streit zwischen Papst und Kaiser übte der Bayer heftige Kritik an der päpstlichen auf das

Diesseits gerichteten Machtpolitik. Beide bezeichneten sich gegenseitig als Ketzer.

Wieder waren es die Kurfürsten, die 1346 einen König wählten. Sie ernannten Karl, den Sohn König Johannes' von Böhmen aus dem Hause Luxemburg, zum Gegenkönig. 1355 in Rom zum Kaiser Karl IV. (bis 1378) gekrönt, setzte er 1356 in Frankfurt am Main die bedeutendste Bulle ein, die zugleich das wichtigste Reichsgrundgesetz des Heiligen Römischen Reiches wurde, das bis zum Ende des alten Reiches 1806 in Kraft blieb. Die Wichtigkeit der Gesetzgebung beweist u. a. ein metallenes Siegel, im Gegensatz zu den bisher üblichen Wachssiegeln. In der danach benannten „Goldenen Bulle" wurden die Königswahl wie auch die Rechte und Privilegien der sieben auserwählten Kurfürsten festgelegt. Ein Mitsprache- und Zustimmungsrecht des Papstes bei künftigen Königswahlen wurde ausgeschlossen. Außerdem enthielt sie Verordnungen zum Landfrieden, mit denen das Fehdewesen eingedämmt werden sollte.

Unter Kaiser Karl IV. wurde Prag zum Mittelpunkt des Reiches. 1348 gründete er die Prager Universität, errichtete den dortigen Veitsdom (1344–1385), die Karlsbrücke (um 1345), sowie die Burg Karlstein (1348–1367) südwestlich von Prag.

Während der Amtszeit der Päpste in Avignon war die Kirche gespalten. Als drei Päpste gleichzeitig das Amt beanspruchten (Gregor XII. 1406–1415, Benedikt XIII. 1394–1423, Johannes XXIII. 1410–1415) und keiner zum Rücktritt bereit war, machte das mehr als deutlich, dass dieses hohe Amt eher als Karrieremöglichkeit betrachtet wurde, denn als Ausdruck einer inneren Berufung von Gott. Auch für den Adel so wie für Angehörige niederer Stände war der Klerikerstand das, was wir heute als eine Aufstiegs- und Erfolgschance bezeichnen würden. Das Abendländische Schisma blieb bis 1417 bestehen.

Manche Historiker sind der Ansicht, dass das Avignonische Exil zwischen 1309 und 1377 den jahrhundertelangen Niedergang des Papsttums eingeläutet hat. Der Verfall der eigenen Werte, der sich in der Doppelt- und Dreifach-Besetzung des Heiligen Stuhls gezeigt hatte, fand in dem moralisch-ethischen Versagen der Renaissance-Päpste seinen Höhepunkt.

Katharina von Siena (1347–1380), eine italienische Mystikerin, die als Frau in dieser Zeit eine bedeutende moralische Kraft darstellte, ermahnte die

Mächtigen der Erde ständig, sich wahrhaft christlich zu verhalten, anstatt die existierende Not durch Gleichgültigkeit und Habsucht zu vergrößern. Doch auch sie konnte nicht verhindern, dass die Kirche von der Höhe ihrer geistlichen und weltlichen Vormacht tief hinabstürzte. Die Ecclesia befand sich in einer lebensgefährlichen Krise, die das Papstschisma bedingte und deren Fernwirkung die Glaubensspaltung werden sollte.

Der vermehrte Ruf nach einer Reform der moralischen und finanziellen Praktiken der Kurie wurde immer lauter und tönte den Päpsten bis zum Ausbruch der Reformation wie eine Anklage in den Ohren. Es ist nicht verwunderlich, dass in dieser Periode neue, der Kirche gegenüber kritische Bewegungen aufkamen. Nach 1380 gingen von dem Oxforder Theologen und Kritiker John Wyclif (um 1330–1384) ernst zu nehmende reformatorische Proteste gegen das Verhalten der Kirche aus, die von dem Prager Universitätslektor Jan Hus (1370–1417) aufgenommen wurden und später durch die Reformation zur Kirchenspaltung führten.

Das Hauptproblem der Kirche bestand nun vorrangig darin, die Autorität des Heiligen Stuhls wiederherzustellen.

Die großen Reformkonzilien in Konstanz (1414–1417) und Basel (1431–1437) sollten hier wirksam eingreifen, blieben aber nahezu ergebnislos. In Konstanz legte man zwar das Abendländische Schisma bei, aber für die Klagen der ersten großen Kirchenkritiker hatte man kein Gehör. Stattdessen wurde 1415 Wyclif posthum vom Konstanzer Konzil als Ketzer verurteilt und 1418 wurden seine Gebeine verbrannt, während Hus, trotz zugesagten freien Geleits, im Schlosskerker von Gottlieben inhaftiert wurde, um dann vor den Toren von Konstanz auf dem Scheiterhaufen zu enden.

Auch das 15. Jahrhundert kam über die Ansätze einer Kirchenreform nicht hinaus. Das Papsttum ging einen Weg der verpassten Gelegenheiten und blieb in Äußerlichkeiten verhaftet. Der unter Julius II. (1503–1513) vergrößerte Kirchenstaat konkurrierte nun mit den Weltmächten. Dadurch erlebte Rom einen neuen Aufschwung und entwickelte eine Prachtentfaltung und ein Wetteifern mit den Kulturzentren wie Florenz, Siena, Mailand und Venedig. Kriegslust und Kunstgenuss bedurften vieler Gelder, die die Kirche nicht hatte. Papst Julius beauftragte Michelangelo mit der Ausmalung der Sixtinischen Kapelle. Sein Nachfolger, Papst

Leo X. (1513–1521), in der Tradition der Medici erzogen, war weniger Kirchenmann als vielmehr Förderer der Künste. Zu den von ihm unterstützten Renaissancekünstlern zählen Raffael und Donato Bramante.

Der von Leo X. in Auftrag gegebene aufwendige Neubau des Petersdoms in Rom und der Pomp seines Hofstaates waren unter anderem Auslöser der Reformation. Kritiker wie Martin Luther in Deutschland (1483–1546), Calvin in Frankreich (1509–1564) und Zwingli in der Schweiz (1484–1531) wurden laut und rüttelten an den moralischen Grundfesten der katholischen Kirche und leiteten ihrerseits Reformen ein. Kritisiert wurde vor allem der Ablasshandel, der den Petersdom und das ausschweifende Leben der Kirchenväter finanzieren sollte.

Die gnadenlose Gegenreformation, initiiert von Papst und Kaiser, die beide letztendlich hierbei wieder um ihre Machtbereiche rangen, führte zur Spaltung der Kirche. In England drängte König Heinrich VIII. (1491–1547) den Papst aus seinem Amt, machte sich zum Oberhaupt der anglikanischen Kirche, die damit von Rom abfiel. In Deutschland griff der Mönch Martin Luther die Weltlichkeit des Papstes an und empfand dessen römische Institution als entbehrlich. Bei dem durch katholische Machtinteressen entfachten Dreißigjährigen Krieg (1618–1648) waren sich schon die Zeitgenossen einig, dass es sich hier weniger um einen „Religionskrieg" als um sehr irdische Machtkämpfe handelte.

Hermann Kersten lässt in seinem Buch „Ich der König" Kaiser Karl V. (1519–1556) auf seinem Sterbebett im Kloster San Yuste in Kastilien ein politisches Resümee halten, mit dem der strenge Katholik und energische Verfechter der Gegenreformation sein Handeln zu rechtfertigen sucht: „Ich wollte die Tiara und die Kaiserkrone auf dem Haupte tragen. Wer die Menschen regieren will, muss sie ganz besitzen, ihre Freiheit und ihre Angst. Meine Edikte brachten ihnen ihr Glück: Wer leugnet, dass Christus zu Brot und Wein wird, wer ein Heiligenbild zerbricht, wer Schriften von Luther, Calvin, Zwingli oder gar die Bibel liest, sie alle ließ ich verbrennen, köpfen, lebendig begraben. Vor den Menschen fühle ich mich nicht schuldig. Habe ich nicht die Niederländer gerettet? Mehr als hunderttausend habe ich verbrannt, um ihre Seelen zu retten. Wer der Kirche nicht gehorcht, wird auch gegen den Kaiser aufstehen und fordert schließlich gleiches Recht für alle Menschen. Das ist das Ende."

Dieser Lebensrückblick zeigt deutlich den anhaltenden Kompetenzkampf zwischen Papst und Kaiser. Der Konflikt zwischen beiden Machtpolen hörte erst auf, als die gekrönten Häupter der großen Reiche katholischen Glaubens ihre Kronen verloren hatten. Zuletzt legte 1806 Franz II. die Kaiserkrone nieder, um nur noch den Kaisertitel für sein habsburgisches Erbe in Österreich-Ungarn zu führen, das 1918 unterging.

Mit der Entdeckung der Neuen Welt (1492) durch die Portugiesen und Spanier, mit der Regierungszeit und schließlich dem Tod Kaiser Karls V. (1558) klang das Mittelalter aus.

Was bedeuten nun für unser heutiges Europa diese 1000 Jahre christliche Zeitgeschichte, die um das Jahr 500 mit der Taufe Chlodwigs begonnen hatte? Europa wurde von Päpsten und Kaisern durch eine gemeinsame Religion zusammengefügt. Europa, die christliche Einheit, die Gemeinsamkeit der lateinischen Bildungssprache, hat das Lebensgefühl eines einheitlichen Weltbildes geprägt.

Der Werdegang des Mittelalters mit seiner Städtebildung, seinen Literaturen, seinen Kunstdenkmälern, seinen Universitäten, der Zurückweisung des Islam und der Eroberung neuer Welten lässt sich durchaus als Jugendzeit der westlichen Nationen erkennen. Der Mythos, das Mittelalter sei ein dunkles, unschöpferisches Zeitalter gewesen, ist heute längst widerlegt.

4

Martin Luther

seine Kritik verändert Kirche und Staat

Martin Luther wurde 1483 in eine Epoche voller geistiger Spannungen und politischer Konflikte hineingeboren. Es war der Beginn der Neuzeit, in der Renaissance und Humanismus den Bruch mit mittelalterlichen Traditionen vollzogen. Ein neues Besinnen auf den Menschen, auf das Individuum, das durch viele Gelehrte zum Ausdruck und zur Verbreitung kam, trat den uralten Strukturen entgegen. Mit ihren Programmen einer humanistischen Theologie und Erziehung ebneten sie nicht zuletzt den Weg für die

Reformation und ermutigten den kleinen Mönch Martin Luther , einen provokativen, ungleichen Kampf mit der Allmacht der Kirche zu führen.

Auf der politischen Ebene kam hinzu, dass die Einheit des christlichen Reiches durch die Jahrhunderte andauernden Auseinandersetzungen zwischen Päpsten und Kaisern de facto aufgelöst war. Das Reich als die politische Organisationsform Deutschlands um 1500 wurde von einem Dualismus zwischen Kaiser und Ständen beherrscht. Politisch standen sich Zentralgewalt und erstarkende Territorialgewalt gegenüber, deren Gegnerschaft auch durch die einberufenen Reichstage nicht aufgehoben werde konnte. Es war eine von großer Zwietracht geschüttelte Epoche in einem unvorstellbar zerrissenen Land.

Ein Drittel der deutschen Länder war in geistlicher Hand. Fünfzig Bischöfe und Äbte waren zugleich Herren über Territorien. Geeint waren Fürsten, Städter und Bauern nur in einem, in ihrem Groll auf Rom. Sie wollten nicht verstehen, dass ihr Seelenheil von der Gunst der Geistlichkeit abhing, die sich hohe Ämter erkaufte und ihren unmäßigen Lebensstil durch Ablassgelder der Gläubigen finanzierte. Die Zeit für eine religiöse Erneuerung war reif. Die geistigen und politischen Verhältnisse waren so beschaffen, dass die Ideen eines Ketzers wie Martin Luther gegen die Kirche in den Brennpunkt des Interesses gerieten und ihn zu einem theologischen wie geschichtlichen Phänomen werden ließen.

Mit Hilfe der diplomatischen Unterstützung einzelner Landesfürsten, wie des Kurfürsten Johann Friedrich I. von Sachsen (1532–1547), des Landgrafen Philipp I. von Hessen (1541–1553), der Herzöge Philipp von Braunschweig-Grubenhagen und Ernst von Braunschweig-Lüneburg (bis 1546), konnte er jetzt – und nicht fünfzig Jahre früher – seine Kritik am religiösen System durchsetzen und dabei überleben. Hatten doch schon hundert Jahre zuvor vergeblich der englische Professor der Theologie John Wyclif (1320–1384) und der Prager Hochschullehrer Jan Hus (um 1370–1415) gegen die Verderbnis des Klerus, den Besitz und die weltliche Herrschaft der Kirche und deren Finanzpolitik scharfe Angriffe erhoben. Damals war die Zeit für Kritik und damit für Reformen noch nicht reif. Beide unterlagen noch der Verfolgung und damit dem Verbrennungstod.

Luther wuchs im thüringischen Eisleben auf. 1501 immatrikulierte er sich an der Universität zu Erfurt. Als ihn am 2. Juli 1505 auf freiem Feld ein schweres Gewitter überraschte, gelobte er der heiligen Anna, Mönch zu werden. Für Familie und Freunde völlig unverständlich, trat er vierzehn Tage später in den strengen Augustiner-Eremiten-Orden in Erfurt ein. Hier quälte er sich mit Schuldgefühlen vor Gott und suchte im Evangelium Trost, den er nicht fand. Seinen verzweifelten Zustand drückte er später in den Liederversen aus: „... mein Sünd mich quälte Tag und Nacht ... ich fiel auch immer tiefer drein, es war kein Guts an meinem Leben ..."

Diese Seelenqualen, verbunden mit einer hohen Intelligenz, veranlassten seinen Beichtvater, ihn an die kurfürstlich-sächsische Universität nach Wittenberg zu schicken. Bald darauf ernannte ihn der Wittenberger Rat zum Prediger der Pfarrkirche. Ein Jahr vor seiner Promotion zum Doktor der Theologie schickte ihn sein Orden zu Verhandlungen nach Rom. Hier fiel sein Augenmerk weniger auf die antiken Kunstschätze der Heiligen Stadt als auf die Verweltlichung des päpstlichen Hofes und des Klerus. Die Päpste selber galten seit langem als machtgierig. Die Religion interessierte sie meist nur als Instrument, ihre weltliche Herrschaft zu festigen. Diese bestand vorwiegend in der Sicherung des Kirchenstaates. Nach Hause zurückgekehrt beobachtete Luther kritisch den Ämterkauf der Gottesdiener und ihre Sittenlosigkeit. Er empörte sich offen über den Ablasshandel der Kirche, mit dem das ausschweifende Leben und der luxuriöse Neubau der Peterskirche in Rom finanziert werden sollten. Der Geldbedarf des Papstes wurde seit Jahrzehnten vornehmlich aus Italien und Deutschland gestillt. Zur Finanzierung belegte die Kirche jede Sünde mit einem Preis. Der Ablass für Zauberei kostete zwei, Mord acht, Kirchenraub und Meineid neun Dukaten. „Wenn das Geld im Kasten klingt, die Seele aus dem Fegfeuer springt."

In diesen Jahren gab Papst Julius II. (1503–1513) die Deckenausmalung der Sixtinischen Kapelle im Vatikan bei dem gottesfürchtigen Künstler Michelangelo in Auftrag. Als krönenden Abschluss gestaltete der Maler zwanzig Jahre später, an der Altarwand, das berühmte Gemälde vom „Jüngsten Gericht" (1536–1541). Michelangelo schuf hier ein sprechendes Abbild seiner Zeit, eine Klage gegen eine lüsterne und habgierige Menschheit, vielleicht sogar eine Anklage gegen die Kirche. Die Dramatik seiner drastischen Darstellung machte das Fresko nach der Enthüllung im Jahre 1541 zum Skandal.

Luther wandte sich offen gegen die Missstände. Als junger Mönch hatte er noch keine Anhänger, keine Förderer, er hatte nicht einmal ein klares Ziel. Zunächst schrieb er den zuständigen Erzbischof Albrecht II. von Mainz (1490–1545), den Erzkanzler des Reiches, an und forderte ihn auf, den üblen Handel einzustellen. Es geschah nichts, denn Albrecht, Markgraf von Brandenburg, aus dem Hause Hohenzollern, hatte sich drei Bischofsstühle erkauft. Allein für die Bischofswürde von Mainz war er bereit, eine Gebühr von 29.000 Gulden zu zahlen. Ein Universitätsprofessor verdiente rund 200 Gulden im Jahr. Auch sein prunkvoller und aufwendiger Lebensstil als Renaissancepotentat und Mäzen der Künstler seiner Zeit wie Mathias Grünewald, Lucas Cranach und Albrecht Dürer verschlang Unsummen. Woher sollte das Geld kommen? Vom Hause Fugger hatte er sich 52.286 Dukaten ausgeliehen. Das Bankhaus Fugger war der Kreditgeber vieler Kirchenherren. Dafür hatte es sich die Ablasseinnahmen gesichert. Verständlich, dass die Fugger ein großes Interesse daran hatten, dass diese Gelder auch reichlich flossen. Es änderte sich nichts, denn Luthers Kritik bedrohte die Einnahmen der kirchlichen Kassen.

Das veranlasste den Augustinermönch Luther, wie die Überlieferung sagt, am 31. Oktober 1517 seine 95 Thesen gegen den Ablasshandel an das Tor der Schlosskirche zu Wittenberg zu schlagen. Er wollte mit seinen Ansichten zu einer theologischen Diskussion auffordern, wie es akademischer Brauch war. Zu einer Diskussion kam es nicht, doch seine Universitätskollegen übersetzten seine Thesen, die in lateinischer Sprache verfasst waren, umgehend ins Deutsche und ließen sie als Flugblätter drucken. Seit diesem Tag rüttelte der Mönch die Welt auf, denn erstmals zeigte sich, wie die Macht der neuen Druckerpresse zu einer gefährlichen Waffe werden konnte. Innerhalb von nur 14 Tagen wurden die kirchenkritischen Thesen fast in ganz Deutschland bekannt, in sechs Wochen in ganz Europa, und machten Luther populär. Niemals zuvor ist mit dem Text einer einzigen Druckschrift ein Unbekannter zu einer Figur der Weltpolitik geworden. Von den Fürsten bis zu den Bauern fanden alle in Luthers Schrift ihren Zorn gegen die Institution der Kirche bestätigt, wie auch ihren Ärger gegen Unmoral und Ablasshandel artikuliert. Da war nicht mehr viel von der mittelalterlichen Ergebenheit in den eigenen Stand und in die von Gott gesetzten Verhältnisse zu spüren. Wenn bis dahin die Kirche als unantastbar galt, Luther hatte gewagt, sie zu kritisieren. Es war der Mut eines Einzelnen, gegen die Missstände aufzutreten, und die Kraft, sich gegen Papst und Kaiser zu behaupten.

Sein Auflehnen gegen Rom war aus seiner persönlichen Glaubensnot heraus gewachsen. Er hatte nicht den Papst als Person kritisiert, sondern das Papsttum generell. Er hatte nicht die Korruption bei der Amtserhebung kritisiert, sondern die Ämter überhaupt. Für Luther stand jeder Mensch seinem Schöpfer persönlich gegenüber, da gab es keinen Platz für geweihte Ränge.

Papst und Kirche reagierten zunächst nicht auf das „dumme Mönchsgeschwätz". Es schien, als ob die katholische Kirche an ihren eigenen Kräften zweifelte. Ihre Ohnmacht vergrößerte nur die Kühnheit der Gegner. Zwei Jahre vergingen, in denen Luthers Thesen und Predigten ihre Wirkung zeigten. Das Volk und auch die Fürsten schienen Luther zu schützen, denn er war der Erste, der offen aussprach, was sie bewegte.

Die erste Stimme, die sich gegen Luther erhob, kam von Dr. Johannes Eck (1486–1543), Professor in Ingolstadt. Er stempelte Luther als Ungläubigen und Ketzer ab und leitete so die Gegenreformation ein. In Rom erwirkte er 1520 zunächst die Bannandrohung, später die Bannbulle, mit der der Augustinermönch belegt wurde. Alle Schriften Luthers sollten verbrannt werden. In Wittenberg vor dem Elstertor verbrannten Professoren und Studenten hingegen Streitschriften der theologischen Gegner Luthers und Folianten des Kanonischen Rechtes, und Luther warf in die lodernden Flammen das Exemplar der päpstlichen Bannandrohungsbulle.

Damit hatte er mehr vernichtet als ein Stück römischen Papiers, damit hatte er offiziell den Bruch mit dem Papst vollzogen. Er hatte seine Vergangenheit mit verbrannt, denn in Zukunft wollte er nie mehr ein gehorsamer Sohn der alten Kirche sein. Luther war bereit, sich mit dem mächtigsten Gegner, der Kirche, anzulegen. Sie war die einzige Institution des Abendlandes, die Kriege führte und zugleich Macht über das Seelenheil aller Christen beanspruchte und dabei grenzüberschreitende Rechte ausübte (Inquisition). Sie war in ihrer ungebrochenen Tradition von über einem Jahrtausend älter als jede andere Institution in Europa. Ihre unumschränkte Autorität wurde bislang von allen anerkannt. Die Kirche galt als unantastbar. Wer es wagte, sie zu kritisieren, wurde als Ungläubiger, als Ketzer abgestempelt.

Was erwartete dieser kleine Mönch, dieser junge Universitätsdozent, ein Einzelkämpfer, der durch sein persönliches Gewissen und die öffentlichen Ereignisse getrieben wurde? Musste er nicht als Ketzer und Rebell mit Verfolgung und Hinrichtung rechnen, so wie es hundert Jahre zuvor dem Prager Universitätsprofessor Jan Hus in Konstanz ergangen war? Luther ließ sich nicht einschüchtern. Und er sollte diesen ungleichen Kampf gewinnen. Hierbei half ihm der Zufall oder die Fügung, dass er genau im richtigen historischen Augenblick seiner religiösen Unzufriedenheit öffentlich Ausdruck verliehen hatte, ohne dies geahnt und die Folgen beabsichtigt zu haben. Ungewollt verursachte er die Entstehung einer neuen Konfession und leitete somit die zweite große Kirchenspaltung ein. Die erste Spaltung wurde im Jahre 1054 durch Papst Leo IX. vollzogen, als dessen Legat in Konstantinopel die Bannbulle gegen den Patriarchen auf den Altar der Hagia Sophia legte. Damit hatte die lateinische Kirche in Rom sich endgültig von der griechischen Ostkirche in Konstantinopel getrennt.

Auch Luther sollte die Bannbulle treffen.
Der von ihm provozierte Kirchenstreit war nun zur öffentlichen Sache geworden. Die höchsten Gewalten waren zu einer Entscheidung herausgefordert. David forderte Goliath heraus.

Kaiser Karl V. (1519–1556) beorderte Luther 1521 auf den Reichstag nach Worms. Sechs Kurfürsten, 28 Herzöge, 11 Markgrafen, 30 Bischöfe und 200 andere regierende Herren waren anwesend, was die Vielstaaterei des Heiligen Römischen Reiches Deutscher Nation widerspiegelte. Auch wenn alle Herrschaftsgebiete nominell dem Kaiser unterstanden, war das Reich völlig aufgesplittert. Luther sollte öffentlich seine Schriften widerrufen. Aber Luther verlangte vom Kaiser mehr, als nur angehört zu werden. Er wollte seine Sache verteidigen: die dringende Reform der Kirche. Den ersten Schritt, davon war er überzeugt, musste die weltliche Gewalt tun, die ihn hier vorgeladen hatte. Doch die lehnte jede Kritik ab. Folglich war seine Reaktion: „Ich bin gefangen in meinem Gewissen in Gottes Wort und kann und mag drum nicht widerrufen. Hier stehe ich, ich kann nicht anders. Gott helfe mir! Amen.“ (Der stets zitierte Wortlaut ist nicht dokumentarisch überliefert.)

Der Augustinermönch hatte gewagt, sich dem Kaiser zu widersetzen. Der junge, 21-jährige Monarch verließ fast hilflos den Saal.

Am 8. Mai 1521 verhängte die weltliche Gewalt mit dem Edikt von Worms die Reichsacht über Luther und seine Anhänger und verbot die Verbreitung seiner Schriften. Der Kaiser weist seine Untertanen an, dass „ihr Martin Luther nicht in euer Haus aufnehmt, nicht bei Hofe empfangt, ihm nicht zu essen und zu trinken gebt, ihn nicht versteckt, sondern wo ihr ihm beikommt, ihn ergreifen und seiner mächtig werden könnt, ihn gefangen nehmt und uns wohl bewahrt zusendet … Seine Verbündeten, seine Gönner und Nachfolger wie auch deren bewegliche und unbewegliche Habe sollt ihr fangen und ihre Güter zu eurem eigenen Nutzen verwenden und behalten."

Auf seinem Heimweg ließ Kurfürst Friedrich III., der Weise von Sachsen (1463–1525, Kurfürst von Sachsen 1486–1525), der stolz auf „seinen" Universitäts-Dozenten war, Luther aufhalten und auf die Wartburg bringen, weil er um dessen Leben besorgt war. Die Verhängung der Reichsacht bedeutete, dass Luther für vogelfrei erklärt war und von jedermann ohne Strafverfolgung auch getötet werden konnte.

Während seiner Gefangennahme hatte sich Luthers Lehre im Volk gefestigt, sein religiöser, provokanter Gedankenanstoß war auf fruchtbaren Boden gefallen und hatte einige Mächtige des Landes erfasst. Das bestärkte Luther, im Jahr 1522 nach Wittenberg zurückzukehren. Dort legte er sein Ordensgewand ab, verurteilte das Klosterleben und das Zölibat und heiratete 1525 die ehemalige Nonne Katharina von Bora.

Der Aufenthalt auf der Wartburg, von Mai 1521 bis März 1522, war seine produktivste und wichtigste Lebensphase gewesen. Er hatte die Zeit genutzt, das Neue wie auch das Alte Testament in ein für das Volk verständliches Deutsch zu übersetzen. Dazu benutzte er nicht die römisch-lateinische Vorlage, sondern die Urfassung aus dem Griechischen und hatte damit das Evangelium neu entdeckt. Luther wollte die Bibel zum Hausbuch der täglichen Andacht für alle werden lassen. Für anderthalb Gulden konnte sich jeder Bürger das Neue Testament leisten. Bis zu Luthers Tod erreichten 200.000 Exemplare das Volk. Die Erfindung der Buchdruckerkunst lieferte die technische Voraussetzung für diese sensationelle Verbreitung.

Die lutherische Bibelsprache gilt bis heute als Grundlage der neuhochdeutschen Sprache. Damals schrieb und korrespondierte der Klerus wie die gebildete politische Klasse in Latein, das Volk aber sprach unterschiedliche Dialekte. Damit wurde Luther auch zum Vater einer einheitlichen deutschen Schriftsprache. Noch 400 Jahre später schwärmte der Schriftsteller Thomas Mann, Luther habe „durch seine gewaltige Bibelübersetzung die deutsche Sprache erst recht geschaffen, die Goethe und Nietzsche dann zur Vollendung führten".

Für die kirchliche Obrigkeit hatte dagegen die Bibelübersetzung in die Sprache des Volkes eine höchst unangenehme Nebenwirkung: Die Hierarchie verlor das Deutungsmonopol über die Heilige Schrift. Schon seit den ersten Jahren der jungen christlichen Kirche wurden auf den Konzilien (das erste ökumenische Konzil von Nicäa, 325) die überlieferten Worte immer wieder neu definiert und ausgelegt. Dem Klerus allein war es vorbehalten, dem Gläubigen zu erklären, was in der Bibel stehe. Auch die Bildsprache von Gemälden und Plastiken vermittelte die biblische Geschichte. Nun aber konnte jeder selber nachlesen und sich seine eigenen Gedanken machen. Luther hatte damit die Wurzeln zur Gewissensfreiheit und Mündigkeit des Einzelnen und zur späteren Aufklärung gelegt.

Durch seine Bibelübersetzung und das damit verbundene intensive Studium der Heiligen Schrift gewann Luther neue Erkenntnisse und fand nun seinen persönlichen Trost, um den er so lange vergeblich gerungen hatte. Wieder gab er seine neue Seelenlage in einem Kirchenlied preis: „... da jammert Gott in Ewigkeit mein Elend übermaßen ... er wandt zu mir sein Vaterherz ... er ließ's sein Bestes kosten." Ihm wurde klar, dass sich der sündige Mensch nur allein durch den Glauben an Gott rechtfertigen kann und die äußere kirchliche Ordnung nicht verbindlich ist (*sola fide* – allein im Glauben, *sola gratia* – allein aus Gnade, *solus Christus* – allein Jesus Christus und *sola scriptura* – allein die Schrift). Das bedeutet: Kein Handeln der Kirche oder eines Menschen bringt das Heil, nur der Glaube. Nur Gott allein kann jedem, der an ihn glaubt, ohne kirchliche Vermittlung und ohne gute Werke, ein gnädiger Retter sein. In dieser Erkenntnis sah Luther die „Pforte zum Paradies" und rückte die so genannte „Rechtfertigungslehre" ins Zentrum seiner Theologie, die fortan sein Denken und Handeln bestimmte. Diese löste heftige Kontroversen aus. Mit ihr nahm die Reformation ihren eigentlichen Ausgang, denn sie galt als einer der gravierenden Gründe für die Glaubensspaltung. Erst im

Jahr 1999 fanden Vertreter beider Konfessionen nach fast 30-jährigem Dialog hierüber zu einer gemeinsamen Aussage.

Luthers bekannte Schrift von der „Freiheit eines Christenmenschen" aus dem Jahr 1520 war, wie die meisten seiner Schriften, rein religiös. Die unzufriedenen, gegen Kirche und Fürsten rebellierenden Bauern fühlten sich hierin zwar von Luther angesprochen, denn sie legten seine Worte als soziale Wende zu ihren Gunsten aus. Doch letztendlich fühlten sie sich doch nicht verstanden und begegneten Luther mit Hohn und Hass. Ein entschiedener Gegner Luthers, Thomas Müntzer (1490, hingerichtet 1525), konnte in Mühlhausen/Thüringen Einfluss auf die dortigen Bauern nehmen und mit ihnen 1524/25 einen Aufstand gegen die Obrigkeit und gegen die „Gottlosen" organisieren. Die katholischen Fürsten sahen in Luther den Urheber der Bauernaufstände. Bauernkriege waren aber keineswegs ein Phänomen der Reformation. Bauernunruhen gab es schon hundert Jahre zuvor in ganz Europa.

Luther dagegen sah in dem Aufruhr der Bauern gegen die Obrigkeit ein Teufelswerk. Das belegte er mit dem Römerbrief des Paulus: „Denn es ist keine Obrigkeit außer von Gott." Danach muss der Christ der weltlichen Obrigkeit unbedingten Gehorsam leisten, es sei denn, er wird zur Übertretung der Gesetze gezwungen. Ungerechten Behandlungen darf der Christ nicht mit Gewalt entgegentreten. An dieser obrigkeitshörigen Anschauung hielt Luther fest und hatte damit eine unheilige Allianz zwischen Thron und Altar begründet. Seine Anhänger, die sich nach dem von Luther übersetzten Neuen Testament die „Evangelischen" nannten, sollten, so wollte er es, von den Fürsten gefördert und finanziert werden. So liegt es nahe, dass der Protestantismus später fast immer auf Seiten der Herrschenden stand und bestehende Regime unterstützte. Damit hatte Luther seine Lehre der weltlichen Obrigkeit unterstellt.

Der Glaubensstreit hatte sich landesweit ausgebreitet und wurde für Kaiser Karl V. zum lästigen Hindernis in seiner Politik der Erneuerung der Kirche. Das zeigte sich auf dem zweiten Reichstag zu Speyer 1529. Da bestritten die Anhänger Luthers, eine evangelische Minderheit, darunter der Landgraf Philipp I. von Hessen und die Fürsten von Kursachsen, Anhalt und Brandenburg-Kulmbach, sowie 14 Reichsstädte wie zum Beispiel Heilbronn, Kempten, Nördlingen, Nürnberg, Ulm und Straßburg, die Zuständigkeit einer Reichsständeversammlung in Glaubensfragen und protestierten gegen die Beschlüsse der katholischen Fürsten. Erstmals verweigerten sich weltliche Mächte den Forderungen der Geistlichkeit. Dieser Protest gab in der Folgezeit dem „Protestantismus" seinen Namen.

Der Widerstand weitete sich aus. Schon bald war Mittel- und Osteuropa zum größten Teil protestantisch. Diese Landesfürsten stellten sich nicht nur gegen die fürstbischöflichen Territorialherren, sie stellten sich auch gegen Papst und Kaiser. Anders als bisher gewohnt widersetzten sich die weltlichen Mächte der Haltung Roms. Sie versuchten, ihre Position zu stärken, und erhoffen sich eine wirtschaftliche Chance durch Luthers Angriffe mit folgender Argumentation: Wenn die Autorität des Papstes nicht mehr viel gelte und der Klerus überflüssig werde, dann müssten sie keine Abgaben mehr nach Rom entrichten und hätten endlich Zugriff auf die Ländereien der kirchlichen Mächte. Jeder Fürst könnte dann sein Land arrondieren und hätte nicht mitten in seinem Staat autonome Abteien oder Dörfer, die einem Bischof unterstünden. In den Städten gäbe es keine Klöster mehr, in denen die Ratsherren und Zünfte nichts zu sagen hätten.

So kam es, dass der Ketzer Martin Luther vor allem aus politischen Gründen gedeckt und nicht weiter verfolgt wurde und nicht, wie seine Vorgänger, auf dem Scheiterhaufen endete. Er wurde vielmehr gefördert, weil man seiner vielleicht einmal bedürfe. Weltliche Herren unterstützten seine Reformideen und führten seinen Kampf zum Sieg. Selbst Kaiser Karl konnte sich innenpolitische Querelen nicht leisten. Außerdem hing er finanziell am Geldbeutel des reichen Jakob Fugger (1459–1525), der es wagte an den Kaiser zu schreiben: „Es ist bekannt, dass ohne meine Hilfe Ihre Majestät nicht die Krone des Heiligen Römisch-Germanischen Reiches erhalten hätten." Für die Kaiserwahl hatte er die unvorstellbare Summe von vier Millionen Dukaten vorgestreckt, die der Kaiser seinem Bankier noch schuldete. Die Macht der Politik und des Geldes war wichtiger als der Glaube. Später bereute der Kaiser seine Haltung: „Wie ich irrte, als ich die Ketzer nicht verbrennen ließ und den Luther nicht umbrachte. So wuchs dieser Irrtum ins Ungeheuerliche." Die Schwäche der monarchischen Gewalt und das rückständige, partikularistische Wesen der deutschen Staatsform ermöglichten dem Luthertum eine schnelle Verbreitung.

Ganz anders im papsttreuen Frankreich: Dort wurden Calvins Anhänger, die Hugenotten, von Anfang an von der absolutistischen Regierung in gnadenlose Kriege verwickelt, bekämpft und kaltblütig verfolgt (1572 Bartholomäusnacht und 1685 der Widerruf des Edikts von Nantes). Luther selbst war nicht politisch orientiert und nicht an der Emanzipation des Staates interessiert, nur an einem Wandel der Kirche, die er auf ihre eigene Sphäre beschränken wollte. In seinen Augen konnte sich die Kirche nur von ihren weltlichen Sorgen befreien und ihre geistlichen Aufgaben besser erfüllen, wenn sie ihre weltliche Macht und ihren übermäßigen Reichtum ablegte. So trat er unbewusst und ungewollt für den weltlichen Stand ein und ließ dadurch die ersten Säkularisationsgedanken aufkommen, die 1803 im Heiligen Römischen Reich Deutscher Nation endgültig verwirklicht wurden.

Kaiser Karl V. versuchte 1530, auf dem Reichstag zu Augsburg, die Rolle des unparteiischen Schiedsrichters zwischen Katholiken und Protestanten zu übernehmen. Luther selbst konnte nicht teilnehmen, weil er seit 1521 mit einer Bannbulle belegt war, die die Exkommunikation bewirkte. Ihn vertrat Philipp Melanchthon (1497–1560), Professor in Wittenberg und Luthers treuer Mitstreiter. Die beiden Universitätskollegen verband eine innige Freundschaft. Melanchthon war der Humanist, der Diplomatische, der Weise, während Luther sich eher direkt und aggressiv gab. Ihm fehlte die Systematik, die Melanchthon eigen war. Melanchthon war es auch, der die Bekenntnisschrift ausgearbeitet hatte, die er auf dem Reichstag vortrug. Er wollte die drohende Kirchenspaltung verhindern. Trotz aller Bemühungen kam aber kein Verständnis für das von ihm vorgelesene, sehr diplomatisch formulierte Bekenntnis zustande, in dem er weder auf den Papst noch auf Streitfragen (Abendmahl) einging. Damit war die Glaubensspaltung, die keiner wollte, endgültig. Die *Confessio Augustana* wurde nun zur Verpflichtung der Protestanten. Das war das Startzeichen für eine neue Kirche, die reichsrechtlich durch den Augsburger Religionsfrieden 1555 anerkannt wurde. Die Hoffnung des Habsburgers auf eine religiöse Einheit im Reich war mit der im Religionsfrieden verankerten Bestimmung *„cuius regio – eius religio"* („wessen Land – dessen Religion", wer das Land regiert, bestimmt über die Religion) gesunken, aber nicht aufgegeben.

Binnen weniger Jahre hatte Luther die Kirche und die Welt grundlegend verändert. Die Schwäche der monarchischen Gewalt und das rückständige, partikularistische Wesen der deutschen Staatsform hatten dem Luthertum eine schnelle Verbreitung ermöglicht.

Schon zu seinen Lebzeiten hatte Luther Landeskirchen organisiert, die mit den jeweiligen Territorien der weltlichen Herrscher übereinstimmten. An Stelle des Papstes bestimmte fortan der Fürst als Oberherr seiner Kirche, wie und was die Seinen zu glauben hatten. Wer sich dem von ihm verordneten Bekenntnis nicht unterordnen wollte, musste auswandern.

Die protestantische Liaison zwischen Kirche und Staat wurde enger, als sie im Mittelalter zwischen Papst und Kaiser war. Das hatte schwerwiegende Folgen. Als die Diplomatie versagte, sollte die kirchliche Einheit kriegerisch erkämpft werden. Da Luther seine Kirche ganz der weltlichen Gewalt überlassen hatte, bekämpften nun die Habsburger (Kaiser Ferdinand II. 1619–1637, Kaiser Ferdinand III. 1637–1657) das Luthertum, indem sie die Fürsten bekämpften. Der Streit war denn auch weit mehr politischer als religiöser Art, verbunden mit einem Streben nach europäischer Vorherrschaft. Dynastisches Denken löste schließlich den Dreißigjährigen Krieg aus.

Zur entscheidenden Machtprobe zwischen den Konfessionen und deren Anhängern kam es während der strengen Habsburgischen Gegenreformation in Böhmen. Ausgelöst durch den Fenstersturz zu Prag begann 1618 ein 30-jähriger Krieg, ein Schlachtgemetzel zunächst zwischen Katholiken und Protestanten, dann zwischen europäischen Staaten von Böhmen bis Schweden, das sich vorwiegend auf deutschem Boden abspielte. Als man 1648 endlich zum Frieden bereit war, trafen sich die protestantischen Vertreter in Osnabrück, getrennt von den katholischen, die in Münster den Vertrag zum „Westfälischen Frieden“ unterzeichneten. Die Kirchenspaltung wurde europaweit politisch besiegelt, damit waren nicht nur die Lutheraner, sondern auch die Calvinisten, die so genannten Reformierten, anerkannt. Für Deutschland erreichten die verfassungspolitischen Bestimmungen eine zentrale Bedeutung. Diese garantierten die „Teutsche Libertät“, das heißt, die Reichsstände wurden souverän und durften unabhängig von Kaiser und Reich Bündnisse mit dem Ausland und untereinander schließen, jedoch nicht gegen Kaiser und Reich. Der

Kaiser war bei allen Entscheidungen, die das Reich betrafen, an ihre Zustimmung gebunden. Das Reich war damit faktisch in souveräne Einzelstaaten zerfallen und bildete bis zum Ende des Alten Reiches 1806 ein Machtvakuum.

Luther, der Theologe und Hitzkopf, hatte diese grundlegenden Veränderungen der Reichspolitik verursacht. In Kirche und Staat hatte er eine Lawine ins Rollen gebracht, die der Welt ein neues Gesicht gegeben hat. Er selbst war gegen jede kriegerische Gewalt. Die heilige Sache Gottes wollte er ausschließlich mit den Waffen des Geistes ausfechten. Er sah und fühlte sich auch nicht als Reformator. Sein rebellisches, ketzerisches Wirken wird erstmals rund 140 Jahre nach seinem Tod (1546 in Eisleben) in dem dreibändigen Geschichtswerk (*Commentarius historicus et apologeticus de Lutheranismo)* des protestantischen Staatswissenschaftlers Veit Ludwig von Seckendorff (1626–1692) aus den Jahren 1688–1692 als „Reformation“ bezeichnet.

In der historischen Forschung wird auch erst nach dem Augsburger Religionsfrieden, also ab 1555, von der Zeit der „Gegenreformation“ gesprochen. Richtiger wäre von der „Reformation der Kirche“ zu sprechen, denn die katholische Kirche hat stets auf große Ketzerbewegungen mit der Reform der eigenen Institution reagiert. Dieses Mal musste sie schmerzlich hinnehmen, dass sie mit der Spaltung der Kirche ihr geistiges Monopol über das Abendland eingebüßt hatte.

Rund eintausend Jahre, vom Ende der Antike bis zu Luther, ist die römische Kirche nicht nur ein Teil des Abendlandes gewesen, sie war das allumfassende Abendland! Nach der Teilung der Kirche war der Papst nicht länger das Oberhaupt der abendländischen Christenheit, nicht länger oberste Autorität in allen Dingen, sondern nur noch der Führer einer von mehreren christlichen Konfessionen. Damit hatten die katholischen Aktivitäten zur Vernichtung der Ketzerideen dem Papst letztendlich nur eine Niederlage eingebracht.

Luther, der Rebell, der als Einzelkämpfer seinen Weg gegangen war, hatte ein neues Kapitel in der Weltgeschichte eingeleitet.

5

Wittelsbachische Gegenreformation in Bayern

Ein Rückblick in die Vergangenheit zeigt, dass Bayern schon immer seinen festen Platz im Kreis der größeren deutschen Länder eingenommen hat und seinen Standpunkt zu vertreten und durchzusetzen verstand, so auch gegen den Kirchenreformer Martin Luther. Das Herzogtum und Kurfürstentum hat fertig gebracht, was kein evangelisches Land je erstrebt und kein katholisches Territorium je erreicht hat: Sich bis 1800 offiziell konfessionell nahezu unvermischt zu halten. Das war das Werk der Wittelsbacher!

Als Zeichen des Triumphs der katholischen Kirche über den Protestantismus ließ Herzog Wilhelm V. Ende des 16. Jahrhunderts den monumentalen Bau der Michaelskirche in München errichten. Dieses Gotteshaus sollte Bekenntnischarakter haben. In der Nische an seiner Frontseite steht als überlebensgroße Plastik Erzengel Michael, der Überwinder Luzifers, als Symbol des Sieges über das Böse. Mit dem Bösen war zu jener Zeit das Luthertum gemeint. Heute steht die Michaelskirche für Versöhnung zwischen den Konfessionen, in der der Erzbischof von München-Freising gemeinsam mit dem evangelisch-lutherischen Landesbischof ökumenische Gottesdienste feiert.

Zu Anfang des 16. Jahrhunderts, des Jahrhunderts der Glaubensspaltung, rollte die erste Welle der Reformation über Bayern. Das damalige Bayern bestand aus den Herzogstümern Ober- und Niederbayern, dem sogenannten Altbayern. Bedingt durch die moralische Misere innerhalb der katholischen Kirche, die sich in der ungenierten Sittenwidrigkeit des Klerus ausdrückte, wurde ein „Pfaffenhass“ hervorgerufen, der dem gläubigen Volk keine Achtung mehr vor den Gottesvertretern erlaubte. Die Ablassgeschäfte, mit denen die Kirche ihre finanziellen Ansprüche in Form von Ablassgeldern von ihren Gläubigen einforderte, mussten zu Unzufriedenheit und zu einem sozialen Radikalismus führen.

In dieser Zeit trat Martin Luther (1483–1546) auf, und auch das Volk in Bayern fühlte sich von ihm angesprochen. Seine Predigten wurden dort gierig aufgenommen, denn die Menschen empfanden ein tiefes Bedürfnis nach religiöser Führung, welche die Kirche ihnen nicht mehr bot.

Luthers Aufruf verbreitete sich wie ein Lauffeuer. Seine Sprache war nicht Kirchenlatein, sondern Deutsch, das jeder verstand. Großes Interesse fanden Luthers Schriften besonders in Landshut, Straubing und Passau, also in Niederbayern, wo man sich schon immer spontaner und auch radikaler gab. Rückblickend wirkt es faszinierend, in welch kurzer Zeit der Reformer eine so beträchtliche Anhängerschaft gewinnen konnte.

Die ersten Reaktionen auf Luthers Schriften und Predigten in den 20er Jahren des 16. Jahrhunderts breiteten sich wie eine Protest- und Frömmigkeitsbewegung aus, die Gleichgesinnte suchte, um in das religiöse wie soziale Leben Bewegung zu bringen. Endlich fühlten sich die gläubigen Menschen, deren Pfarreien meist verwaist waren, wieder angesprochen.

Selbst an den Herzogshöfen zu München und Landshut, dort regierten die beiden Wittelsbacher Brüder Herzog Wilhelm IV. und Ludwig X., nahm man zunächst Luthers Reformanstoß dankbar auf. Herzog Wilhelm IV. (1508–1550) stimmte mit den süddeutschen Bischöfen überein, dass Luthers Reformwille durch die kirchlichen Missstände verursacht war und dieser somit ein notwendiger Faktor und ein Anstoß zur religiösen Umkehr sein konnte. Nur der bayerische Doktor Johannes Eck (1486–1543), Theologieprofessor an der Universität zu Ingolstadt, witterte in Luther den unbelehrbaren Feind des Papsttums und kämpfte unnachgiebig gegen die Äußerungen des Reformers. Professor Eck wurde bekannt durch seine Streitschriften und Streitgespräche mit Philipp Melanchthon (1497–1560). Eck war es letztendlich, der 1520 in Rom die Verhängung des Kirchenbannes über Luther vorantrieb. Damit nahm zunächst in Bayern, dann im ganzen Land die Gegenreformation durch Dr. Eck ihren Lauf. Der Ausgangspunkt der Gegenreformation war weder Rom noch München, sondern Ingolstadt. Dr. Johannes Eck, der streitbare Professor der Theologie, gilt als der erste Verteidiger der katholischen Religion und Gegner Luthers, der sich öffentlich und kontrovers mit der Naturgewalt des Reformers auseinandergesetzt hat.

So wurde von Bayern aus die Gegenreformation hinaus ins Reich getragen, wo die Welle der lutherischen Reformen schon viele mit sich gerissen hatte.

Wenn Herzog Wilhelm IV. auch zunächst offen für Luthers Engagement eingetreten war, ließ er sich durch das Edikt von Worms vom 8. Mai 1521 beeinflussen, das die Verbreitung der Lutherschriften verboten hatte. Noch im gleichen Jahr erließ er ein Mandat, in dem er allen seinen Untertanen bei schwerer Strafe gebot, den Glauben ihrer Vorfahren beizubehalten. Als dann 1530 auf dem Reichstag zu Augsburg deutlich wurde, dass diese Reformbewegung eine Kirchenspaltung nach sich ziehen würde, und als die Losung durchs Land zog: „hie Papst, hie Luther; hie Rom, hie Wittenberg“, da wandte sich der bayerische Herzog noch entschiedener gegen Luther. Er verhängte strenge Maßnahmen: Keiner seiner Untertanen durfte die Stadt Augsburg besuchen, in der 1537 der Katholizismus abgeschafft wurde, kein Bayer durfte das protestantische Regensburg betreten. Der Verkehr mit Pfalzneuburg und der Oberpfalz wurde untersagt, weil auch dort die neue Lehre Einzug gehalten hatte. Gemeinsam mit den Bischöfen beriet Herzog Wilhelm, wie man gegen die Ausbreitung des Luthertums vorgehen solle, und man entschied, zwei

Wege einzuschlagen: Zum einen musste eine innere katholische Reform, die *Reformatio ecclesiae,* erarbeitet werden, durch die aus eigenen Kräften die Erneuerung der alten Kirche angetrieben werden sollte. Vor allem aber musste eine Reform des Klerus durchgesetzt werden. Zum anderen strebte man nach außen hin eine energische Gegenreformation zur Eindämmung und Zurückweisung des Luthertums an.

Im Hinblick auf die Ursachen der kirchlichen Misere unterschieden sich jedoch die herzoglichen Ansichten über die Vorgehensweisen von den bischöflichen. Als es zu Auseinandersetzungen zwischen Hof und Kirche kam, stellte sich der Papst auf die Seite des Herzogs, in der Überzeugung, dass die Kirchenreform in Süddeutschland mit dem Rückhalt des Hauses Wittelsbach stehe und falle. Daraufhin wies die bayerische Regierung die Kritik der Bischöfe mit den Worten zurück: „Niemand kann besser bezeugen als wir, was in Bayern geschehen würde, wenn man den Bischöfen allein die Sorge über die Religion überließe, die für sie anscheinend mehr eine Last und ein Ärger ist, als ein Gegenstand ihres religiösen Eifers."

Herzog Wilhelm IV. leitete mit Milde und Strenge, mit beschwörenden Aufrufen, Notmaßnahmen und harten Strafen die Gegenreformation ein und wollte so den „bösen Spuk" verbannen. Man begann mit dem Verbot von Lektüre und Diskussion der lutherischen Schriften, dann wandte man sich der Beaufsichtigung der Einzelnen in ihrem religiös-kirchlichen Verhalten und der Kontrolle über die Ausübung der christlichen Gebote zu. Es folgten Strafen wie Einkerkerungen, Landesverweisungen, ja sogar Todesurteile.

Die Bayern kehrten bald zum alten, katholischen Bekenntnis zurück. So war man in Regierungskreisen überzeugt, die kurze und heftige Welle der lutherischen Reformation im herzoglichen Bayern unterdrückt zu haben.

Aber dieser Zustand währte nicht lange. Die gegenreformatorischen Maßnahmen hatten nur für kurze Zeit ihre Wirkung gefunden. In der Mitte des 16. Jahrhunderts breitete sich eine neue, eine zweite reformatorische Welle über Bayern aus, denn der jahrhundertelange Verfall der kirchlichen Autorität hatte eine so tiefgreifende Zersetzung bewirkt, dass sich nach wie vor ein trostloses Bild des traditionellen kirchlichen Lebens bot.

1540 schildert Dr. Johann Eck die Lage: „Das Konkubinat und andere Laster sind allgemein verbreitet. Fasten- und Abstinenzgebote werden von vielen Geistlichen, die heimlich mit der Häresie befleckt sind, gar nicht mehr gehalten. In den einfachsten Glaubensartikeln sind sie häufig unwissend. In vielen Pfarreien gibt es keine Priester.“

So war es tatsächlich: In Altötting predigten die Priester gegen das Wallfahren. Mönche verließen die Klausur ihrer Klöster und wandten sich wieder dem weltlichen Leben zu. Kleinere Klöster in Bayern, wie Münchsmünster, Biburg, Ebersberg oder Osterhofen, so heißt es, versanken in einem Morast von Sittenlosigkeit und Schwelgerei. Im Kloster Au am Inn fiel der Probst vom Glauben ab, nahm sich eine Konkubine und floh schließlich mit ihr und dem ganzen Kirchenschatz nach Ungarn.

Ein offizielles Zeugnis dieses Verhaltens überliefert uns ein Grabstein aus dem Jahre 1514 in Surberg, zwischen Traunstein und Freilassing. Die eine Seite des Steines zeigt den Pfarrherrn mit dem Kelch, die andere Seite seine Köchin Anna mit dem Kochlöffel. Und mit einer Inschrift wünscht dem Paar Gottes Segen „enger Sun“, euer Sohn! Damals empfand man diesen Zustand, wenn man ihn schon so öffentlich darstellte, nicht einmal als schändlich.

Die anhaltenden Missstände zogen mit der zweiten Reformationswelle eine sehr viel heftigere Strömung und Verbreitung des Protestantismus nach sich. Diesmal fühlten sich vor allem die Bauern in den oberbayerischen Pfarreien angesprochen. Im Landgericht Aibling und von Rosenheim bis Schliersee bekannte man sich ganz offen zu Luthers Evangelium. In den Städten wie Wasserburg, Straubing und München neigte die Mehrzahl der Patrizierfamilien dem Protestantismus zu. In der Residenzstadt München favorisierten zeitweise 70 Prozent der Ratsherren die neue Lehre. Die umliegenden freien Handels- und Reichsstädte Nürnberg (1525), Augsburg und Regensburg (1542) hatten geschlossen Luthers Lehre angenommen. Das bedeutete für die bayerische Regierung „eine Grube lutherischer und anderer verwandter Ketzereien“. In Regensburg durften zeitweise nicht mehr als drei katholische Bürger wohnen.

Aus dieser Situation heraus sah sich Herzog Wilhelm IV. genötigt, die Grenzen seines Territoriums dem eindringenden Ketzerwesen zu verschließen und strenge Überwachung und Beschränkung des Verkehrs mit den angrenzenden protestantischen Gebieten einzuführen. Damit allein konnte er aber diesen erneuten Reformvorstoß nicht aufhalten. Deswegen suchte er Hilfe bei den Jesuiten, die er 1549 ins Land rief. Diese übernahmen die Universität zu Ingolstadt. Petrus Canisius, der Rektor, zog dort eine neue Generation tüchtiger Theologen heran. Im Übrigen traten die Jesuiten in die Fußstapfen des 1543 verstorbenen Professors Eck, was das Ziel, aber nicht was die Methode betraf. Ihr Einsatz für die Gegenreformation war außerhalb der Universität nicht von hochgelehrter Theologie getragen, sondern wurde mit den jedem einzelnen Menschen innewohnenden geistigen Kräften vorangetrieben, mit individueller Ansprache und allgemeinen Exerzitien, mit Wissenschaft und Kunst, mit Wallfahrten und Andachten, mit Marien- und Heiligenverehrung, mit großen Schauspielen und kleinen Jesuitendramen, mit interessanten Predigten und bezaubernder Musik, mit Spielen und Tanzen, mit der Leichtigkeit des Barock und des Rokoko. Und – mit Diplomatie! Die große Bedeutung der katholischen Kirche für Kunst, Kultur und Lebensgefühl wird besonders im 17. und 18. Jahrhundert offensichtlich. Zu keiner Zeit schien der Himmel so nah und eindrucksvoll spürbar, waren die Sinneseindrücke zwischen religiöser Inbrunst und kalkulierter Leidenschaft so überwältigend wie in der Barock- und Rokokozeit.

Dagegen schienen die Lutheraner zu protestieren, denn sie standen für das Einfache, Klare, Nüchterne und Unverschnörkelte im Kontrast zu allem barocken Überschwang in Frömmigkeit, Sitte und Kunst der katholischen Kirche. Das Wort und nicht das Bild, die Predigt und nicht das Schauspiel standen im Vordergrund, das Hören und nicht das Sehen, das Wissen und der Wille und nicht das Gemüt und das Gefühl des Menschen sollten angesprochen werden. So verglich man die neue Lehre mit einem strengen Vater, der im Gegensatz zur alten Mutter Kirche gesehen wurde.

Herzog Albrecht V., der Großmütige (1550–1579), Sohn und Nachfolger Wilhelms IV. in Bayern, nahm zunächst eine versöhnliche Haltung ein. Er kam den Lutheranern von Landtag zu Landtag mehr entgegen, um die Bewilligung für seine Steuerforderungen durchsetzen zu können. 1556 erlaubte er das Abendmahl unter beiderlei Gestalt und bemühte sich erst danach um einen entsprechenden Konsens mit Rom. Auf dem Konzil von Trient, 1562, beantragte er sogar durch seine Abgesandten die Priesterehe.

Das kam einzelnen Adelsherren sehr entgegen, die ihre katholischen Priester aus ihren Herrschaften vertrieben und dafür lutherische Prediger eingesetzt hatten. Der ungestümste dieser Landsassen war Graf Joachim von Ortenburg auf seiner reichsunmittelbaren Grafschaft Ortenburg in Niederbayern. Außer ihm bildeten die reichsunmittelbaren Grafschaften Haag mit Ladislaus von Fraunberg (bis 1566) und Hohenwaldeck bei Miesbach mit Graf Wolf-Dietrich von Maxlrain Mittelpunkte des Protestantismus. Der geistig Bedeutendste war Hofmarschall Pankraz von Freyberg auf Hohenaschau, der sich kein geringeres Ziel gesetzt hatte als die offizielle Einführung der Reformation in ganz Bayern. Von diesen protestantischen Enklaven aus flogen die Reformschriften ins Land, hierher liefen am Sonntag die Bauern, um die lutherischen Prediger zu hören.

Herzog Albrecht fühlte sich von diesen einflussreichen Souveränen innerhalb seines Landes herausgefordert. Als sich dann auch noch weitere 50 Familien des bayerischen Landadels zum Luthertum bekannten, sah er darin eine Adelsverschwörung. Dieser Umstand, der dem Herzog weitaus gefährlicher erschien als das Luthertum unter dem städtischen Patriziat, veranlasste ihn, zum entschlossenen Verfechter der Gegenreformation zu werden. Hierbei spielte sein Kanzler, Simon Thaddäus Eck, eine besondere Bedeutung. Er war, wie sein jüngerer Stiefbruder, der Theologieprofessor Eck, ein bedingungsloser Anhänger der alten Kirche. Unter ihm zeigten die Wirkungen des Konzils von Trient (1512–1517) ihre Früchte. Ab 1564 fanden Missionen statt, und 1571 wurde die Erlaubnis des Laienkelches widerrufen. Alle Staatsbeamten wie auch die Ingolstädter Professoren mussten auf das Tridentinum, auf die Bestimmungen des Trienter Konzils (1545–1563), schwören, die sich in der Auslegung der Bibel, der Erbsünde, Rechtfertigungslehre, Sakramente und Heiligenverehrung klar vom Protestantismus abgrenzten. Wer sich davon nicht überzeugen ließ, musste auswandern. 1,3 Prozent der Münchner Steuerzahler verließen die Stadt. Da es sich bei ihnen aber durchweg um angesehene, finanzkräftige und wirtschaftlich interessante Persönlichkeiten handelte, und nur diese zahlten damals Steuern, kann man die Klage des Rates verstehen, die herzogliche Gegenreformation könne zum wirtschaftlichen Niedergang von München führen und den Bewohnern teuer zu stehen kommen.

Alle aus Altbayern Vertriebenen fanden eine bereitwillige Aufnahme in der freien Reichsstadt Regensburg. Selbst die Beerdigung protestantischer Familienangehöriger war im Herzogtum verboten. So waren auch die Toten in Regensburg willkommen. Ausgerechnet die protestantischen Enklaven der reichsunmittelbaren Grafschaften innerhalb des Herzogtums gaben den Lutheranern eine neue Heimat. Das stellte nun ein besonders delikates Problem bei der Rekatholisierung dar.

Doch dieser Zustand war nur vorübergehend, denn letztendlich kehrten diese vier Souveräne der Herrschaften Haag, Hohenwaldeck, Hohenaschau und Ortenburg freiwillig oder unter militärischem Druck zum katholischen Glauben zurück. Dagegen haben die Bewohner der Grafschaft Ortenburg, der 1573 die Reichsunabhängigkeit erneut bestätigt wurde, abgeschirmt wie auf einer Insel inmitten des katholischen Bayern, an dem evangelisch-lutherische Bekenntnis bis heute festgehalten. Hier gibt es die einzige evangelische Realschule Niederbayerns.

Die kontinuierliche Gegenreformation im Herzogtum, die konsequenten und harten Maßnahmen der Wittelsbacher Regierung gegen den Protestantismus und die gleichzeitigen Aktivitäten des Jesuitenordens im Sinne einer Erneuerung der alten Kirche führten wieder zu einer wachsenden katholischen Frömmigkeit und verhalfen dem „Prinzip der ausschließlichen Katholizität" in Bayern zum Sieg.

Papst Gregor XIII. (1572–1585) vertraute so sehr der Standhaftigkeit Bayerns im rechten Glauben, dass er 1583 Herzog Ernst (1554–1612), den Sohn Herzog Albrechts V., zum Universalbischof für das gesamte katholische Deutschland bestimmte und ihn außerdem als Kurfürst und Erzbischof von Köln einsetzte. Köln hatte seit den ersten Jahrzehnten der reformatorischen Bewegung standhaft am alten Glauben festgehalten, bis sich Erzbischof Hermann von Wied (1515–1547, † 1552) auf dem Reichstag zu Augsburg im Sommer 1530 stark von den Anliegen der Reformatoren beeindrucken ließ und eine Erneuerung der Kirche in seinem Erzstift in Gang setzte. Dass es nicht zur Durchführung der „Kölnischen Reformation" kam, verdankt die Stadt neben dem Domkapitel nicht zuletzt auch ihrem engagierten Bürgermeister Arnold von Brauweiler (Bürgermeister 1516–1552), „der Seele des Widerstandes gegen alle Reformationspläne", wie die Stadträte und Stände ihn dankbar nannten. Nach dessen Tod 1552, er starb im gleichen Jahr wie der zurückgetretene Erzbischof und Kurfürst von Wied, änderte sich die Lage im katholischen Köln. Der nachfolgende Kurfürst und Erzbischof von Köln, Gebhard Truchseß von Waldburg (1547–1601), trat zum Protestantismus über, um Agnes von Mansfeld heiraten zu können. Als er sich der päpstlichen Absetzung widersetzte, kam es mit dem Einsatz von bayerischen Truppen 1583–1585 zum „Kölner Krieg“ und der Zerstörung der Godesburg, der fürstbischöflichen Residenz.

Der Papst hatte sein Ziel erreicht, den katholischen Charakter im Rheinland und in Westfalen durch die Münchner Wittelsbacher gesichert zu haben.

In Folge regierten fünf Wittelsbacher in Köln. Der bedeutendste war Ferdinand, seit 1612 Kurfürst und Erzbischof von Köln und Fürstabt von Berchtesgaden und Malmedy, auch wenn er nie zum Priester geweiht worden war. Er wollte sich für einen eventuellen Erbfall in Bayern als unstrittigen Erben zur Verfügung halten. Doch die bayerische Erbfolge war durch seinen Neffen Kurfürst Maximilian I. gesichert.

Mit Herzog Albrechts Sohn, Wilhelm V. dem Frommen (1579–1598), kam Bewegung in das religiöse Verhalten in Bayern. Von Jesuiten erzogen lebte er eine strenge Gläubigkeit vor.

Seine Liebe zu Prunk, Kunst und Musik veranlasste ihn, die Münchner Fronleichnamsprozession zu einem großen Triumphzug zu erheben. Musik von Orlando di Lasso begleitete den Zug durch die Stadt.

Obwohl Bayern unter unermesslichen Schulden litt, begann er 1583 in München auf einer Fläche von 50.000 Quadratmetern, das waren sechs Prozent der damaligen Stadtfläche, mit dem Bau des palastartigen Jesuitenkollegs und der angrenzenden Michaelskirche. In Verbindung mit der Wilhelminischen Veste, seinem Stadtschloss, der späteren Herzog-Max-Burg, sollten Kloster und Kirche mit dem spanischen Escorial wetteifern. König Philipp II. von Spanien hatte 1560 vor den Toren von Madrid „sein Haus, sein Kloster und sein Pantheon“ in diesem Gebäudekomplex vereinigt.

Als der Turm der Michaelskirche einstürzte und große Teile des Langschiffes zerstört wurden, waren die Freudenausbrüche der Häretiker unüberhörbar, was das Ansehen des Herzogs sehr beeinträchtigte. Daraufhin ließ dieser die Kirche noch größer erbauen. Der italienische Renaissancestil und die architektonische Faszination des majestätischen Tonnengewölbes, das in seiner Spannweite nur wenig hinter der ursprünglichen Peterskirche in Rom zurückbleibt (der Neubau des Petersdomes wurde in seiner jetzigen Form 1626 eingeweiht), zeigten die unerschütterliche Verbundenheit zu Rom. Die Jesuiten berichteten dem Papst: „München ist bald ein bayerisches Rom." Seitdem drückt St. Michael die Stein gewordene kirchliche Macht und den Sieg der Gegenreformation aus.

Kurz darauf plante der Wittelsbacher Vetter, der „Erzlutheraner" Philipp Ludwig von Pfalzneuburg, in seiner Residenz in Neuburg/Donau eine neue Hofkirche. Mit ihr wollte er im Jahre 1607 der gegenreformatorischen Michaelskirche in München einen „Trutzmichel" entgegensetzen. Sieben Jahre später, der Bau war noch nicht vollendet, übernahm sein zum katholischen Glauben konvertierter Sohn Wolfgang Wilhelm die Herrschaft und überließ die Kirche den Jesuiten. St. Michael in Neuburg/Donau hatte aufgehört zu „trutzen". Heute ist die Kirche wieder protestantisch. Die Schlosskapelle in Neuburg, die der protestantische Wittelsbacher Ottheinrich von Pfalz-Neuburg schon 1543 erbauen ließ, gehört zu den ältesten und schönsten protestantischen Kirchen Deutschlands. Sie wird auch die „bayerische Sixtina" genannt.

Als Herzog Maximilian I. (1598–1651, ab 1623 Kurfürst), Nachfolger Herzog Wilhelms V., die Regierung antrat, betrachtete man ihn als Vollender der Rekatholisierung im Herzogtum. Unter seinem ständigen Druck war es jetzt die Aufgabe der Hofräte, die letzten Spuren protestantischer Praktiken zu tilgen. Jeder Beamte und jeder, der das Bürgerrecht erwerben wollte, musste sich zum tridentinischen Bekenntnis verpflichten. Ihr täglicher Besuch der Messe war Pflicht, und die Untertanen mussten ihre Beichtzettel vorzeigen. Landsassen, die sich immer noch offen als Protestanten ausgaben, wurden zum Glaubensübertritt oder zum Verlassen des Landes gezwungen. Protestantische Grundbesitzer bekamen eine Frist von zwei Monaten zum Verkauf ihrer Grundstücke eingeräumt.

So wurde in Altbayern das Volk trotz der lutherischen Strömung mit Gewalt bei der alten Lehre gehalten. Der Jesuit Mathäus Rader meinte, Herzog Maximilian habe ein Land geschaffen, von dem man sagen könne, die ganze Region sei nichts als Religion. Das war richtig, weil Maximilian seinen Staat als eine große Erziehungsanstalt ansah, in der die Religion keine Privatsache, sondern der Öffentlichkeit und dem Staat zugeordnet war. Schließlich standen für ihn, wie für seine Vorväter, aufgrund seiner persönlichen Überzeugung der Erhalt der Tradition und die Festigung der katholischen Religion, aber auch das Anheben der allgemeinen Sittlichkeit im Vordergrund.

Maximilian verfolgte mit eisernem Willen sein Ziel. Er wollte weder die katholische Kirche im Reich noch seine herzoglichen Rechte in Bayern durch Protestanten beeinträchtigen lassen. Dazu gründete er 1609 die militärische katholische Liga mit Feldherrn Tilly an der Spitze. Die Liga unterstützte 1620 die Kaiserlichen, die Habsburger Krieger, in der Schlacht am Weißen Berg bei Prag. Unter dem Schutz der Mutter Gottes besiegten die Katholiken innerhalb von nur einer halben Stunde die Truppen des protestantischen Wittelsbachers Friedrich V. von der Pfalz, des „Winterkönigs", der nur einen Winter in der Prager Burg regierte. Hier kämpfte Wittelsbach gegen Wittelsbach.

Die Nachricht dieses Sieges über die Protestanten war bald nach Rom vorgedrungen. Hier ließ Papst Gregor XV. ein „Tedeum" im Petersdom anstimmen, während Geschütze von den Wällen der Engelsburg in den Jubel des Volkes donnerten, das den bayerischen Sieg feierte.

Bayern war nun mit einem Mal eine europäische Macht, deren Stimme beachtet wurde und deren Politik ins Gewicht fiel.

Zum Dank für seine wertvollen Dienste ernannte der Kaiser im Jahre 1623 Herzog Maximilian zum Kurfürsten und vergrößerte sein Fürstentum durch die Oberpfalz, die im 16. Jahrhundert acht Mal ihre Religionszugehörigkeit gewechselt hatte.

Am 8. November 1638, dem Jahrestag der siegreichen Schlacht am Weißen Berg, ließ Kurfürst Maximilian zum Dank in München eine Mariensäule auf dem Schrannenplatz, dem heutigen Marienplatz, erreichten, mit der Aufschrift: „Fürst, Reich, Herrschaft, Gebiet und Religion sind wieder hergestellt unter Deinem Schutz". Ihr Standort markiert den Mittelpunkt der Stadt und des Landes und dient als Nullpunkt aller von München ausstrahlenden Straßenkilometer. Vorbild für die Mariensäule war die in Rom vor Santa Maria Maggiore (1614) errichtete marianische Triumphsäule. Wieder wurde der Bogen nach Rom gespannt, und München konnte seinen Ehrentitel „Deutsches Rom" zu Recht führen. Herzog Maximilian erhob die Mutter Gottes zur *Patrona Bavariae*, als Anerkennung ihrer Hilfe in höchster Bedrohung.

Der Bezug zwischen München und Rom ist auch heute, nach rund 400 Jahren noch lebendig. Nach der Wahl des ehemaligen Münchner Kardinals Josef Ratzinger zum Papst Benedikt XVI. im Jahre 2005 hieß es: „Das bayerische Rom schickt einen Papst ins echte Rom.“

Unter der Regierung Herzog Maximilians I. galt der Protestantismus als überwunden. Sein geistiges und politisches Erbe bestimmte den bayerischen Staat bis ins 18. Jahrhundert.

Dann sorgte Kurfürst Maximilian IV. Josef aus der Kurlinie Pfalz-Zweibrücken (1756–1825, ab 1799 Kurfürst in Bayern), ab 1806 König Max I. Josef für eine Wende in Bayern. Schon bei seiner zweiten Brautwerbung um die Prinzessin Karoline von Baden betonte er, er wünsche sich eine protestantische Frau, um in Bayern die Toleranz einzuführen. Mit der neuen Kurfürstin und ihrem Hofstaat hielt 1799 offiziell die protestantische Konfession Einzug in München. Nun ging die religiöse Erneuerung Schlag auf Schlag. 1801 ordnete Kurfürst Max Josef an, den Protestanten das Münchner Bürgerrecht zu verleihen. Doch das löste unter den Münchnern große Probleme aus, denn niemand wollte einen Protestanten beherbergen, aus Angst, der Blitz könnte in das Haus einschlagen, in dem man einem Ketzer Gastfreundschaft gewährte.

Der Friedensschluss von Lunéville (1801) zwischen Frankreich und Österreich unter Franz II. zog eine territoriale Neugliederung des Heiligen Römischen Reiches nach sich. Bayern erhielt durch Napoleons Länderausgleich im Reichsdeputationshauptschluss von 1803 wegen des Verlustes des linken Rheinufers die vorwiegend protestantische Pfalz, die Markgrafschaften Bayreuth und Ansbach sowie die fränkischen und schwäbischen Reichsstädte Nürnberg, Rothenburg, Weißenburg, Schweinfurt, Memmingen, Dinkelsbühl, Nördlingen, Kaufbeuren, Lindau, zudem Augsburg, Regensburg und weitere Städte. Nun begannen auch die Gegner der angestrebten Toleranz einzusehen, dass sich die Ausschließlichkeit der Katholizität nicht mehr aufrechterhalten ließ. Mit dem bayerischen Religionsedikt von 1803 wurde ein Schlussstrich unter die bisherige Konfessionspolitik gezogen und wurden Katholiken, Lutheraner und Reformierte – ohne irgendwelche Vorbehalte – als gleichberechtigt anerkannt. Für die ersten Protestanten teilte man Gemeindegründe auf. In Feldkirchen vor München, in Allershausen bei Freising, in Brunnenreuth bei Ingolstadt und in Großkarolinenfeld bei Rosenheim siedelte man evangelische Kolonisten an. Diese ersten evangelischen Gemeinden forderten zwangsläufig ihre Schulen und Kirchen. In der Moorkolonie Großkarolinenfeld, die den Namen der Kurfürstin und späteren Königin Karoline trägt, wurde 1822 für die rund 400 protestantischen Siedler die erste evangelische Kirche in Altbayern gebaut. Bis dahin mussten diese einen Fußmarsch von einer Stunde zur nächsten Kirche auf sich nehmen. Dort müde angekommen, verwehrten ihnen die Einheimischen wegen ihres fremden Dialekts den Zutritt in die Kirchenbänke.

Zu den Pfälzern und Franken kam die nach München gerufene, vorwiegend protestantische „Kulturprominenz", die so genannten „Nordlichter", wie Politiker, Gelehrte, Literaten und Künstler. Sie brachten einen frischen Wind in das beschauliche Leben der Bayern.

Durch das Eingliedern der neuen protestantischen Länder war Bayern bis 1816 zu etwa einem Viertel evangelisch geworden. Für diese Neubürger musste Minister Graf Maximilian Montgelas (1759–1838, Minister 1799–1817) nicht nur eine staatsrechtliche Existenzmöglichkeit schaffen und damit die altbayerische Religionspolitik ändern, sondern auch die evangelischen Territorialkirchen in eine neue Landeskirche integrieren, aus der sich die „Evangelisch-Lutherische Kirche in Bayern" entwickelte. Das wurde in der Bayerischen Verfassung von 1818 festgelegt.

Im Königreich des 19. Jahrhunderts, in dem sich die Strukturen, verglichen mit dem alten Herzogtum, extrem verändert hatten, nahm Montgelas starken Einfluss auf den neuen bayerischen Staat. Im Sinne der Aufklärung zeigte er dabei wenig Verständnis für religiöse Gefühle und altüberkommene Ideale. Er revidierte radikal die altbayerische Religionspolitik. Seine gravierendste Maßnahme war der große Klostersturm, die Säkularisation, die 1803 die Kirchen und Klöster enteignete. Anlass war nicht nur der herausfordernde Reichtum der vielen Klöster, während der Staat verzweifelt nach Einkommen suchte, für den Minister ging es um die radikale Vernichtung der Klöster. Der einzige Gewinn des Staates lag am Ende in den eingezogenen Klosterwaldungen. Das ehrwürdige Benediktinerkloster Tegernsee mit Wildbad Kreuth wurde zertrümmert und verschleudert. Kloster Fürstenfeldbruck kaufte ein böhmischer Fabrikant für nur 120.459 Gulden und das Stift Dietramszell ging für die lächerliche Summe von 32.333 Gulden an einen Generallandesdirektor. Damit zerbrach die „Bavaria Sancta". Montgelas, der einstige Illuminat und geistige Sohn der Aufklärung, empfand Religion nur als Moral, die Kirche lediglich als eine Polizeianstalt im Staate. Mit rücksichtsloser Strenge verbot er alte religiöse Bräuche, ließ Feldkreuze umschlagen, Wegkapellen niederreißen, Klosterschulen schließen und Klosterbibliotheken auflösen. Dabei wollte er nicht sehen, was dem traditionsbewussten Volk das jahrtausendalte Kirchenjahr bedeutete. Und schon machte sich ein steigender Widerstand gegen das „System Montgelas" breit.

Wenn Montgelas' Werk auch ein Verbrechen an der bayerischen Kultur darstellt, so schuf er gleichzeitig einen modernen Staat, von dem man im 19. Jahrhundert sagte, er sei „moderner als fast der Rest der ganzen Welt". Das war sein Verdienst. Das heutige Bayern ist ohne ihn nicht denkbar.

König Ludwig I. (1786–1868, König 1825–1848), Sohn und Nachfolger von König Max I. Josef (aus dessen erster Ehe mit Auguste Wilhelmine von Hessen-Darmstadt), war kein Freund dieses Kirchenhassers Montgelas. Er sorgte noch als Kronprinz für dessen Absetzung. Ludwigs unselige Idee während seiner Kronprinzenzeit, die er zum großen Teil in Rom verbrachte, die dortigen Protestanten bekehren zu können, wollte er während seiner Regierungszeit auch in Bayern verwirklichen. Später drängte er, gemeinsam mit seinem kirchlich streng konservativen Innenminister Karl v. Abel, den in den vorangegangenen Jahren in Bayern etablierten Protestantismus wieder zurück. Als Erstes gab er den Orden, vorwiegend den Benediktinern, ihre säkularisierten Klöster zurück.

Obwohl Ludwigs Mutter Wilhelmine (Landgräfin von Hessen-Darmstadt) protestantisch war, wie auch seine Stiefmutter Karoline (Prinzessin von Baden), seine Ehefrau Therese (Herzogin von Sachsen-Hildburghausen), seine Schwiegertochter Marie (Prinzessin von Preußen) und einige seiner Mätressen, verteufelte er Luther und dessen Anhänger. Seine intolerante Einstellung gegenüber allen Andersgläubigen teilte er auch seinem Schwager, dem Preußenkönig Friedrich Wilhelm IV., mit: „Dich hass' ich gleich der Spinne."

In München verhinderte er immer wieder den Bau einer Kirche für die über 8000 Lutheraner, die in der Residenzstadt lebten. Wenn auch schon seit 1806 eine evangelische Pfarrei bestand, hatte sie noch keine Kirche. Erst 1833 genehmigte Ludwig den Bau der evangelischen Matthäus-Kirche. Sie musste an der Sonnenstraße, vor den Toren der Stadt gebaut werden. Im Dritten Reich wurde sie im „Zuge des Neubaus der Hauptstadt der Bewegung" abgerissen und 1939 am Sendlinger-Tor-Platz wiederaufgebaut.

Die kirchliche Antipathie gegenüber den Protestanten drückte sich 1841 in der Gestaltung des Leichenbegräbnisses der evangelischen Königinwitwe Karoline, der Stiefmutter König Ludwigs I., aus. Im Gegensatz zu früheren kirchlichen Bestimmungen kam es zum Eklat. Den 16 evangelischen Geistlichen, die den würdigen Trauerzug durch die Stadt begleiteten, wurde der Einzug in die Theatinerkirche verweigert. Die katholischen Priester empfingen den Sarg in gewöhnlicher Straßenkleidung, führten ihn durch die schmucklose Kirche, ohne Gebet, ohne Segen, ohne Gesang, ohne auch nur eine brennende Kerze und stellten ihn in der Gruft ab. So hatte es der Erzbischof von München-Freising der Geistlichkeit bei der Beerdigung einer Häretikerin angeordnet. Das war allerdings doch nicht im Sinne König Ludwigs.

Die armselige Beisetzung der so beliebten Königin Karoline löste einen Sturm konfessioneller Kämpfe aus, die zeigten, dass der Geist der Toleranz weiter lebte.

Im Rückblick gesehen war in Bayern das Festhalten an der katholischen Religion das Werk der Wittelsbacher Herzöge. Sie hatten die persönliche Verantwortung für die Gegenreformation und deren Führung übernommen. Ihr Einsatz hatte in erster Linie nichts mit Politik zu tun, sondern lag in ihrer religiösen Überzeugung begründet. Als Landesherren nahmen sie die eigentliche Stellung der Bischöfe ein. Ihre Energie und nicht das stille Zusehen der Bischöfe, ihr Glaubenseifer und nicht die Handlungsunfähigkeit des Episkopats, die von ihnen ins Land gerufenen Jesuiten und nicht der Klerus setzten den bayerischen Katholizismus in die Lage, den Ansturm der Reformation zu überstehen.

Wenn auch das Festhalten am alten Glauben Fürstenwerk war, darf man dennoch nicht den Eigenwillen des altbayerischen Menschenschlages übersehen. Man jubelte Luther zu, griff leidenschaftlich die alte Kirche an, dahinter stand aber vor allem das bayerische Aufbrausen, der Schrei nach Gerechtigkeit. Doch der Katholizismus ist für den Bayern ein unbewusstes Lebensgefühl, basierend auf starker Tradition und Herkunft. Man begegnet ihm, wenn man mit offenen Augen durchs Land geht, in den Gotteshäusern mit ihrer prunkvollen Ausstattung und der jubilierenden Musik, den Wallfahrten und Passionsspielen, den vielen in Wiesen eingebetteten Klöstern, den Marterln am Wegesrand, den Feldkapellen und nicht zuletzt dem täglichen „Grüß Gott" als Begrüßung. All das bezeugt das tief verankerte Glaubensbewusstsein, als Ausdruck der süddeutschen Mentalität. Die klare nüchterne Strenge der lutherischen Konfession entspricht nicht den bayerischen Gefühlen. So blieben die meisten Einheimischen ihrer alten Religion treu.

Nach 1945, Ende des letzten Weltkrieges, fanden über zwei Millionen Kriegsflüchtlinge in Bayern eine neue Heimat. Die Konfessionsverhältnisse haben sich zum Teil durch sie und auch durch die heutigen Berufs- und Wahlbayern stark verschoben.

Dennoch gilt der Freistaat nach wie vor als katholisches Land – als „schwarzes" Bayern!

Abb. 8: Prager Exekution 1621

6

Habsburgische Gegenreformation in Böhmen

vor dem Hintergrund eines Lebensbildes: Florian Griespeck von Griespach auf Kacerov (1509–1588)

Heute fühlt sich fast ein jeder mit einer Selbstverständlichkeit der Religion verbunden, in die er aufgrund der Tradition der Eltern hineingeboren wurde. So sei gerade deswegen ein Rückblick in die Zeit der Glaubensspaltung erlaubt. Mit welchen Gedanken und Gefühlen, aber auch unter welchen Gefahren sich der Einzelne in der Zeit der Gegenreformation mit dem Glauben auseinandergesetzt hat, soll am Beispiel des Lebensbildes von Florian Griespeck von Griespach auf Kacerov lebendig werden.

Er gilt als historisch interessante Persönlichkeit, deren Vielseitigkeit Historiker und Kunsthistoriker bis heute fasziniert.

Mit seinem Namen – im Böhmischen etwas abgewandelt – weist er auf eines der ältesten niederbayerischen Geschlechter hin. Als er zu Anfang des 16. Jahrhunderts in Böhmen einen neuen Familienzweig begründete, benannte er sich zusätzlich nach seinem dortigen Familienbesitz, dem Schloss Kacerov, nördlich von Pilsen. Mit seiner Frau Rosina Hölzl von Sillian, einer Tirolerin, hatte er 24 Kinder, was nicht verhinderte, dass seine Linie nach vier Generationen in Böhmen ausstarb.

Florian wurde am 18. Dezember 1509 in Innsbruck geboren. Sein Vater, der am dortigen Hof dem Habsburger Kaiser Maximilian I. (1508–1519) diente, ermöglichte seinem Sohn eine allumfassende Ausbildung an den Universitäten zu Paris und Bologna. An der italienischen Hochschule wurde insbesondere das römische Recht gelehrt, und die Sorbonne war das geistige Zentrum für Theologie und Philosophie. Das waren gute Grundlagen und wichtige Voraussetzungen für seine berufliche Karriere in Böhmen, die er 1530 als Ausländer in Prag begann.

Als Katholik, zunächst durch sein Elternhaus geprägt und später durch seine eigene Laufbahn dem Hause Habsburg verpflichtet, schien er später, aufgrund seiner persönlichen Lebenseinstellung als Humanist und Sympathisant der Reformbewegung, zwischen zwei Fronten zu leben.

Wie wurde er damit fertig? Wie hat er sich entschieden?
Um diese Fragen beantworten zu können, muss sein Lebensbild in den Rahmen der politischen und religiösen Zeitgeschichte, also der böhmischen Geschichte des 16. Jahrhunderts, gestellt werden. Politik und Religion waren eng miteinander verbunden, standen aber gleichzeitig in Konfrontation zueinander. Das machte die Spannung im Lande, aber auch in Griespecks Leben aus.

Das Kapitel des politischen Geschehens, in das Florian eingetreten war, hatte schon mit einer Paradoxie begonnen: Das überwiegend hussitisch geprägte Böhmen, vertreten durch die utraquistischen Stände, hatte 1526, nach dem Tod des letzten Jagiellonen-Königs Ludwig II. (1516–1526), der in der Schlacht gegen die Türken bei Mohács kinderlos verstorben war, die Wahl des katholischen Habsburgers zum böhmischen König unterstützt. Von König Ferdinand I. (König von Böhmen 1526–1564, römischer König ab 1531, Kaiser 1556–1564), Bruder Kaiser Karls V., hatten sie sich die Abwendung der fortwährenden Türkengefahr erhofft. Dafür waren sie zu einem gemeinsamen Kampf mit der katholischen Regierungspartei bereit. Die Türken konnten zwar besiegt werden, aber

König Ferdinand bekämpfte nun im eigenen Land alle, die nicht seine katholische Religion teilten, also auch die Protestanten, die böhmischen Utraquisten, die ihn zum König gewählt hatten. Das betraf zwei Drittel der Bevölkerung, darunter fast der gesamte Adel. Schon über 100 Jahre zuvor hatte Jan Hus (um 1370, verbrannt 1415 in Konstanz) mit den nach ihm benannten Hussitenkriegen (1419/20 und 1434–1436) den Nährboden für religiöse Reformen in Böhmen gelegt und dort die erste Spaltung der katholischen Kirche bewirkt. Selbst der Erzbischof von Prag war zum hussitischen Glauben übergetreten, hatte 1421 Prag verlassen und damit sein Erzbistum aufgegeben. Die Hussiten spalteten sich in die radikaleren Taboriten, die gemäßigten Utraquisten (lateinisch sub utraque specie: „unter beiderlei Gestalt", in Bezug auf das Abendmahl) und die böhmischen Brüder.

Dem radikalen Anführer der Hussiten, Jan Žižka, hatten sich vor allem Angehörige der Landbevölkerung angeschlossen, während die gemäßigten Utraquisten ihre Anhänger im Adel und im Prager Bürgertum fanden (später traten Hussiten und Utraquisten zum Protestantismus über, während die böhmischen Brüder in der Tradition der Herrnhuter Brüdergemeinde fortlebten).

Die utraquistischen Stände mussten bald erkennen, dass das Hauptziel der neuen königlichen Regierung die Rückführung des religiös und national zersplitterten Landes zur katholischen Glaubenseinheit war. Durch die konservative Führung des willensstarken Monarchen erlebten sie nun eine empfindliche Einschränkung ihrer Glaubensfreiheit. Damit schien auch ihr politischer Einfluss gefährdet, den sie unter den bis dahin herrschenden schwachen böhmischen Jagiellonen-Königen nach dem Motiv „Du bist unser König, wir sind deine Herren" ausgeübt hatten. Mit der aufkeimenden Konfliktsituation und dem sich in den utraquistischen Reihen bildenden Widerstand hatte unter König Ferdinand I. das tiefste Trauma des Landes seinen Anfang genommen: die Habsburgische Gegenreformation. Ausgerechnet die Hauptstadt Prag, die sich zu dem utraquistischen Glauben bekannt und den Mittelpunkt der Reformation gebildet hatte, entwickelte sich immer mehr zum gnadenlosen Zentrum der habsburgischen Gegenreformation.

Zur Stärkung seiner königlichen Regierungspartei, die den protestantischen Ständen überlegen sein musste, hatte Ferdinand, trotz der böhmischen Kritik, vertrauenswürdige Ausländer ins Land gerufen, die katholisch und habsburgtreu waren. Florian Griespeck von Griespach war einer von mehreren ritterlichen Bewerbern aus Deutschland und dem religiös konservativen Tirol. Als er 1530 mit 21 Jahren seinen Dienst auf der Prager Burg in der Nähe des Königs begann, erfüllte er alle Voraussetzungen. Ferdinand, der sich gerne mit gebildeten Menschen umgab, fühlte sich in besonderem Maße dem fast gleichaltrigen jungen Humanisten verbunden. Beide waren bestrebt, die ethische Lehre des Humanismus in der Politik anzuwenden.

Griespeck erwies sich als geschickter Diplomat und stieg zum Kammerpräsidenten auf, was einem heutigen Finanzminister entspricht. Er diente 58 Jahre lang drei böhmischen Königen, die gleichzeitig deutsche Kaiser waren: Ferdinand I. (1558–1564), Maximilian II. (1564–1576) und Rudolf II. (1576–1611). Er war ihr Berater und enger Vertrauter. Seine berufliche Stellung repräsentierte er wohl am anschaulichsten in der Wahl der exponierten Lage seines Stadthauses in Prag. Dieses lag auf dem Hradschin, gleich vor den Toren der Burg. Es ist das heutige Erzbischöfliche Palais. Damit hatte er sich in die Palastreihe des alten böhmischen Adels eingereiht, zu dem er als Ausländer und Katholik gesellschaftlich nur schwer Zugang finden konnte.

Als königlich-kaiserlicher Beamter, stets das Ziel vor Augen, im Sinne seiner Herrscher zu handeln, ließ er schon 1536 einen Leitspruch auf seine Porträtmedaillen prägen: „INVIA VIRTUTI NULLA EST VIA", für die Tugend ist kein Weg unüberwindbar. Tugend bedeutete für ihn die absolute Königstreue, die in diesem Falle gleichzusetzen war mit der Zugehörigkeit zur Religion des Monarchen, also zur katholischen Traditionskirche. Doch massiver Widerstand der Oppositionspartei, der protestantischen Stände, erschwerte Griespeck diesen Weg. Sie verfolgten mit Aggressionen und Neid den Aufstieg des Ausländers, seine Vertrauensstellung und seinen Einfluss in Innen- und Außenpolitik. 1547 nutzten sie die Abwesenheit des Regenten dazu, den königlichen Günstling aus seiner starken Position zu vertreiben. Sie unterstellten ihm unlautere Manipulationen bei der Bearbeitung der Landtafeln und ließen ihn deswegen kurzerhand im Weißen Turm auf der Prager Burg in Haft setzen. König Ferdinand, der drei Tage später aus dem Krieg gegen den Schmalkaldischen Bund, also gegen die Protestanten, als Sieger zurückkehrte, sorgte umgehend für Griespecks Befreiung und dessen volle Rehabilitation, weil die Stände ihre Beschuldigungen gegen ihn nicht aufrechterhalten konnten. Seitdem führte Griespeck den Weißen Turm im Herzschild seines Wappens! Ferdinand bedankte sich bei seinem Getreuen für die standhafte Haltung in Form von Grundbesitzschenkungen und Anerkennungen, so wie es in einem Schreiben heißt: „.... unserem lieben Florian Griespeck von Griespach auf Kacerov, der von Jugend an treue, wertvolle und rühmliche Dienste geleistet hat und nicht aufgehört hat, ein guter, in unserem Sinne denkender, mit sicherem Blick versehener Berater zu bleiben ..."

Auch auf Florians Epitaph in seiner Kirche zu Kralovice ist eine ähnliche Charakterisierung seiner Persönlichkeit zu lesen: „... treu dem Österreichischen Geschlecht, treu bis in die letzten Tage. Er war der Liebling dreier Kaiser, ihr Schutzschild und Berater."

Abb. 9: Florian Griespeck von Griespach auf Kacerov

Diese überlieferte Charakterisierung seiner Persönlichkeit macht deutlich, welche feste politische Position Florian bis an sein Lebensende in der Nähe seiner Monarchen eingenommen hatte.

Seine Vertrauensstelle war ihm auch sicher, als er sich privat immer intensiver mit dem religiösen Zeitgeschehen auseinandersetzte. Das begann 1530 auf dem Reichstag zu Augsburg, den Kaiser Karl V. zur Einigung in der religiösen Frage einberufen hatte. Florian von Griespeck, der wenige Monate zuvor in böhmische Dienste getreten war, nahm in der Gefolgschaft König Ferdinands am Reichstag teil. Hier begegnete er erstmals Philipp Melanchthon, der in Vertretung Luthers die so genannte *Confessio Augustana* vorgelegt und verteidigt hatte. Melanchthon versuchte, wenn auch erfolglos, durch geschickte Formulierung zu vermitteln, um die drohende Trennung der Lutheranhänger von der römischen Kirche verhindern zu können.

Melanchthons tolerante und ausgleichende Haltung, die Florian hier erlebt hatte, machte er sich zum Vorbild und hielt durch Briefwechsel die Verbindung zu diesem Humanisten aufrecht.

Schließlich waren es die Humanisten, die in den neuen Reformbewegungen die Fortsetzung ihrer eigenen Bemühungen sahen, Missstände im kirchlichen und gesellschaftlichen Leben zu beseitigen. Ihr kritisches Verhältnis zur bestehenden Kirche und deren Lehre hatte das Ziel einer geistigen Erneuerung, nicht aber deren Zerstörung. Die Zeit der religiösen Erneuerung war reif, denn die Unzulänglichkeiten in den klerikalen Kreisen waren allen bekannt. Auch damals hieß es, die Krise ist die Mutter der Reform.

Florian von Griespeck fühlte sich dem Gedankengut der Humanisten verbunden und von Luther angesprochen, der auf gedruckten Flugblättern den christlichen Adel zum Handeln aufrief: „Gott werde durch den Laienstand seiner Kirche helfen." 4000 Exemplare waren bald vergriffen. Die Zeit des Schweigens, so hieß es, sei nun vorbei. Griespeck machte sich Luthers Aufruf zu Eigen und sah sich als Vermittler zwischen Gott und seinen Untertanen, die er auf das Bibelwort verpflichtete: „Im Namen Gottes, seid Eurer Obrigkeit untertan, denn die Obrigkeit ist von Gott geschaffen zum Schutz der Guten und zur Bestrafung der Bösen. Nicht ohne Grund trägt sie ein Schwert, damit sich die Untertanen fürchten. Wer sich gegen die Obrigkeit stellt, muss sich dem Gerichte Gottes stellen" (Paulusbrief aus dem Jahre 56). Ähnliches predigten auch die von König Ferdinand 1556 ins Land gerufenen Jesuiten, unter ihnen Petrus Canisius, der Beichtvater des Monarchen. Dieser junge Orden galt als Elitetruppe des Papstes und schien in besonderem Maße geeignet, das sturmgeschüttelte Boot Petri wieder auf sicheren Kurs zu bringen. Die bisherige Schieflage schilderte der päpstliche Nuntius am Hofe Ferdinands in seinem Bericht nach Rom: „Das Lauwerden der katholischen Böhmen in Religionsfragen, die als Minderheit ohne ihr Oberhaupt (ohne den Prager Erzbischof) ihren Traditionsglauben nicht mehr zu pflegen scheinen, bietet den Lutheranern eine gute Möglichkeit zur schnellen Verbreitung ihrer Lehren, die auch häufig durch Studierende aus Wittenberg ins Land gebracht werden, die hier die neuen Gedanken verbreiten."

Die Studenten aus Wittenberg waren Philipp Melanchthons Schüler, von denen viele in Florians Schlössern Kacerov und Mühlhausen Aufnahme fanden. Vor allem in Mühlhausen/ Nelahozeves, nördlich von Prag, pflegte der Mäzen die Kunst, förderte der Humanist die Kultur. Bei ihm versammelten sich Literatenzirkel und Philosophenkreise. Humanisten, Utraquisten und Lutheranern bot er schützende Aufnahme und Hilfe. Nicht nur die für diese Zeit seltene und umfangreiche Privatbibliothek des Hausherrn war der Anziehungspunkt in diesem Schloss, weit mehr schätzten die Häretiker „den Schutz in der Obhut Griespecks, dem engen Vertrauten und Günstling des Monarchen". So betonte es jedenfalls Melanchthon in seinen Briefen an und über Griespeck.

Diese „Ketzer" trafen sich im zentralen Saal des Schlosses zu Mühlhausen. Dieser Gesellschaftsraum erfüllte hier weniger die höfische Funktion eines üblichen Rittersaales, vielmehr diente er den Intellektuellen als geistiges Zentrum und als Schutzwall im „feindlichen" katholischen Königreich. Wenn hier den Humanisten ein sicherer Treffpunkt und eine geborgene Zone geboten wurden, liegt darin wohl die Deutung der außergewöhnlichen Bezeichnung dieses Saales, der in alten Unterlagen stets das „Paradies" genannt wird. Man kann den Namen aus dem Awestischen (aus dem Iranischen) erklären, da heißt *pari daeza* wörtlich die „Umwallung". Ebenso geht das Wort „Paradies" auf das mittelpersische *pardêz*, die „Einzäunung", zurück.

Paradox ist, dass die Gastlichkeit des königstreuen Katholiken gegenüber diesen Häretikern in Übereinstimmung mit dem katholischen König erfolgt ist. So übernahm zum Beispiel Griespeck, in Absprache mit König Ferdinand, die Finanzierung des Lebensunterhaltes des Gelehrten Mathäus Collinus. Dieser bekannte Humanist und Lektor der Universität zu Prag hatte als ehemaliger Schüler Melanchthons immer häufiger die Lehren Luthers verbreitet und war deshalb vom König seiner Ämter enthoben worden. Noch Jahre später (1554) bat Melanchthon Griespeck, er möge Collinus, den er für den überragenden Reformer Böhmens hielt, gegen dessen Feinde schützen. Wer waren diese „Feinde"? Doch in erster Linie der böhmische König selbst. In gleicher Weise unterstützte Griespeck auch in der evangelischen Stadt Joachimsthal zwei Lutheraner, Mathesius und Hermann, die durch die gegenreformatorischen Maßnahmen des Königs in Not geraten waren und im Alter an Armut und Krankheit litten. Ohne die Hilfe ihres „wohlwollenden Gönners Griespeck" wären beide, nach ihren eigenen Worten, an den Bettelstab gekommen. Da es ausdrücklich heißt, dass diese nicht zu Griespecks Freunden zählten, kann man dessen Hilfsbereitschaft so auslegen, dass er zwar ihre menschliche Not, vorrangig aber ihre geistliche Arbeit unterstützen wollte. Diese lag bei Johannes Mathesius, dem Theologen und bedeutenden Prediger nach Luther, in dem Verfassen von etwa 1500 Predigten, die durch Übersetzungen Eingang in die Weltliteratur gefunden haben und heute noch Verwendung finden. Diesem Prediger und Lutherbiograph setzte man 1965 in der Kirche zu Joachimsthal ein Denkmal. Der zweite, Niklas Hermann, Kantor und Lektor der Lateinschule in Joachimsthal, hatte eine eigene Liedersammlung herausgegeben, die neben Luthers geistlichen Liedern charakteristisch für das ganze Jahrhundert wurde. Die Vertonungen wie auch die Texte einzelner seiner Lieder sind heute noch in evangelischen und katholischen Gesangbüchern zu finden. Gerade in dieser Zeit der Glaubenskämpfe, also im 16./17. Jahrhundert, sind die meisten Lieder unserer heutigen Kirchengesangbücher entstanden.

Griespeck nahm sich also gelehrter Köpfe und engagierter Menschen an, die Luthers Lehre und Frömmigkeit verbreiteten. So verwundert es nicht, wenn viele dieser Reformer, Utraquisten und Lutheraner, ihrem Wohltäter, dem Katholiken, Achtung und Ehrerbietung bezeugten, ihm Gedichte und literarische Werke widmeten und die Grabverse auf seinem Epitaph in der Gruft der Kirche zu Kralovice verfassten.

Die Reformation schritt stetig voran, und der Katholik Florian von Griespeck schien sie zu unterstützen, wodurch seine gute Beziehung zu König Ferdinand in keiner Weise getrübt wurde. Das lässt sich vielleicht damit erklären, dass Ferdinand Gefallen an Leuten fand, die – ebenso wie auch er – ihre Frömmigkeit mit kosmopolitischer Kultiviertheit verbanden. Anderen, so hieß es, „die sich erdreisten, auch nur das mindeste gegen die Religion Seiner Majestät zu tun", drohte die Entlassung aus dem Hofdienst oder die Verbannung aus Böhmen.

Die schnelle Verbreitung von Luthers Bekenntnis mündete schließlich in den Augsburger Religionsfrieden, der 1555 den Protestanten das Recht auf ihre Religion gewährte. Die Hoffnung der Habsburger auf eine religiöse Einheit im Reich war mit *„cuius regio – eius religio"* gesunken.

Auf seinen acht Herrschaften mit insgesamt 122 Besitzungen verpflichtete Griespeck seine Untertanen zu keiner bestimmten Religion. Wie konnte er auch, wie hätte er als Katholik und Luthersympathisant entscheiden sollen? Er gewährte ihnen ihre persönliche Glaubensfreiheit. Nur eines machte er in seinen beiden bekannten Sozialschriften, den „Bauernregeln" und „Beamten-Unterweisungen" zur Pflicht: Jeder hatte an Sonn- und Feiertagen die Kirche zu besuchen und die Predigt zu hören. Die Predigt war das massenwirksame Medium der Zeit und inszenierte Meinungsbildung.

Mit dieser für den Einzelnen freien Glaubensentscheidung entsprach Griespeck nicht dem politisch-religiösen Ziel seines Monarchen, der doch die Glaubenseinheit für das gesamte böhmische Land angestrebt, aber bisher nicht erreicht hatte. Es wurde Zeit für Kaiser Ferdinand I., ein markanteres, äußeres Zeichen seiner Solidarität mit der katholischen Kirche zu setzen. Kraft seines Amtes holte er 1562, nach einer Unterbrechung von 140 Jahren, den Erzbischof nach Prag zurück. Dessen Residenz sollte in unmittelbarer Nachbarschaft des Herrschers sein. Dazu eignete sich am besten das Griespeck'sche Palais auf dem Hradschin vor den Toren der Burg. König Ferdinand wollte es zum Erzbischöflichen Palais machen und kaufte es Florian ab, um es noch am gleichen Tag dem ersten nachhussitischen Erzbischof (Anton Brus von Müglitz) zu schenken. Die Nachfolger haben bis heute hier ihren Amtssitz. So wie damals die exponierte Lage in des Königs Nähe für den noch jungen Kammerrat Griespeck von Griespach eine wichtige Form der Selbstdarstellung war, so galt nun das Gleiche für das böhmische Oberhaupt der katholischen Kirche. Man wollte demonstrieren, wie eng die Mächte Kaiser und Kirche einander verbunden waren.

Ganz so verbündet scheinen beide doch nicht gewesen zu sein, denn Kaiser Ferdinand war immer wieder zu Kompromissen gegenüber Andersdenkenden bereit. So setzte er sich beim Papst für die Forderung der Utraquisten ein, das Abendmahl in beiderlei Gestalten nun mit päpstlicher Genehmigung spenden zu dürfen. Ebenso solle der neue Prager Erzbischof auch Utraquisten die Priesterweihe spenden dürfen. Am Sonntag, den 23. Juli 1564, verkündete der Erzbischof in der Prager Veitskirche die päpstlichen Zugeständnisse an die Utraquisten. Zwei Tage später starb Kaiser Ferdinand I.

Sein Sohn und Nachfolger, der böhmische König und deutsche Kaiser Maximilian II. (1564–1576), war sehr christlich-liberal eingestellt. Bei seinem Regierungsantritt ging man davon aus, dass er sich zum Luthertum bekennen würde. Die protestantischen Stände lobten seine religiöse Freimütigkeit, die ihnen eine versöhnliche Zusammenarbeit mit ihm erlaubte.

Für Griespeck änderte sich im Verhältnis zum neuen Kaiser nichts. Er wurde auch dessen Vertrauter und „Geheimer Berater". Die gegebene Situation, eben der Amtsantritt des christlich-liberalen Königs Maximilians II. und das päpstliche Zugeständnis an die Utraquisten, ermutigte Florian, das Konsistorium der Utraquisten zu ersuchen, ihm ihre Geistlichen in die Kirchen seiner Herrschaften zu schicken.

Ab 1570 zelebrierten in der Herrschaft Kacerov utraquistische Priester in Griespecks Kirchen den Gottesdienst unter beiderlei Gestalt. Damit hatte Griespeck das erste klare Zeichen seines Denkens gesetzt. Es war der erste Schritt, mit dem er der Öffentlichkeit sein religiöses Interesse kundtat, der ihm, dem treuen Regierungsbeamten, nicht die Kritik seines Monarchen, wohl aber den Zorn der Zisterziensermönche des nahen Klosters Plass zuzog. Diese hatten bis dahin in den Gotteshäusern der Griespeck'schen Herrschaft Kacerov das Pfarrrecht ausgeübt. Ihnen waren natürlich die ketzerischen Prediger und Priester, durch die sie nun verdrängt wurden, ein Dorn im Auge. Ihr Widerwillen ist in den Büchern des Klosterarchivs nachzulesen, in denen die Mönche Florian als *haereticus*, als Ketzer, bezeichneten und sein Schloss Kacerov in „Ketzerhof" umbenannten. Aber warum? Florian handelte im Einvernehmen mit der katholischen Kirche, mit dem Zugeständnis des Papstes und des regierenden Habsburgers. Selbst die Jesuiten zelebrierten in St. Klemens in Prag ihr Messopfer nach diesem neuen Ritus, das Abendmahl in Gestalt von Brot und Wein zu reichen.

Unter der Regentschaft des phlegmatischen Nachfolgekönigs und Kaisers Rudolf II. (1576–1611, † 1612), der in religiösen Angelegenheiten willkürlich verfügte, vergrößerten sich die reformatorischen Wirren im Land. Er unterstützte weder den schwindenden Katholizismus noch verhinderte er, dass der Adel seine protestantischen Priester selber einsetzte. Zu diesen souveränen Adeligen gehörte auch Florian von Griespeck. In einigen seiner Kirchen fand man zwischenzeitlich auch lutherische Pfarrer und Prediger. Dieser nächste Schritt seiner Hinwendung von den Utraquisten zu den Lutheranern, den sich Griespeck als regierungstreuer Beamter in seinem privaten Lebensbereich erlaubte, erfolgte angepasst an die Toleranzbereitschaft der jeweils herrschenden Monarchen, deren religiös-liberale Anschauung wegweisend für seine Entscheidungen war. Das bedeutete für ihn zwar eine politische Gratwanderung, sie war ihm aber im Gegensatz zu vielen anderen möglich, weil auf beiden Seiten ein hohes Maß an Vertrauen bestand.

Nun drängt sich zwangsläufig die Frage auf: „Wie hat er sich letztendlich entschieden?" War Griespeck, der mit seinen fast 80 Jahren nahezu das gesamte 16. Jahrhundert erlebt hatte und durch Renaissance, Humanismus und die Glaubensspaltung geprägt wurde, wirklich ein Ketzer, ein Protestant, ein Lutheraner? Oder blieb er Katholik? Entsprechend den archivalischen Eintragungen blieb er bis in seine letzten Lebensjahre – er starb 1588 – „katholisches Mitglied der adeligen Ritterschaft".

Doch sein Interesse an Luthers neuem Evangelium wollte er nicht leugnen, und deshalb war es ihm ein Bedürfnis, die traditionelle katholische Lehre mit der Lehre Luthers zu verbinden. Das demonstrierte er an dem Neubau einer Kirche in seiner herrschaftseigenen Stadt Kralovice, nördlich von Pilsen. Hier zeigte er, wie harmonisch sich beide Konfessionen verschmelzen lassen. Im Jahre 1575, im Jahr der *Confessio Bohemica*, des

Zusammenschlusses aller protestantischen Bewegungen in Böhmen, wagte er mit Hilfe der Sakralarchitektur den Versuch, allen Bekenntnissen gerecht zu werden. Beim Umbau des ursprünglich gotischen Gotteshauses schuf er mit dem neuen Langhaus nach italienischen Plänen die erste Renaissancekirche und erste frei stehende Wandpfeilerkirche nördlich der Alpen. Während er den alten gotischen Chor, das wichtigste Element der katholischen Ursprungskirche, als Altarraum beibehielt, stattete er das Langhaus mit umlaufenden Emporen, also einer typischen Einrichtung eines evangelischen Gotteshauses aus. Prägnanter konnte er seine Verbundenheit zu beiden Konfessionen für Gegenwart und Zukunft kaum ausdrücken. So interpretieren die heutigen Kunsthistoriker dieses seltene Kirchendenkmal der frühen Renaissance. Der Bau sollte klarer als viele Worte der Öffentlichkeit seine Meinung zur gleichen Wertigkeit der Konfessionen kundtun, in denen Florian nicht zwei feindliche Fronten sah. Indem er beide Konfessionen unter dem Dach seiner Kirche vereinigte, bekannte er sich in der problematischen Zeit der Glaubensspaltung bereits zur Ökumene. Er schuf ein Bauwerk der Ökumene! Aus dieser Zeit finden sich Rötelschriften an der Wand des Seitenausganges, die bisher nicht ausgewertet wurden. Es kann sich hier um ein „Gästebuch" einzelner, vielleicht lutherischer Kirchenbesucher handeln.

Griespeck glaubte seine Haltung im Sinne seines Vorbilds Philipp Melanchthon vertreten zu können, der sagte: „Die Vereinbarkeit von religiösem Glauben und wissenschaftlicher Weltanschauung setzt Toleranz zu Andersdenkenden voraus."

In dieser christlichen Toleranz ließ er seine Kinder erziehen, die durch die Vermittlung Melanchthons an protestantischen Universitäten studierten. In Paris entkamen zwei seiner Söhne 1572 nur knapp der Bartholomäusnacht. Da sie als Protestanten bekannt waren, ließ sie die französische Königin Elisabeth, eine Tochter des böhmischen Königs Maximilian II., zeitig warnen.

Seine Söhne traten unter der liberalen Regierung Rudolfs II. zum protestantischen Glauben über, als der König 1609 mit seinem „Majestätsbrief", den Böhmen Religionsfreiheit zugestanden hatte. Sie wurden im Ständeausschuss genannt und gehörten damit jener Oppositionspartei gegen den König an, die Jahrzehnte zuvor ihren Vater im Weißen Turm inhaftiert hatte. Diese jungen Griespecks erbauten 1611 gleich neben ihrem

Stadtpalais auf der Kleinseite in Prag (heute Schulministerium), in der heutigen Karmelitengasse, gemeinsam mit den Prager Protestanten eine Kirche zur „Allerheiligsten Dreieinigkeit“. Nach der Schlacht am Weißen Berg 1620, nach dem Sieg über die Protestanten, übernahmen die Karmeliten dieses evangelische Gotteshaus und weihten es der „Muttergottes vom Siege“. Es ist die heutige Kirche „Maria Victoria“, in der das „Prager Jesulein“ verehrt wird. Nun engagierten sich die katholischen Adeligen von Prag und bauten das Gotteshaus um, weil sein Eingang in den Griespeck'schen Gärten am Petřin lag. Zwangsläufig musste der Altarraum von Ost nach West verlegt werden, nur so ließ sich das Gotteshaus von der Straße her betreten. Deswegen ist das die einzige „umorientierte“ Kirche Prags.

Als Rudolf II. von seinem streng katholischen Bruder, König und Kaiser Matthias (1611–1617, †1619) abgelöst und ab 1617 durch die rigorose Rekatholisierungspolitik des Nachfolgers, des Königs und Kaisers Ferdinand II. (1619–1637), der Prager Fenstersturz 1618 provoziert wurde, war der Untergang der Protestanten und damit auch der Griespeck'schen Familie in Böhmen besiegelt.

Aus Protest gegen die königliche Aufhebung der vor rund zehn Jahren zugesagten Religionsfreiheit warfen böhmische Aufständische zwei königliche Beamte aus einem Fenster der Prager Burg. Dieser Aufstand zog 1620 die Schlacht am Weißen Berg nach sich, in der die konfessionellen Spannungen im Land mit Hilfe des bayerischen Heeres gelöst wurden. Die katholische Liga unter Führung Herzog Maximilians von Bayern (1597–1651, seit 1623 Kurfürst), konnte die protestantischen Truppen innerhalb von nur einer halben Stunde besiegen. Florians Söhne kämpften im Heer Mansfelds und hatten ihre Kanonen aus Schloss Kacerov gegen die katholische Stadt Pilsen gerichtet. Auf dem Schlachtfeld standen die Ritter Griespeck von Griespach und Kacerov auf der Seite der Protestantischen und kämpften gegen die Bayern und damit gegen ihre bayerischen Verwandten. Ebenso standen sich in der Schlacht am Weißen Berg mit Herzog Maximilian I. und dem protestantischen Kurfürsten Friedrich von der Pfalz (1610–1623) Wittelsbach und Wittelsbach gegenüber. Die kurze Regierungszeit des Pfälzers auf der Prager Burg gab ihm den Namen „Winterkönig“.

Allen Rebellen wurde das Vermögen konfisziert. Die herrenlosen Schlösser übernahmen nun katholische, meist deutsche und österreichische, dem Hause Habsburg ergebene Adelige.

Die protestantischen Anführer wurden auf dem Altstädter Ring zu Prag hingerichtet. Das blutige Schauspiel dauerte fünf Stunden, weil man an den 27 für ihren protestantischen Glauben standhaft gestorbenen Männern alle Praktiken der Hinrichtung vorführen wollte. 27 weiße Kreuze im Pflaster des Platzes erinnern noch heute an ihren Tod. Keiner der Griespecks war dabei, aber alle verloren wegen „des begangenen Verbrechens der Majestätsbeleidigung“ ihren Besitz, den ihr Vater Florian durch Königstreue und seine standhafte politische Haltung gegen die protestantischen Stände erworben hatte. Eine Ironie des Schicksals, die auch nach dem Tod nicht enden sollte. Ein makaberes Nachspiel bot Abt Christoph Tengler vom Zisterzienserkloster Plass. Er scheute sich nicht, nur 30 Jahre später aus der Griespeck'schen Familiengruft in Kralovice den „Ketzer-Leichen“ die Zinnsärge zu rauben, um daraus Orgelpfeifen für seine neue Klosterkirche gießen zu lassen. Doch in den Särgen fand er keine verfallenen Gebeine, sondern gut erhaltene Mumien in ihren Gewändern, die friedlich zu schlafen schienen. Er ließ sie achtlos auf dem Steinboden liegen.

Das Rittergeschlecht der Griespeck von Griespach auf Kacerov ist zwar ausgestorben, doch die von Florian erbauten Schlösser Mühlhausen (Nelahozeves) und Kacerov, wie auch seine Kirche in Kralovice haben die Jahrhunderte überdauert und dokumentieren heute noch seinen Lebensstil und seine Denkweise. Diese persönlichen, steinernen „Visitenkarten“ gelten als architektonische Kleinode Westböhmens, denn sie stellen die ersten italienischen Renaissancebauten auf böhmischem Boden dar.

Das durch den Fenstersturz in Prag entfachte Kriegsfeuer glimmte weiter, und der ursprünglich böhmische Konflikt weitete sich wie ein Flächenbrand über Europa aus, das für dreißig Jahre in ein Schlachtfeld verwandelt wurde. Nie zuvor hatte man ein solches Ausmaß von unkontrolliertem Gemetzel erlebt. Die Habsburger (Kaiser Ferdinand II. 1619–1637, Kaiser Ferdinand III.1637–1657) kämpften zwar um den Sieg der katholischen Religion, verbanden damit aber das Streben nach der europäischen Vorherrschaft. Dynastisches Denken löste schließlich einen europäischen Krieg aus.

Was war nun das Ergebnis dieses Dreißigjährigen Krieges, den man im Dienste der Religion geführt hatte und der 1648 mit dem Westfälischen Frieden beendet wurde? Das Kriegsgeschehen, dem in vielen Ländern Deutschlands und Europas ein Drittel der Bevölkerung zum Opfer gefallen war, in Bayern waren es sogar zwei Drittel, hatte der katholischen Religion nicht gedient. Dagegen erfüllte sich für die Protestanten die Forderung nach Religionsfreiheit des Einzelnen, die sie schon 1555 mit dem Augsburger Frieden durchsetzen wollten. Sie hatten einen Erfolg errungen, der weder in den Habsburgischen Erblanden noch in Frankreich durchzusetzen war. Den französischen Hugenotten standen nach der Aufhebung des Edikts von Nantes (1685) noch grausame Religionskriege und Vertreibungen bevor.

Im Heiligen Römischen Reich hatten die konfessionellen Auseinandersetzungen nun ein Ende gefunden. Kaiser Ferdinand III., der religiös wie politisch nicht zu den Gewinnern gehörte, musste den Lieblingsplan seiner Vorväter, die Gegenreformation, endgültig aufgeben. Sein härtester Gegner und Verteidiger des Luthertums war Gustav II. Adolf von Schweden. Seine einzige Tochter Christine trat nach des Vaters Tod – König Gustav Adolf fiel 1632 bei Lützen in Sachsen – dessen Nachfolge an. Nach Kriegsende unterzeichnete sie den Friedensvertrag für die Schweden in Osnabrück. Hier trafen sich die protestantischen Vertreter und in Münster die katholischen.

1654 dankte Königin Christine von Schweden ab und konvertierte zum katholischen Glauben und verbrachte den Rest ihres Lebens in Rom.

Auf ihrer Fahrt dorthin ließ sie sich in Innsbruck erneut taufen. 1689 starb sie in Rom. Sie ist die einzige Frau, der man im Petersdom zu Rom ein Grabmonument errichtet hat.

Im Oktober 1998 gedachte man in Münster und Osnabrück dieses Friedensvertrages. Alle europäischen Monarchen und Präsidenten der damals beteiligten Länder trafen sich dort wie vor 350 Jahren. Böhmen wurde durch den tschechischen Präsidenten Václav Havel (1989–2003) vertreten, der mit Unzufriedenheit an das Ergebnis des Dreißigjährigen Krieges und dessen Folgen dachte, denn für Böhmen bedeuteten die damaligen politischen Zugeständnisse den Absturz in die Vergessenheit. Böhmen wurde zum ungeliebten Satellitenstaat Österreichs und blieb es bis zum Jahre 1918.

Die Geschichte spannt immer wieder ihren Bogen ins Heute und mahnt uns in diesem Fall, um mit den Worten von Hans Küng (Schweizer katholischer Theologe und Professor für ökumenische Theologie an der Universität Tübingen * 1928 zu sprechen, dass nur der Frieden zwischen den Religionen den Frieden zwischen den Nationen schaffen kann. Voraussetzung dafür ist die Toleranz gegenüber Andersdenkenden.

Abb. 10: Hugenottenkreuz

7

Die Hugenotten

Ende und neue Chance

Die dramatische Verfolgung der Hugenotten, der französischen Protestanten, ist eine Tragödie der Reformationszeit. Die Gedankenwelt des Humanismus hatte die religiösen Grundstrukturen der Gesellschaft verändert, auf denen die europäische Kultur seit dem frühesten Mittelalter ruhte. Sie ging der Reformation voraus, ja sie bedingte sie. In Frankreich erlebten alle Abtrünnigen, die sich von der katholischen Kirche losgesagt hatten und der neuen Lehre Farels oder Calvins anhingen, eine rigorose

Verfolgung, der sie nach langem Martyrium, nach Hoffnung und Enttäuschung nur durch Flucht entkommen konnten.

Während in Frankreich die Lehre des deutschen Kirchenreformators Martin Luther (1483–1546) die Aufmerksamkeit erregt hatte, wollte Jean Calvin (1509–1564) mit seiner *Confession de foi* im eigenen Land auch eine religiöse Erneuerungsbewegung herbeiführen. 26 Jahre jünger als Luther, strebte er mit juristisch geschulter Präzision und scharfem, unerbittlichem Denken und Formulieren eine Veränderung der kirchlichen Zustände an. Herz und Gefühl spielten bei ihm keine tragende Rolle. Er brauchte Gott nicht zu suchen wie Luther. Er war sich sicher, dass er „sein Wort" in der Bibel besitze, in der Bibel allein. Diese Erkenntnis wollte er den Menschen vermitteln. Dazu gewann er den Adel. Doch die Situation in Frankreich war eine andere als in Deutschland. Frankreich, ein zentral regierter Nationalstaat, unterschied sich erheblich von der deutschen Kleinstaaterei. Was interessierte zum Beispiel einen katholischen Wittelsbacher, ob Brandenburg, Sachsen oder Baden-Durlach evangelisch wurden? Die dortigen Änderungen bedrohten sein bayerisches Land keineswegs, denn in den deutschen Territorien richtete sich die Ausübung der Konfession nach derjenigen des einzelnen Fürsten: „*cuius regio, eius religio*". Anders in Frankreich. Da rief eine politische Macht massiv zum Widerstand gegen den neuen Glauben auf. Da herrschte die Devise: „*un roi, une loi, une foi*" (ein König, ein Gesetz, ein Glaube). Wer also etwas werden oder durchsetzen wollte, schaute nach Paris, um die höchste Macht zum Verbündeten zu haben.

Deswegen legte Calvin 1535 König Franz I. (1515–1547) seine *Institutio* vor. Der König kritisierte sie als „arme Irrlehre" und ließ sogleich die ersten Aufrührer hinrichten. War für ihn *une foi* nicht gegeben, so sah er *un roi, une loi* gleichfalls in Frage gestellt.

Der Machtkampf zwischen Kirche und Staat, zwischen Herrscher und Volk begann. Calvin musste fliehen. Ab 1541 wirkte er von Genf aus mit großem Einfluss und unter Einsatz diplomatischer Verbindungen weiter. Viele seiner Anhänger folgten ihm, fanden Aufnahme und Schutz in der Schweiz und setzten seine strengen moralischen Vorstellungen in die Wirklichkeit um. Genf wurde zum „Rom der Reformierten". Hier entstand die Bezeichnung „Hugenotten", abgeleitet von dem schweizerischen „Iguenot", die Eidgenossen. Ursprünglich war es ein Schimpfwort für die

Glaubensflüchtlinge. Ab 1560 wurde es für alle französisch sprechenden Protestanten üblich.

Trotz der frühzeitigen Verfolgung durch König Franz I. und seinen Sohn Heinrich II. (1547–1559) hatte sich etwa ein Sechstel der Bevölkerung für die Reformation entschieden. Mit ihren einflussreichen Mitgliedern aus den Kreisen des Hochadels, wie den Familien der Bourbon, Navarra, Rohan, und vor allem mit ihrem hervorragenden Verteidiger, Admiral Gaspard de Coligny, gründeten sie einen Hugenottenbund. Als kompromisslose Verfolger traten ihnen die königstreuen Herzöge von Guise entgegen, die sich mit dem Papst und den streng katholischen spanischen Königen Carlos I. (1500–1558 König von Spanien, von 1519–1556 Karl V., Kaiser des Römisch-Deutschen Reiches) und dessen Sohn Philipp II. (1556–1563) verbündet hatten. Sie veranstalteten 1562 in Vassy das erste grausame Blutbad und leiteten damit eine Reihe von acht Hugenottenkriegen ein (1562/63, 1567/68, 1568–1570, 1572/73, 1574–1576, 1576/77, 1579/80 und 1585–1598). Rund 40 Jahre sollten Degen und Kanonen unter der Fahne des Kreuzes von Franzosen auf Franzosen gerichtet werden. Bei den nach außen hin als solche deklarierten Glaubenskriegen ging es zugleich um Auseinandersetzungen konkurrierender Adelsfraktionen, die jeweils ihren Einfluss auf das schwache Königtum durchsetzen wollten.

Dem unnachgiebigen Vorgehen der Katholiken setzten Calvins Anhänger eine ebenso harte eigene Intoleranz entgegen und reagierten auf die Verfolgungen mit Aufständen. Ursprünglich wollten sie ihren Glauben nicht mit dem Schwert verteidigen, sahen sich dann aber zur Aufstellung einer Armee gezwungen. Damit wurde der Streit von einem geistigen zu einem politisch-militärischen und musste nun auch auf diesem Gebiet entschieden werden. In harter Zucht, die Sitte und Gehorsam untereinander vorschrieb, hatten sich die Hugenotten vorzüglich organisiert. In dieser Disziplin bestand ihre Stärke. Die herausfordernde Polemik sowie die Schärfe und Bitterkeit, die der Calvinismus entfesselte, stachelten auf der Gegenseite Hassgefühle an und führten schließlich zum Bürgerkrieg. So war von Anfang an die kirchliche Bewegung auch eine politische Sache. Der hugenottischen Seite schlossen sich mehr und mehr Mitglieder der Adelspartei an, die hier eine Möglichkeit sahen, die königliche Zentralmacht zu schwächen. Die Kämpfe nahmen immer fanatischeren Charakter an. Dabei brachten die Calvinisten katholische Kirchen an sich und zerstörten deren religiöse Kunstwerke, weil sie die Verehrung der Gottheit in Gestalt von Bildern als Götzendienst verwarfen. Bei diesem „Bildersturm" gingen viele bedeutende frühe Kunstwerke verloren. In Straßburg im *Maison de l'OEuvre Notre-Dame*, im Frauenhaus-Museum am Schlossplatz, sind viele mutwillig zerstörte Steinplastiken zu finden, denen die Augen ausgestochen oder die Gliedmaße abgeschlagen wurden. Nach diesen heftigen Angriffen auf den Bilderkult und anschließenden Zeit der Aufklärung entwickelte sich ein neues Verständnis zum religiösen Bild. Die christliche Illustration wurde nun nicht mehr ausschließlich als Bildersprache oder Gegenstand religiöser Verehrung und mystischer Praktiken erkannt, sondern als Ausdruck realer Lebensverhältnisse, dargestellt in künstlerischer Subjektivität. Daraufhin ließ auch der Protestantismus wieder Bilder in seinen Kirchen zu.

Die hugenottischen Glaubens- und Bürgerkriege brachten Frankreich in die Gefahr einer völligen Auflösung. Es kämpften Christen gegen Christen, im Zeichen desselben Kreuzes. Es kämpften Bürger gegen Bürger im eigenen Land. In Kriegen, in denen der Staat die Völker bewaffnet, bleibt immer noch ein Rest an Moral und Sittlichkeit. Wenn aber Menschen sich selbst bewaffnen, wie in Religionskriegen, so geschieht das, weil jeder jedem ins Herz getroffen hat, weil der eine verabscheut, was dem anderen heilig ist. Verzweiflung, Fanatismus und Rachelust werden zu beherrschenden Impulsen.

So wurden trotz Friedensschlüssen und Edikten auf beiden Seiten die Fäden des Hasses und der politischen Winkelzüge weiter gesponnen. Königinmutter Katharina von Medici (1547–1559, Mutter der letzten drei Könige aus dem Hause Valois), eine Frau von politischem Verständnis und Ehrgeiz, aber ohne konsequente Entschlossenheit, übernahm die Regierung nach dem Tod ihres Mannes Heinrich II. (1547) für ihre minderjährigen Söhne Franz II. und Karl IX. (Franz II., 1559–1560, ∞ Maria Stuart von Schottland, kinderlos – ihm folgte sein Bruder Karl IX. erst 10-jährig, 1560–1574, ∞ Elisabeth, Tochter von Kaiser Maximilian II. – ihm folgte sein Bruder Heinrich III., 1574–1589, kinderlos). Sie wollte die Autorität des Königtums über den Parteien wieder stärken. Das tat sie mit einem unberechenbaren Verhalten von Entgegenkommen und Verfolgung. Als versöhnliches Entgegenkommen arrangierte sie die Eheschließung ihrer Tochter Margarete de Valois mit dem Hugenotten-Anführer Heinrich de Navarra. Zu den Feierlichkeiten waren viele Protestanten von Rang und Namen nach Paris gereist. Doch diese „Gäste" wurden als feindliche Menschenmasse angesehen, was zu Unsicherheit am Hof führte. Noch in der Hochzeitsnacht erging vom Königspalast der Mordbefehl gegen Admiral de Coligny und dann gegen alle Hugenotten. Das Massaker der Bartholomäusnacht des Jahres 1572 forderte rund 30.000 Tote. Heinrich de Navarra, der Bräutigam, entging dem Tod, weil er unter Zwang und Bedrohung zum Katholizismus übergetreten war. Aus der Gefangenschaft am Hof konnte er fliehen, fühlte sich dem Katholizismus nicht mehr verpflichtet und übernahm erneut die Führung der Hugenotten.

Die Erbfolge wollte es, dass Heinrich de Navarra aus dem Hause der Bourbonen der nächste Anwärter auf den französischen Thron wurde, nachdem das Herrscherhaus Valois im Mannesstamm erloschen war. 1593 trat er als König Heinrich IV. (1589–1610) erneut und endgültig zum Katholizismus über, um Auseinandersetzungen im Inneren und Konflikte mit dem Papsttum und Spanien zu vermeiden. Seine Konversion erklärte er mit den Worten: „Paris ist eine Messe wert". Nun versuchte er Katholiken wie Protestanten gleichermaßen für die Entwicklung des Reiches zu interessieren, um die durch die Bürgerkriege leeren Kassen zu füllen. Das erreichte er 1598 unter anderem mit dem Edikt von Nantes, mit dem er seinen ehemaligen Glaubensgenossen die volle Religionsfreiheit, politische Rechte und Zutritt zu allen Ämtern einräumte. Er garantierte ihnen den Besitz von 150 „Sicherheitsplätzen", die ihnen eine Gewähr für die Wahrung ihrer Rechte sein sollten. Der Hugenottenbund bildete nun einen Staat im Staat. Für Heinrich IV. war dadurch dennoch die Einheit einer Nation gewahrt, auch wenn Teile der Bevölkerung einem anderen Glauben anhingen. Er überging die Grundeinstellung der nationalen Zentralmacht: u*n roi, une loi, une foi.* Mit dieser Denkweise unterschied er sich von seinen Vorgängern und konnte so den Protestanten, wenigstens bis zu seinem Tod, Sicherheit verschaffen. 1610 wurde er von dem fanatischen Katholiken François Ravaillac (1578–1610) ermordet.

Diese Sicherheit dauerte nicht lange. Im Untergrund schwelte der Religionshass weiter, bis es erneut zu offenen Mordanschlägen kam. Dann schritt Richelieu (1624–1642) ein, der in der politisch-militärischen Organisation der Hugenotten einen Angriff auf die Allmacht der Krone sah. 1628 ließ er den Hugenottenstützpunkt La Rochelle belagern. Nach dem Fall der Stadt entzog er den Hugenotten ihre politischen und militärischen Sonderrechte und nahm ihnen, aus Gründen der Staatseinheit, alle Sicherheitsplätze. Das war die größte kriegerische Niederlage der Hugenotten. Fortan waren sie ohne jeden Schutz. Richelieu garantierte ihnen zwar 1629 im Gnadenedikt von Alès Religionsfreiheit, aber eben nur als Geschenk der Gnade. Das bedeutete für sie eine Demütigung. Viele verließen daraufhin das Land.

Immer wieder wurde der Staatsmann und Kardinal Richelieu von der Kurie bedrängt, der Ketzerei ein Ende zu machen und das Edikt von Nantes aufzuheben. Richelieu war zu sehr Staatsmann, als dass er auf dieses Ansinnen eingegangen wäre. Er hatte Frankreich im Auge und nicht Rom. Er führte Kriege, brauchte Geld und die Calvinisten. Denn diese waren tüchtiger, daher auch wohlhabender als der andere Teil der Nation. Wirtschaftlich gesehen wollte er sich diese kapitalkräftigen, für die Industrie des Landes ausschlaggebenden Leute nicht zu Feinden machen. Ein großer Teil der Handelshäuser in den Hafenstädten lag in hugenottischen Händen. Das Großgewerbe wurde von Hugenotten beherrscht, und hugenottische Bankiers waren nicht selten wichtige Geldgeber.

Wurde Richelieu vom Heiligen Stuhl an seine Pflicht gemahnt, die Einheit des Glaubens herzustellen, dann verwies er auf die Gelder, die er für Bestechung ausgegeben hatte. Mit Geld und Würdenverleihungen förderte er den Abfall der Adeligen vom reformierten Bekenntnis. Aber auch die veränderten sozialen Strukturen zwangen den Adel, sich vom Hof engagieren und besolden zu lassen. Dadurch wechselten die Einzelnen vom Feudaladel zum Hofadel. Sie fügten sich der Religion des Königs.

Die Calvinisten sahen mit Bestürzung, wie auf diese Weise viele Mitglieder jener großen Familien, die einst ihr Stolz und ihre Stütze gewesen waren, in den Schoß der seligmachenden Kirche zurückkehrten. Zu ihnen gehörten auch die Herzöge de Rohan, aus deren Familie später in Folge drei Bischöfe hervorgingen, die nach Straßburg entsandt wurden. Mit dem prachtvollen Rohan-Palais am dortigen Schlossplatz ist ihr Name heute noch in Erinnerung geblieben.

Dann begann die starke und kraftvolle Regierung König Ludwigs XIV. (1643/1661–1715). Der Ruhm, der ihn 50 Jahre umgab, und die herrlichen Feste eines galanten Hofes ließen das steife Wesen der Hugenotten in einem geradezu lächerlichen Licht erscheinen. Nach der Vorstellung der Zeit, „die Könige dieser Welt haben in gewisser Weise den Platz Gottes inne und sind dessen wirkliches Abbild auf Erden …", fühlte sich Ludwig als ausgeprägt absolutistischer Herrscher verpflichtet, die reformierte Lehre auszurotten. Hierin wurde er von dem Machtstreben seiner katholischen Berater, insbesondere von seinem Beichtvater und seiner bigotten Mätresse Marquise de Maintenon unterstützt (Françoise de Maintenon wurde 1635 im Gefängnis zu Niort als Enkelin von Théodore Agrippa d'Aubigné († 1630), dem berühmten Hugenottenführer und Vertrauten Heinrichs IV. von Navarra, geboren).

Gegen den Willen des Kardinals Mazarin, der die Freiheit der Hugenotten mit den Worten duldete, sein rotes Käppchen werde ihn nicht daran hindern, die Verdienste der Hugenotten anzuerkennen, erließ der König 1685 mit dem Edikt von Fontainebleau die Aufhebung des Ediktes von Nantes, das sein Großvater, Heinrich IV. de Navarra, 1598 als „unwiderruflich" verkündet hatte. Damit waren die Hugenotten in Frankreich rechtlos. Mit dieser Verordnung zwang die Regierung den Abtrünnigen den katholischen Glauben auf. Die Mehrheit beugte sich diesen Zwangsmaßnahmen. Doch es erwies sich schnell, dass die Neukonvertierten (N.C. = *nouveaux convertis*) schlechte Konvertiten waren. Wenn möglich, versuchten sie die katholischen Sakramente zu vermeiden. Auf dem Sterbebett lehnten sie die Absolution durch den Priester ab und bekundeten ihre Treue zur reformierten Religion. Das wurde mit der Konfiskation der Güter bestraft. Auch Marquise de Maintenon erwarb einige der im Namen der französischen Krone eingezogenen Hugenotten-Besitzungen.

Im Namen der Kirche tötete und verfolgte der König die Hugenotten, die fleißigsten und loyalsten Bürger seines Landes.

Das konsequente, harte Vorgehen hatte sich bereits ab 1679 erkennen lassen. Vorausahnend bereiteten progressive Calvinisten aus allen Beamtenpositionen eine frühzeitige Expedition ins Ausland vor. Zu diesem Zeitpunkt konnten sie noch ungehindert die Grenzen passieren und so Devisen, Wertsachen und Dokumente aus Frankreich in Sicherheit bringen.

1685, im Jahre des Widerrufes des Edikts von Nantes, begann eine der dramatischsten und grausamsten Glaubensverfolgungen und ereignete sich das größte französische Flüchtlingsdrama. Es sollen 300.000 bis 500.000 Flüchtlinge gewesen sein. Trotz Fluchtverbots unter Androhung von Galeerenstrafe für Männer und Gefängnis für Frauen ließen sich die Hugenotten nicht von den Gefahren schrecken. Die Flucht musste gut organisiert werden. Gemietete Führer (guides) leiteten die Flüchtenden über die stark bewachten Grenzen. Einige benutzten Fluchtnamen, um die zurückgebliebenen Familienmitglieder keiner weiteren Verfolgung auszusetzen. Wohlhabende, fleißige Reformierte flohen ins angrenzende Ausland bis nach Russland oder verließen Europa, zogen nach Amerika und Südafrika und gründeten dort Hugenottenkolonien. Der Schaden, den Frankreich durch den Verlust dieser produktiven Arbeitskräfte erlitt, war durch Generationen nicht gutzumachen. Das Land erlebte einen wirtschaftlichen Niedergang.

Wichtiger erschien der französischen Regierung aber, dass sie mit dem Widerruf das erhoffte Ende des Calvinismus in ihrem Land erreicht hatte. Für Frankreich war das Kapitel „Reformation“ abgeschlossen. Die totale Einheit des Staates hatte in der totalen Einheit des Glaubens ihre Entsprechung gefunden: *un roi, une loi, une foi dans le royaume*! Ein König, ein Gesetz, eine Religion im Königreich.

Wenn später von Hugenotten die Rede war, dann ausschließlich von ihrer Flucht ins Ausland, ins Exil. Die französische Öffentlichkeit befasste sich mit diesem Teil ihrer Geschichte wenig und hat auch niemals, auch nicht symbolisch, den Versuch einer Wiedergutmachung gemacht.

Was gab den Calvinisten die Kraft, acht Kriege im eigenen Land durchzustehen, über 120 Jahre Verfolgung und Demütigung zu ertragen, um schließlich doch die Heimat zu verlassen?

Was gab ihnen die Kraft zu der Treue zu der neuen „reformierten Religion“?

Diese Kraft liegt im Wesen des Calvinismus begründet. Nach der Lehre Calvins, der Prädestinationlehre, ist der Mensch von Gott zum Heil oder zur Verdammnis auserwählt. Gottes Wille beherrscht das ganze Leben. Da im Calvinismus das Wort lebendig wird: „Gott hilft dem, der sich selber hilft", ist jeder bestrebt, seine Erkenntnis durch Taten zu erweisen. Der ganz in seine eigene Verantwortung gestellte Calvinist muss unermüdlich an sich arbeiten. Das treibt ihn zu rastloser Tätigkeit, zu opferbereiter Einsatzfreudigkeit, die sich durch strenge Lebensführung, Disziplin und leistungsorientiertes Engagement auszeichnet. Durch diese Denkart verbindet der Calvinismus in besonderem Maße seine tiefe Frömmigkeit mit tüchtigem Geschäftssinn. Deshalb ist es verständlich, dass viele Vertreter von Handel und Gewerbe Anhänger des reformierten Bekenntnisses waren. Das wirkte sich nun für die Vertriebenen als gute Voraussetzung für einen Neubeginn in ihrem Exil aus. So war es ihnen möglich, in den Zufluchtsländern wie Phönix aus der Asche zu steigen. Zunächst war die Schweiz ihr Ziel. Genf, die Zentrale des Calvinismus, entwickelte sich zur hugenottischen Bankmetropole, die bis heute ihre internationalen Beziehungen aufrechterhalten konnte. Der Flüchtlingsstrom zog weiter. Frankfurt am Main und Den Haag waren die Drehscheiben. Von hier aus verteilten sich die *Réfugiés* (die Zuflucht Suchenden), wie sie sich jetzt nannten, überwiegend auf die Niederlande, England, verschiedene deutsche Staaten und deren Kolonialländer.

Einige deutsche Fürsten protestantischer Territorien planten die Aufnahme von Glaubensflüchtlingen, wurden jedoch von dem lutherischen Konsistorium gedrängt, davon Abstand zu nehmen, um den zugesicherten konfessionellen Status quo beizubehalten. Die lutherische Landeskirche sah in den französischen Calvinisten „gefährliche Ketzer" und vertrat die Meinung: „Lieber Türken im Land als die Reformierten!" So verkleinerte sich der Kreis derer, die eine Aufnahme zuließen. Kleinere Länder wie Hessen-Homburg, Baden-Durlach und die Pfalz, wie auch die Hansestädte Hamburg und Bremen bemühten sich, einige begüterte Emigranten anzusiedeln, in der Erwartung, durch sie ihre Macht und ihren Reichtum rasch zu vergrößern.

Die Freie Reichsstadt Nürnberg lehnte hugenottische Einwanderer innerhalb ihrer Mauern radikal ab. In Altbayern erwies sich das Prinzip der ausschließlichen Katholizität stärker als wirtschaftspolitische Erwägungen. Eine Entscheidung, die die ökonomische Entwicklung Bayerns bis in das 19. Jahrhundert nachhaltig beeinträchtigte.

Der Hohenzollernfürst Friedrich Wilhelm von Brandenburg-Preußen, „der große Kurfürst" (1640–1688), wie auch der Landgraf von Hessen-Kassel und der hohenzollernsche Markgraf von Ansbach-Bayreuth, sie gehörten ohnehin schon der reformierten, also der calvinistischen Konfession an, waren bereit, Tausende von Glaubensflüchtlinge aufzunehmen.

Nur drei Wochen nach dem Widerruf des Ediktes von Nantes, unterzeichnete Kurfürst Friedrich Wilhelm (am 8. November 1685) das Einladungs-Edikt von Potsdam, mit dem er etwa 20.000 Hugenotten eine neue Heimat bot. Das Edikt war aus bester Kenntnis der französischen Lage heraus lange vorbereitet und systematisch ausgearbeitet worden. Denn der Große Kurfürst betrieb seit etwa 1650 eine planmäßige Einwanderungspolitik. Alle verfolgten Konfessionsflüchtlinge fanden in seinem Land Aufnahme. Zunächst waren es die Hugenotten, 50 Jahre später (1732) wurden 20.000 Salzburger Protestanten in Ostpreußen angesiedelt. Er handelte nach dem Grundsatz, dass eine Vermehrung der Bevölkerung dem Land eine Vermehrung des Reichtums bringt. Schließlich war Deutschland als Folge des Dreißigjährigen Krieges (1618–1648) ausgeblutet und menschenleer. Es hatte mehr als ein Drittel seiner Bewohner verloren. Die Landesherren mussten Maßnahmen zum Wiederaufbau der Wirtschaft ergreifen. In der Provinz Brandenburg fehlte es an allem, an Menschen und Geld, an Fähigkeiten und Unternehmergeist. Nach dem verheerenden Krieg, der 1648 mit dem Westfälischen Frieden beendet wurde, lebten in der Residenzstadt der Hohenzollern statt 9000 (im Jahre 1600) nur noch 5000 Einwohner. Man zählte in Berlin 845 Häuser, von denen fast 300 zerstört und unbewohnbar waren.

Der Vorschlag der Brandenburg-preußischen Verwaltung lautete: Import von Menschen, denn Menschen sind Arbeitskräfte, Steuerzahler und Soldaten. Das Ziel war die Besiedlung der Städte und des „platten Landes“. Wenn die rückständigen deutschen Staaten in diesem Prozess der Arbeitskräftebeschaffung ein Chance gegenüber den calvinistischen Niederlanden, als dem gelobten Land der Universitäten, und gegenüber dem wirtschaftlich stark aufstrebenden England haben wollten, dann mussten sie den Flüchtlingen attraktive Angebote machen und verlockende Privilegien anbieten. Wer wollte schon in ein armes Land übersiedeln?

In 14 Artikeln sicherte die Regierung den Siedlern mietfreies Wohnen zu, schuldenfreie Grundstücke, kostenloses Baumaterial, Befreiung von allen Steuern, eigene Gerichtsbarkeit, Gleichstellung mit den Einheimischen, Beibehaltung ihrer Sprache und das Wichtigste: die freie Ausübung ihres

Glaubens. Die ersten Gottesdienste der *Réfugiés* fanden in Berlin in der Privatwohnung des Staatsministers und Generals Baron Gerhard Bernhard von Poellnitz († 1689) im kurfürstlichen Marstall statt.

1701 unterstützte König Friedrich I. (1688–1713, ab 1701 König) den Bau der ersten eigenständigen reformierten Kirche, des Französischen Domes, der in Berlin am Gendarmenmarkt steht. Damit festigte er gleichzeitig die calvinistische Minderheit im Land, der die Hohenzollern-Familie bereits angehörte. Kurfürst Johann Sigismund war 1613 als erster Hohenzoller zum calvinistischen – reformierten – Glauben konvertiert.

Den politischen Beobachtern der europäischen Szene war klar, dass derart weitgehende Privilegien nicht allein den reformierten Glaubensgenossen gelten konnten. Auch in den anderen aufnahmewilligen deutschen Ländern und Städten erfolgte nach ähnlichen Artikeln und Gesichtspunkten die Auswahl der Religionsflüchtlinge. Vorrangig war dabei die Förderung der wirtschaftlichen Entwicklung, Nachwuchspflege der Armee und Steigerung des Steueraufkommens. Deswegen schickten die Landesfürsten freiberufliche Werber zu den Drehscheiben des Flüchtlingsstroms, um dort die Emigranten auszuwählen, die ihren Vorstellungen entsprachen. Sie suchten Spezialisten von hohem Niveau, die bereits vertraut waren mit dem neuen westeuropäischen merkantilistischen Wirtschaftssystem.

Das entsprach in etwa der Idee der heutigen Green Card, der Suche nach Fachkräften, an denen es im eigenen Land mangelt. Landgraf Karl I. von Hessen-Kassel (1677–1730) richtete sich mit den Leitlinien seiner Einwanderungspolitik ausschließlich an Handwerker und Meister, die reich an Vermögen waren, um in seinem Land neuartige Manufakturen betreiben zu lassen. Der ankommende Flüchtlingsstrom wurde immer größer. Aber es waren vorwiegend Bauern und Intellektuelle. Juristen, Ärzte und Offiziere siedelten sich in Kassel an. Der Plan des Landgrafen hatte sich somit nicht ganz nach seinen Vorstellungen verwirklicht. Dadurch war er in finanzielle Not geraten. Die positive Entwicklung stellte sich erst in den nächsten Generationen ein.

Bei den Verhandlungen mit den jeweiligen Landesfürsten legten die *Réfugiés* ein hohes Selbstbewusstsein an den Tag. Sie sahen sich nicht als Hilfesuchende, sondern waren sich durchaus des Interesses bewusst, das ihrer Ansiedlung entgegengebracht wurde. Sie wussten, dass ihre Erfindungen und

Fachkenntnisse aus dem kulturell und wirtschaftlich überlegenen Frankreich eine Bereicherung für ihr Exilland darstellten. So verhandelten sie selbstbewusst mit den jeweiligen Fürsten und stellten Bedingungen.

In der Bevölkerung riefen die Ankömmlinge dagegen Abwehrreaktionen hervor. Selbst die kleinste Kolonie von 40 Siedlern in Pforzheim stieß auf heftigen Protest. In Berlin war zwischenzeitlich jeder fünfte Einwohner ein Hugenotte. Da wurde die Wohnraumbeschaffung zum Problem. Die Mitversorgung der Zugewanderten verursachte Lebensmittelknappheit, die wiederum eine Preissteigerung zur Folge hatte. Gerade da, wo die Vision der Landesfürsten Wirklichkeit geworden war, setzte die deutsche Kaufmannschaft den neuen Konkurrenten massiven Widerstand entgegen. Denn ohne Frage waren mit den modernen ökonomischen Verfahren der Fremden und deren Möglichkeiten die althergebrachten Produktionsmethoden und Produkte der Einheimischen nicht mehr gesichert. Die Zünfte fürchteten den Wettbewerb und versuchten die Einführung fremder Gewerbe zu verhindern. Es bedurfte einer gewissen Zeit der Gewöhnung, um die Bereitschaft zur Anerkennung und zum Konsum der neuen Industriegüter zu wecken.

Die anfänglichen Aggressionen gegen die Zuwanderer hatten zeitweise zu Gewaltakten geführt. Die jeweiligen Landesherren suchten solche Schwierigkeiten ohne großes Aufsehen zu vermeiden und entschlossen sich zur Anlage räumlich und verwaltungsmäßig selbstständiger Stadtteile oder zum Bau neuer Städte. Das entsprach einerseits dem Wunsch der Hugenotten, sich möglichst geschlossen als Kolonie anzusiedeln. Die Fürsten gewannen andererseits an Ruhm und Ansehen dadurch, dass sie in einem baufreudigen Zeitalter eine neue Stadt bauten. Da eine große Anzahl hugenottischer Architekten und Ingenieure im Dienst der Landesherren stand, ist es kein Zufall, wenn sich die für Frankreich charakteristische klare und akademisch kühle Architektur durchsetzte. Frankreich hatte im 17. Jahrhundert eine führende Stellung im Städtebau eingenommen und den neuen Stil einer Residenzstadt (Versailles) geprägt, den Deutschland im 18. Jahrhundert nachzuahmen und zu übertreffen suchte. Typische, von Hugenotten mitgestaltete Städte sind die Kasseler Oberneustadt, der Berliner Stadtteil Friedrichstadt mit dem Französischen Dom (auch Friedrichstadtkirche genannt), Bad Karlshafen an der Weser mit heutigem Hugenottenmuseum, Mülheim am Rhein, Freudenstadt und die Residenzstädte Mannheim, Neu Isenburg, Hanau und Erlangen. Soweit sie nicht im letzten Krieg zerstört wurden, machen sie den Geist des absolutistischen Zeitalters in der Regelmäßigkeit und Uniformität ihrer Straßenanlage deutlich. In den übrigen Gebieten, besonders in Süddeutschland, gab man meist dem Barock den Vorzug.

Die zu Anfang mit Ablehnung behandelten neuen Mitbürger fanden am schnellsten in der Oberschicht Achtung und Anerkennung. Aus diesen Kreisen kamen auch die ersten positiven Urteile über sie. Wie es heißt, hätten die Hugenotten neue Ideen vom Handel mitgebracht. Berlin verdanke ihnen seine Polizei, gepflasterte Straßen und seine Wochenmärkte. Durch sie sei der Geschmack an Künsten und Wissenschaften zu ihnen gekommen und habe ihre rauen Sitten gemildert. Man sagt, die Hugenotten hätten Berlin zu dem gemacht, was es heute ist.

Die Intellektuellen hatten leichten Zugang zu hohen Positionen. Sie taten sich als Geistliche, Gelehrte und Künstler hervor. Mindestens ein Drittel der Professoren an den Akademien waren Hugenotten, denn der Calvinismus schenkte der Bildung höchste Aufmerksamkeit. Bedeutende *Réfugiés* zählten zu den Vertrauten Friedrichs des Großen. Alle Hohenzollern-Prinzen und Prinzessinnen seit Kurfürst Friedrich Wilhelm (1620–1688) erhielten Hugenotten als Lehrer und Betreuer. Seitdem gehörte es zu jedem guten Erziehungsplan der gehobenen Kreise, die Kinder auf französische Schulen und Mädchenpensionate zu schicken, die den deutschen Schülern offen standen.

Das preußische Heer nahm 500 Offiziere und 1000 Soldaten auf. Unter Friedrich Wilhelm, dem „Soldatenkönig" (1713–1740), erhielt Brandenburg-Preußen eine deutliche militärische Ausrichtung. Seine Armee war die drittgrößte im Europa des frühen 18. Jahrhunderts. Die ehemals französischen *Offiziere,* diese Bezeichnung wurde als Namens- und Rangbezeichnung aus der französischen Armee übernommen, trugen wesentlich zum neuen Militärsystem und der technischen Weiterentwicklung der Heeresorganisation und Kampfestechnik bei. Die Disziplin des hugenottischen Soldatentums hatte einen starken Einfluss auf die Ausrichtung der preußischen Armee.

Auch das Agrarwesen erfuhr durch qualifizierte Landwirte und Gärtner Fortschritte. Sie führten beispielsweise den Tabakanbau, die Seidenraupenzucht und die Zichorie ein. Die geröstete Zichorie diente als Kaffeeersatz oder *mocca faux*, der später die deutsche Aussprache Muckefuck bekam. Das leichte Weizenbier, als „Berliner Weiße" bekannt, ist ein Hugenottengetränk.

Das Fachwissen anderer Spezialisten lag auf dem Gebiet der Finanzverwaltung und des aufkommenden Manufakturwesens. Dieses reichte von Glasbläsereien über Papier- und Ölmühlen, bis hin zu Metallindustrie, Waffen-, Gold- und Silberschmieden. Die meisten der hugenottischen Gewerbetreibenden waren mit feiner Tucherzeugung und -verarbeitung und mit Hut-, Handschuh- und Strumpfmanufakturen befasst. Großaufträge kamen aus dem Militärbereich. Neu waren die künstlerischen Textilmanufakturen der Seiden- und Gobelinweberei. Ein Vorzug für die französischen Produzenten lag hierbei in ihrem Minoritätenstatus, der den einzelnen Unternehmern weitgehende Freiheit bei Aufbau und Durchführung ihrer Projekte bot. Nach calvinistischer Auffassung muss jeder eine feste Beschäftigung haben, mit der er Gott am besten dienen kann. Insofern widersprach es nicht ihrer Ethik, Kinder zum frühestmöglichen Zeitpunkt Gewinn bringend zu beschäftigen. Auf ausdrücklichen Wunsch hin wurden deshalb hugenottische Waisenkinder als Arbeitskräfte in den Manufakturen eingesetzt.

Manufakturen, große Handwerksbetriebe, das war die Zauberformel. So sprach man vom „Segen der Hugenotten", denn ihre entwicklungsfähigen Erfindungen und fortschrittlichen Techniken führten zu den späteren Fabriken, die im 19. Jahrhundert die wirtschaftliche Entwicklung in Deutschland beschleunigten. Der mit der Eigenproduktion verbundene Wegfall des Imports und der spätere Gewinn im Export bewirkten ein Wirtschaftswunder.

Die von Hugenotten geförderte Wirtschaft hat rückblickend zweifellos den Anschluss des ökonomisch rückständigen Deutschlands an die westeuropäischen Nachbarländer bewirkt und ließ Deutschland in die Reihe der Industrienationen treten. Dieser ökonomische Fortschritt wird als Vorbereitung der „Industriellen Revolution" des 19. Jahrhunderts und als Vorläufer des Kapitalismus angesehen. Die Gruppen der Arbeiter und Spezialisten waren die Wegbereiter der modernen Industriearbeiterschaft. Damals waren bereits die Anpassung an eine regelmäßige Arbeitszeit und die Unterordnung gegenüber Vorgesetzten in der Fabrik vorgeschrieben.

So kann man der Auffassung des Religionshistorikers Karl Holl zustimmen, der sagt: „Der Calvinismus ist, über seinen religiösen Bereich hinaus, ein ‚Völkererzieher' von weltgeschichtlichem Rang geworden."

Die jeweiligen Landesherren hatten also durch ihre Toleranz gegenüber den Flüchtlingen profitiert und bewiesen, dass nationale Unterschiede keineswegs Erschwernisse bedeuten müssen, sich im Gegenteil als fruchtbar für das Land erweisen können. Die *Réfugiés* hatten von dem kulturell und ökonomisch hohen Stand des Staates profitiert, der sie verfolgt und hinausgedrängt hatte. In der Fremde gerieten sie in die Rolle von Repräsentanten einer wirtschaftlich und kulturell fortschrittlichen Welt und kamen zu einem Ansehen, das mit dem Bild ihrer ursprünglichen Flüchtlingsexistenz nichts mehr zu tun hatte.

Damit begann aber auch ihre Identitätskrise. Das Leben in der Fremde, das Eingewöhnen im Exil, die Koexistenz mit protestantischen Gemeinden, mit Luxus und Wohlstand, all das ließ die strenge calvinistische Moral verflachen und führte zu einer Unfähigkeit, die selbst auferlegte Lebensstrenge über Generationen zu bewahren. Das hinterließ tiefe Spuren in der Trinität von Glauben, Arbeit und Genügsamkeit.

Die ersten Risse in ihrem alten Identitätsbewusstsein empfanden sie bei der Ankunft der Emigranten nach der französischen Revolution (1789–1799). Sie erkannten, wie viel sie von ihren Landsleuten trennte. Gleichzeitig wurde ihnen deutlich, dass ihre eigene Integration in den vergangenen hundert Jahren sehr viel weiter fortgeschritten war, als sie es sich bisher eingestanden hatten.

In den nächsten Generationen mehrten sich die konfessionell gemischten Ehen und damit die Übernahme der deutschen Sprache. Französisches Blut vermischte sich mit einheimischen Familien, zum Beispiel mit denen der Humboldts und Steins, der Scharnhorsts und Blüchers oder der Gneisenaus und Schills, um nur einige Namen zu nennen.

Für die Jugend bedeutete „Deutscher" zu werden, sich von der Strenge besonderer Verpflichtungen zu befreien, den Rigorismus der Väter aufzugeben und deren ernster, schlichter Lebensart eine leichtere vorzuziehen. Das führte zu heftigen Diskussionen.

Die Überzeugung einiger Hugenotten war, dass sie Fremdlinge im deutschen Land blieben, wenn die Nachfahren der *Réfugiés* die französische Sprache und Sitte beibehielten. Ihre Pflicht sahen sie deshalb darin, ihre Kinder nicht zu französischen, sondern zu deutschen Bürgern zu erziehen, da sie nun seit Generationen kein anderes Vaterland hätten als das deutsche Land.

Keiner der *Réfugiés* war bereit, sein neues Vaterland zu verlassen. Weder der Code Napoleon, der ihnen im Jahre 1802 aus staatsrechtlichem Interesse volle Gleichberechtigung zusicherte, konnte sie zur Rückkehr motivieren, noch Napoleons Angebot anlässlich seines Aufenthaltes in Berlin im Jahre 1806, ihnen die französische Staatsbürgerschaft anzutragen. Als er dort einen hugenottischen Pfarrer ansprach, er sei doch Franzose, weil er die Sprache so gut spreche, soll dieser die Antwort gegeben haben: „Nein, Sire, ich bin Preuße."

Die fortgeschrittene Integration rechtfertigte zu Anfang des 19. Jahrhunderts im gesamten Deutschland eine Neuordnung für alle Hugenotten. Bei der Umstellung der Verwaltungssysteme wurden ihre Privilegien und ihre juristische Exklusivität aufgehoben und ihre Kolonien im Zuge der Städteordnung gesetzlich eingegliedert.

Das wichtigste ihrer Privilegien, die Gottesdienste in ihrer Heimatsprache zu halten, hoben die französisch-reformierten Kirchengemeinden selber auf. In Königsberg wurde bis 1914 der Gottesdienst in französischer Sprache gehalten. Wenn auch das Ende der Kolonien gekommen war, der Geist der Kolonisten war nicht ganz geschwunden, wie ein alter Landwirt noch 1926 beweist, als er erzählt: „In unserem Hause sprechen wir immer deutsch. Aber beten, ja beten, das kann ich nur auf Französisch."

Die meisten der ehemals etwa 210 Hugenotten-Gemeinden in Deutschland gehören heute zu den jeweiligen Landeskirchen und sind entweder mit deutsch-reformierten, mit lutherischen oder unierten Kirchen vereint.

Das Traditionsbewusstsein der ursprünglichen Hugenotten scheint in den letzten Jahren wieder lebendig zu werden. Sie forschen nach ihrer Vergangenheit und erinnern sich mit Stolz ihres Symbols, des Hugenottenkreuzes. Seit 1688, drei Jahre nach Aufhebung des Edikts von Nantes, gilt es als Sinnbild der Hoffnung. Man wählte dazu den „Saint Esprit“, den Heiligen Geist als herabfliegende Taube. Zwischen den vier Armen des Kreuzes, das dem Malteserkreuz nachempfunden ist, bekunden die französischen Lilien die konfliktreiche Verbundenheit der Hugenotten mit dem französischen Königshaus und dem Vaterland.

Die einstige hugenottische Lebensart der Disziplin und Strenge lässt sich heute kaum noch vermitteln. Aber es bleiben die Familiennamen, die an eine hugenottische, französische Herkunft erinnern, wie zum Beispiel bei de Maizière, von Pelet-Narbonne, Charlier oder d'Aubigny. Viele wissen allerdings nicht mehr, dass sie hugenottischer Abstammung sind, sie fühlen sich als Deutsche, als Einheimische, wo auch immer sie leben. Reichskanzler Otto von Bismarck sprach von ihnen als den „besten Deutschen“.

Abb. 11: Reichskanzler Otto von Bismarck spielt mit Papst Leo XIII. um die Zukunft der katholischen Kirche im Deutschen Reich Schach

8

Der Kulturkampf

Bismarcks Kirchenkampf (1871–1887)

Der „Kulturkampf", eine preußische Idee, begann in dem denkwürdigen Jahr 1871, dem Gründungsjahr des zweiten Deutschen Reiches und der Kaiserproklamation. Dieses Deutschland, das aus 22 monarchischen Staaten und drei Stadtstaaten sowie dem Reichsland Elsass-Lothringen bestand, wurde am 18. Januar 1871 im Schloss zu Versailles zum Kaiserreich ausgerufen und mit der Verfassung vom 16. April 1871 formal gegründet. Dazu meinte der evangelische Oberkirchenrat J.A. Dorner kurz vor dem Staatsakt: „Das Heilige Römische Reich der Deutschen Nation musste fallen, damit Raum werde für ein wahrhaft nationales deutsches Kaiserreich." Geschlossen wählten die Fürsten, voran der König von Bayern, der mächtigste unter ihnen, den Deutschen Kaiser Wilhelm I. (1871–

1888), aber sie wählten erstmals in der Geschichte einen protestantischen Kaiser. Das waren ungeheure Einschnitte in die ein Jahrtausend alte abendländische Tradition.

König Wilhelm I. (1797–1888) ahnte, dass Preußen mit der Errichtung des Kaiserreiches den entscheidenden Kern seiner Souveränität an das Reich abgeben werde, als er vor seiner Krönung zum Deutschen Kaiser sagte: „Morgen ist der unglücklichste Tag meines Lebens. Da tragen wir das preußische Königtum zu Grabe."

Den ersten Schritt dazu machte der erste deutsche Reichskanzler Otto von Bismarck (1815–1898) mit dem von ihm angestrebten Kulturkampf, in dem der staatliche Einfluss im Bereich von Kirche und Gesellschaft zwar dauerhaft ausgeweitet wurde, der Preußen und das neue Deutsche Reich innenpolitisch aber stark belastete.

Was heißt „Kulturkampf"? Dieser Ausdruck wurde 1873 von dem preußischen Abgeordneten und Mitbegründer der Fortschrittspartei, Professor Rudolf Virchow (1821–1902, Anatomieprofessor), geprägt. Er fasste damit die Konflikte zusammen, die im Deutschen Reich zwischen katholischer Kirche und Staat ausgebrochen waren. Gemeint war der Kampf für den Fortschritt von Wissenschaft und neuer Technik durch Ausschaltung der als freiheits- und fortschrittsfeindlich geltenden katholischen Kirche aus dem öffentlichen Leben. Von Gegnern wurde der Begriff spöttisch in den Gegensinn „als Kampf wider die Kultur" umgedreht.

Das 19. Jahrhundert war sozialpolitisch von den modernen Ideologien des Materialismus und Kapitalismus, der Industrialisierung und Technik geprägt. Die Wirtschaft fühlte sich einer neuen Idee verpflichtet, die der alten Kultur und Tradition der katholischen Kirche entgegentrat.

Es zeigte sich, wie die Macht, die den Geist des Menschen bewegte, auch das Leben des Staates veränderte. Unter dem Druck einer antichristlichen Volksströmung verlagerten sich die Auseinandersetzungen zwischen Staat und Kirche auf eine politische Ebene.

In den Städten zeichnete sich eine Arbeiterschicht ab, mit der sich eine neue Bewegung von unten breit machte, die langsam aber sicher zum Durchbruch kam. Sie machte sich durch gefährliche Spannungen und Unruhen bemerkbar.

Dieser vierte Stand der Arbeiter und Proletarier war von Anfang an recht gut organisiert. Er wollte sich des Staates und der Kirche bemächtigen. Die Urkraft des Volkes aber war Rebellion, Freiheitsdrang, Unabhängigkeitswille und innere Selbstständigkeit. Damit bestimmte das Volk und schrieb vor, was es wollte. Im Jahre 1860 gehörten bereits rund 15 Prozent der Bevölkerung der Klasse der Fabrikarbeiter an.

Mit der Kirche hatten sie „nichts am Hut". Aus Sicht dieser Menschen gab es in der technologischen Kultur für religiöse Dimensionen keinen Platz mehr. Glaube und Frömmigkeit waren wie eine Ersatzreligion, ein bürgerliches Relikt der Vergangenheit, das sie für nicht mehr notwendig hielten. Jetzt bevorzugten sie weltliche Ideale wie Nationalbewusstsein und Unabhängigkeit und suchten nach dem irdischen Glück der Zukunft, wurden aber enttäuscht.

Nach anfänglicher Euphorie rückte das soziale Problem Maschine–Mensch bedrohlich näher, die Versklavung der ungeahnt anschwellenden Massen, mit der sich die Menschen der Biedermeierzeit auseinandersetzen mussten. Die Industriearbeiter lebten in unbeschreiblich armen Verhältnissen, eingepfercht in Mietskasernen oder Fabriken. Mehrere Familien hausten mitunter in einem einzigen Raum. Der Mietzins verschlang ein Viertel des Einkommens. Die Löhne standen im umgekehrten Verhältnis zur Länge des Arbeitstages. Mit dem Elend und den sozialen Nöten des Proletariats zogen am politischen Horizont revoltierende Massenbewegungen auf, die sich mit den Auffassungen des Antiklerikalismus und Atheismus verbanden.

Die Kirche hatte den gravierenden Faktor der Arbeiterbewegung übersehen. Sie stand diesem Phänomen und der neuen Form der Armut hilflos gegenüber. Unvorbereitet trat sie diesen menschlichen Problemen entgegen, als sie erschrocken feststellte, dass die bewährten Organisationsstrukturen nicht mehr funktionierten. Zu lange hatte sie aufgrund ihrer Geschichte ihre traditionell-konservativen Anschauungen vertreten. Da hatten schon längst mutige Katholiken Eigeninitiativen für ein weltoffenes, menschliches Christentum ergriffen und sich vor Ort der Nöte des Arbeitervolkes angenommen. Religiöse Gemeinschaften wie die Kolping-Brüder (1849), die Salesianer mit Don Bosco (1859), die Steyler Missionare (1875) und die Salvatorianer (1881) gaben eine stille Antwort auf die Notlage.

Diese kirchliche Unsicherheit ließ aber auch in fieberhaft-religiösem Aufbruch Gruppierungen entstehen wie die Mormonen (1830), die Zeugen Jehovas (1870), die Heilsarmee (1865), die Neuapostolische Gemeinde (1863), die Christliche Wissenschaft (1875) und viele mehr. Zum Teil in Amerika gegründet, trafen diese in Deutschland schnell auf fruchtbaren Boden.

Gleichzeitig bildeten sich neue gesellschaftliche Kräfte, die sich als politische „Weltanschauungsparteien" organisierten. Die „Fortschrittspartei" (gegründet 1861) wollte die Kirche beseitigt wissen. Das Proletariat sammelte sich in der „Sozialistischen Arbeiterpartei" (gegründet 1875). Das protestantische Bildungsbürgertum und das industrielle Großbürgertum traten den „Nationalliberalen" (gegründet 1867) bei. Sie folgten den Parolen des auflebenden Liberalismus, der für Toleranz und Gewissensfreiheit eintrat und in der traditionellen Kirche ein reaktionäres Bollwerk sah, in dem sich alle Feinde des Fortschritts zusammenfanden. Für sie galten Katholiken als unaufgeklärt, ungebildet und rückständig im Vergleich zum Protestantismus. Dagegen betrachtet Papst Pius IX. (1846–1878) die Kirche als Schutzwall gegen die Moderne und verurteilte den Liberalismus als „zeitgenössischen Irrtum".

Mit ihrem Schlachtruf „Los von der Kirche" waren die Liberalen erfüllt von dem Willen, die Kirche aus dem öffentlichen Leben auszuschalten. Sie wünschten die Unterwerfung der Kirche unter den Staat als Nationalkirche und kämpften gegen den Vatikan und die ihn unterstützenden gesellschaftlichen Krafte.

Um diesem massiven Widerstand zu begegnen, war es für die Katholiken von besonderer Bedeutung, ihre Interessen auch in einer eigenen Partei zu vertreten. 1870 gründeten sie das „Zentrum", eine konfessionelle Partei, die es bis dahin noch nie gegeben hatte.

In dieser Zeit liegen die Anfänge unserer heutigen großen politischen Parteien.

Wenn sich auch in europäischen Nachbarländern eine ähnliche Entwicklung abzeichnete, wurden allein im Deutschen Reich harte Maßnahmen gegen die Kirche durchgesetzt. Die kirchlichen Angelegenheiten waren den Ländern vorbehalten. Besonders in Bayern, Baden und Hessen kam es zu heftigen Auseinandersetzungen, um befürchtete Einmischungen der katholischen Kirche abzuwehren. Das protestantische Preußen, das Land der Toleranz, das im 17. und 18. Jahrhundert Glaubensflüchtlinge wie Hugenotten und Salzburger Exulanten zu Tausenden aufgenommen hatte, zeigte sich jetzt als das Land der Intoleranz, das Katholiken, Sozialdemokraten und Polen verfolgte. Das Prinzip des preußischen Königs Friedrichs II., der Große genannt (1712–1786), „jeder soll nach seiner Fasson selig werden", hatte unter Fürst Otto von Bismarck keine Gültigkeit mehr.

Bismarck beherrschte in seiner Schlüsselposition als Reichskanzler und preußischer Ministerpräsident den Regierungs- und Verwaltungsapparat. Während er sich in der Außenpolitik zu einem Staatsmann von Weltrang entwickelte, konnte er sich in der Innenpolitik nicht von seiner konservativen Herkunft lösen. In protestantisch-staatskirchlichem Denken aufgewachsen, war für ihn die Verwirklichung eines einheitlichen neuen Reiches nur möglich, wenn die katholische Kirche sich dem Staatswillen ganz und ausschließlich unterordnen würde. Bismarck wollte den Katholizismus zurückdrängen und die Rechte der Kurie beschneiden, weil diese sich mit einer starken Antipathie gegen die Moderne, gegen alle geistigen und politischen Neuerungen stellte, die im Widerspruch zu christlichen Traditionen entstanden. Zudem fühlte er sich von der römischen Autorität in seinem Handeln beeinträchtigt, denn er sah in den politisierenden Kräften der Kirche eine Bedrohung seiner Machtsphäre. Im Gegensatz zu den früheren Fürstbischöfen, die gemeinsam mit dem Kaiser die Politik lenkten, weigerte er sich, der katholischen Geistlichkeit ein Mitspracherecht in weltlichen Fragen zuzugestehen.

In der Überzeugung, dem jahrhundertelangen Ringen der beiden Ordnungsgewalten ein Ende setzen zu müssen, festigte sich in ihm der Entschluss, die Trennung von Kirche und Staat herbeizuführen.

Im Grunde waren seine Gedanken über das Verhältnis von Staat und Papsttum keine neuen: Die geistliche Ordnung sollte im Wesen gebrochen und nur zum Schein belassen werden, dagegen sollte die weltliche allein den Menschen in seiner Ganzheit in Beschlag nehmen. Hatten so nicht schon die Kaiser durch Jahrhunderte versucht, den Stuhl Petri zu nutzen oder ihn zu bezwingen?

Bismarck erklärte der Kirche den geistigen Krieg.

Der Investiturstreit des 19. Jahrhunderts, die Auseinandersetzungen zwischen Bismarck und der Kurie, wirkte sich folgenschwer und nachhaltig aus.

Nach dem siegreich beendeten deutsch-französischen Krieg (1870/71) setzte man nach jahrelangem Ringen die so genannte „kleindeutsche Lösung" durch. Man stimmte für den Ausschluss des katholischen Österreichs aus dem Deutschen Bund und nahm lieber ein kleines Deutschland in Kauf als ein Land, in dem der Katholizismus überwiegen würde. Mit der kleindeutschen Lösung – unter preußischer Hegemonie – war die deutsche Einigung im Sinne Bismarcks vollendet.

Doch diese Entscheidung wurde für ihn zum Problem und damit zu einer der drei entscheidenden Ursachen, die den Realpolitiker zu einem Machtkampf mit der katholischen Kirche herausforderten.

Nun musste Bismarck in erster Linie einen Zusammenschluss zwischen den katholischen Ländern, die an Preußen angegliedert worden waren, wie Polen, Schlesien, Westfalen und die Rheinlande, und den besiegten Nachbarstaaten Österreich und Frankreich (aus den Kriegen 1866 und 1870/1871) in Form einer „katholischen Revanche-Koalition" verhindern. Durch diese Gebiete mit ihrem besonders hohen katholischen Bevölkerungsanteil begann der Katholizismus für ihn zum Problem zu werden. Sie galten für ihn als Reichsfeinde. Die Regierung fühlte sich zu durchgreifenden Maßnahmen gezwungen.

Für die katholischen Länder aber bedeutete die Auseinandersetzung des protestantischen Preußens mit der römisch-katholischen Kirche ein Ringen um die eigene Freiheit.

Später äußerte Bismarck: „Den ganzen Kulturkampf konnten wir entbehren, wenn die polnische Frage nicht daran hing, die ihren Ausgangspunkt bei der Abteilung für katholische Angelegenheiten in Berlin hatte." Diese Behörde, die schon seit 1848 bestand, hatte sich nach und nach zu einem römischen Organ entwickelt und vertrat in Bismarcks Augen ihre Interessen gegen Preußen. Sie wurde aufgehoben.

Den zweiten ausschlaggebenden Grund zur Entfachung des Streites bot der Vatikan. In der sich verändernden Welt, die gegen jede Autorität ankämpfte und völlige Bindungslosigkeit anstrebte, stellte die Kirche das

Dogma von der Unfehlbarkeit des Papstes auf. Mit dem päpstlichen Erlass von Pius IX. war nicht nur die „Unfehlbarkeit“ gemeint. Mit dem Dogma wollte das Vatikanum vielmehr eine Neuordnung der Verhältnisse zwischen der Kirche und dem Staat erzwingen. Dabei war es ein merkwürdiger und weit tragender Zufall, dass die Verkündung des Dogmas zeitlich mit dem Ausbruch des deutsch-französischen Krieges zusammenfiel. Es war der 19. Juli 1870. So wurden die schon so lange schwelenden Differenzen zugleich durch den Vatikan und durch diesen Krieg auf den Höhepunkt getrieben. Die katholische Kirche geriet in ein Spannungsverhältnis zu der neuen nationalen Staatenwelt. Damit fanden sich die deutschen Katholiken jetzt in einer Verteidigungssituation wieder. Vergeblich hatte sich der streitbare Mainzer Bischof von Ketteler (1850–1877), der für die Loslösung der Kirche vom Staat eintrat, Pius IX. zu Füßen geworfen und ihn angefleht: „Der Vater der katholischen Welt möge der Kirche und dem Episkopat durch Nachgiebigkeit Frieden und die verlorene Einigkeit wiedergeben.“ Er erreichte nichts.

Eine Auseinandersetzung war unvermeidbar; auch bei vielen Bischöfen und Theologen, die ihre Anfangsschwierigkeiten mit dem Dogma hatten. Schließlich fügten sich aber alle Bischöfe der päpstlichen Weisung.

Damit war der absolute Gehorsam des Klerus gegenüber dem Papst verbunden und für die Zukunft in einer Weise gesichert, die vor der Säkularisation undenkbar gewesen wäre.

Ein großer Widersacher blieb Ignaz von Döllinger, Theologieprofessor und Stiftspropst von St. Cajetan in München. Er wurde zum geistigen Haupt der „Altkatholiken“, die gegen das Dogma, gegen die neuen vatikanischen Glaubenssätze und damit für die „alte“ Kirche eintraten. Bismarck unterstützte diese antivatikanische Bewegung, von der er sich Hilfe zur Verwirklichung seiner Vorstellung von einer romfreien deutschen Nationalkirche erhoffte. Der verärgerte Vatikan forderte daraufhin die Regierungen auf, die Altkatholiken als staatliche Beamte aus ihren Diensten zu entlassen. Bismarck empfand diese kirchliche Einmischung als einen Machtanspruch auf die Oberherrschaft des Staates und sah sich zum Angriff herausgefordert.

Der dritte und sehr wichtige Auslöser für den Kulturkampf war der Einzug der Oppositionspartei „Zentrum“ in den Reichstag. Sie hatte sich aus der Verteidigungssituation heraus gebildet und war eine ausschließlich katholische Fraktion mit dem Ziel, die bedrohten staatsbürgerlichen Rechte und kirchlichen Freiheiten zu verteidigen. Die bloße Existenz dieser katholischen Partei trug maßgeblich zum Ausbruch des Kulturkampfes bei. Bismarck nahm den Fehdehandschuh auf und leitete die ersten Kampfmaßnahmen ein, weil ihm die staatliche Sicherheit durch einen politischen Katholizismus, der sich auf Reichsebene ausdehnte, gefährdet erschien.

Aus Bismarcks religiöser Einstellung und aus seiner Staatsauffassung heraus war er ein grundsätzlicher Gegner des politischen Katholizismus, dem er einen Krieg mit dem Ziel der völligen Ausgrenzung ansagte. Für ihn waren die Festigkeit der monarchischen Staatsautorität und die Sicherheit des nationalen Staates vorrangig.

Der Kanzler führte den Kampf mit der ihm eigenen Härte. Damit begann 1871 einer der erbittertsten internen Kämpfe, der Kampf des Staates gegen die Geltungsansprüche des römischen Stuhles und gegen die von ihm abhängigen Parteien, die in politischen Fragen, so hieß es, im Interesse des Papstes anstatt im Interesse des Vaterlandes agierten.

Dieser Kampf beeinträchtigte die Innenpolitik, die ohnehin schon von gesellschaftspolitischen Veränderungen wie Industrialisierung, Liberalismus und Marxismus erschüttert war, negativ. Für Bismarck, den protestantischen Staatsmann, handelte es sich im Kompetenzkampf zwischen Preußen und der Kurie nicht um den Kampf zwischen Glauben und Unglauben, wie er wörtlich im Preußischen Herrenhaus erklärte, sondern „um den uralten Machtstreit, der so alt ist wie das Menschengeschlecht, um den Kampf zwischen Königtum und Priestertum." Und so begründete er auch seine Kriegserklärung: „Das Papsttum ist jederzeit eine politische Macht gewesen, die mit großer Entschiedenheit und dem größten Erfolg in die Verhältnisse dieser Welt eingegriffen hat. Der Kampf des Priestertums mit dem Königtum, in diesem Falle mit dem deutschen Kaiser, wie wir ihn schon im Mittelalter gesehen haben, ist wie jeder andere Kampf zu beurteilen. Er hat seine Bündnisse, Friedensschlüsse und Waffenstillstände."

In diesem Kampf gingen beide Mächte ihre Bündnisse ein. Bismarck, der konservative Monarchist, gewann den zunächst widerstrebenden Kaiser.

Innenpolitisch stützte er sich auf die Konservativen und die nationalliberale Partei. Ein Bündnis mit der Partei der Liberalen ging er nur ein, um diese als stärkste Partei zu nutzen, die ihm die parlamentarische Mehrheit garantierte. Den Kanzler aber mit den kirchlichen Zielen der Liberalen zu identifizieren, wäre eine völlige Verkennung seiner Persönlichkeit. Auch die Altkatholiken hofierte er nur, um auch sie gegen die Macht der Kirche einzusetzen.

Darüber hinaus sah sich Bismarck mit zwei ganz neuen politischen Parteien konfrontiert: den Sozialdemokraten und dem konfessionellen Zentrum. Sie waren zwar nach dem demokratischen Wahlrecht Reichsparteien, aber Bismarck nannte sie Reichsfeinde und begründete ihre angebliche Reichsfeindschaft mit ihren grenzüberschreitenden Verbindungen. Gegen die sozialistische Arbeiterpartei, die immer stärker wurde, hegte er eine tiefe Abneigung wegen ihres internationalen Bekenntnisses zum Marxismus und ihres revolutionären Auftretens.

Das Zentrum war die Partei der deutschen Katholiken, die unleugbar einer übernationalen Gesellschaft angehörten. Das Zentrum fühlte sich dem Papst verpflichtet und war stark nach Rom orientiert. So nannte man sie die „Ultramontanen", die sozusagen über die Berge hinweg auf Rom schauen. Der Parteityp des Zentrums war ein ganz neuer, der Bismarck unheimlich war. Es war keine Klassenpartei, so wie die Konservativen, die Partei, der vorwiegend der Adel zugehörte, oder wie die Liberalen, die Partei des aufstrebenden, vorwiegend protestantischen Bürgertums. Selbst die Sozialdemokraten waren zunächst eine reine Arbeiterpartei. Das Zentrum dagegen war klassenumfassend. Es gab katholischen Adel, es gab ein starkes katholisches Bürgertum und natürlich auch katholische Arbeiter. Das Zentrum versuchte alle Klassen zu integrieren. Das war neu. Diesen Typus von Partei hatte es bis dahin in Deutschland und auch in Europa noch nicht gegeben: eine Volkspartei. Das Zentrum ist ohne Zweifel der historische Vorläufer der heutigen christlichen Unionsparteien. Für Bismarck schien diese Partei wie ein Staat im Staat zu sein, der die Konsolidierung des Reiches bedrohte. Ihr leidenschaftlicher Führer Ludwig Windthorst (1812–1891), die „kleine Exzellenz", verstand es mit taktischer Geschicklichkeit, kirchlichen Gehorsam von politischer Entscheidungsfreiheit zu trennen. Als das Zentrum die Wiederherstellung des 1870 von Italien aufgehobenen Kirchenstaates und die Übernahme der kirchlichen Grundrechte in die neue Reichsverfassung (vom 16. April 1870) forderte, sah Bismarck das als „Einschränkung seiner Macht- und Souveränitätssphäre“ an. Diese katholische Partei war ein Feind des Reiches, der ausgegrenzt, parlamentarisch isoliert, gesellschaftlich geächtet und vernichtet werden musste. Er brachte das in seiner Rede am 30. Januar 1872 zum Ausdruck: „Ich halte es als eine der ungeheuerlichsten Erscheinungen auf politischem Gebiet, dass sich eine konfessionelle Fraktion in einer politischen Versammlung bildet, eine Fraktion, der man nur die Gesamtheit einer evangelischen Fraktion gegenüberstellen müsste. Meine Stellung zu der Frage darf keine konfessionelle sein; sie ist eine rein politische.“

Einen „Affront ersten Ranges“ gegenüber dem Vatikan erreichte Bismarck mit der Nominierung eines anti-montanen, das heißt mit der Kurie zerstrittenen Kardinals als ersten Gesandten der neuen Reichsvertretung am Heiligen Stuhl. Es war Prinz Gustav von Hohenlohe-Schillingsfürst.

Der empörte Vatikan hob ein Jahr später die Reichsvertretung auf. In diesem Zusammenhang äußerte Bismarck den berühmt gewordenen und stolzen Ausspruch: „Nach Canossa gehen wir nicht – weder körperlich noch geistig.“ Er spielte damit auf die Unterwerfung König Heinrichs IV. an, der 1077 auf der Burg Canossa von Papst Gregor VII. die Aufhebung des Kirchenbannes erbat.

Strategisch ließ der Reichskanzler keinen Zweifel daran, dass es ihm um die Verdrängung der katholischen Kirche aus der politischen Gesellschaft ging. Er weigerte sich, katholischen Geistlichen ein Mitspracherecht in weltlichen Fragen zuzugestehen.

Sein Ziel suchte er mit Hilfe seines neu ernannten radikalliberalen Kultusministers Adalbert Falk durchzusetzen. „Was erwartet man von mir?“, fragte Falk den Reichskanzler bei seiner Amtsübernahme. „Die Rechte des Staates der Kirche gegenüber wiederherzustellen und zwar mit möglichst wenig Geräusch“, war die Antwort. Doch beide hatten verschiedene Auffassungen. Falk ging vom rein juristischen Standpunkt an die Aufgabe heran, während der Kanzler sie politisch-diplomatisch behandeln wollte und selbst auch in diesem Sinne vorging.

Falk erließ eine Flut von Gesetzen. Am 10. Dezember 1871 begann er seinen Auftrag mit dem „Kanzelparagraph“, der den Geistlichen bei Androhung von Haftstrafe verbot, von der Kanzel herab politische Predigten in einer den „öffentlichen Frieden gefährdenden Weise“ vorzutragen. Ausgerechnet der Kultusminister des katholischen Bayern, Johann Lutz, brachte diesen Antrag mit der Bemerkung ein: „Wer soll denn Herr im Staat sein, die Regierung oder die römische Kirche? Kein Staatswesen hat Bestand, in welchem zwei Regierungen nebeneinander bestehen, noch viel weniger dann, wenn die beiden Regierungen sich untereinander bekriegen.“

Ansonsten beteiligte sich die bayerische Regierung nicht an dem Streit zwischen Preußen und der Kirche.

Dem Kanzelparagraph folgte 1872 das „Schulaufsichtsgesetz“, mit dem der Kirche der Einfluss auf die Jugend entzogen wurde. Etwa 1000 Angehörige von katholischen Orden und Kongregationen wurden aus dem Schuldienst entfernt. Die mit den neuen Schulgesetzen verbundene Förderung der Elementarbildung führte zu offen ausgetragenen Divergenzen der unterschiedlichen Interessen zwischen den Großagrariern und den Industriellen. Die konservativen Großgrundbesitzer sahen durch eine Erweiterung der Bildung und der Kritikfähigkeit der breiten Masse die bestehende Gesellschaftsordnung gefährdet. So wird ein hinterpommerscher Gutsbesitzer zitiert: „… die Arbeiter werden zu klug; glauben Sie mir, die Schulbildung ist die Ursache aller großen sozialen Übel.“ Dagegen forderten die Vertreter der Großindustrie als wirtschaftliche Notwendigkeit eine Ausweitung der Ausbildung. Neue Universitäten und Technische Hochschulen entstanden.

Mit dem „Jesuitengesetz“, ebenfalls 1872, verwies der Staat zunächst alle Mitglieder der *Societas Jesu* aus dem Reich. Es folgte unmittelbar das „Klostergesetz“, das die Auflösung aller Ordensgemeinschaften verfügte, außer den krankenpflegenden, denn viele Schulen lagen in den Händen katholischer Orden.

Ab Mai 1873 verschärften die neun so genannten „Maigesetze“ den Konflikt. Diese unterwarfen die Kirche einem geschlossenen System staatlicher Aufsicht. Sie legten die Überwachung des katholischen Vereins- und Pressewesens, der Priesterseminare und deren Organisation fest.

Die Kampagne setzte sich fort mit der staatlichen Kontrolle aller Konfessionsschulen und der staatlichen Anstellung aller Geistlichen, der Ernennung der Bischöfe und der Verwaltung erledigter Bistümer.

1874 wurde die Zivilehe eingeführt. Die standesamtliche Eheschließung wurde zum Gesetz und verdrängte damit die kirchliche Trauung als Notwendigkeit. Damit wurde die Tradition der Kirche weiter erschüttert. Als das Königreich Preußen die christliche Kindererziehung in konfessionsgemischten Ehen durch ein behördliches Diktat regeln wollte, bezogen die deutschen Bischöfe und katholischen Laien dagegen klare Front. Diesen Vorstoß hatte Preußen Jahre zuvor bereits im katholischen Rheinland versucht. Damals protestierte der Erzbischof von Köln, Klemens August Freiherr Droste zu Vischering (1835–1845), der sich auf keinen Fall den preußischen Forderungen unterwerfen wollte. Als er vehement für die freie Entscheidung der religiösen Kindererziehung in Mischehen kämpfte, wurde er verhaftet und saß von 1837 bis 1839 in der Festung Minden ein.

Nach diesen bedauerlichen „Kölner Wirren" suchte Friedrich Wilhelm IV., König von Preußen (1840–1861), nach einer Wiedergutmachung und ergriff 1840 die Initiative zur Fertigstellung (1880) des Kölner Domes, der seit 300 Jahren unvollendet geblieben war. Zurück blieb der schwarze Preußenadler als Ausdruck staatlicher Macht, der bei der Grundsteinlegung 1842 im Beisein des preußischen Königs an der Spitze eines Baukrans über den unvollendeten Türmen schwebte. Der hölzerne Wappenvogel, mit einer Spannweite von 5 Meter, hängt heute in den weiten Räumen des Dachgestühls und ist dem Blickfeld des Dombesuchers entzogen.

Nationale Begeisterung und die Selbstdarstellung des deutschen Kaiserreiches waren Veranlassung, den Dom zum Nationaldenkmal der Deutschen zu erheben.

Die katholischen Rheinländer litten sehr unter der dominanten Politik Preußens. Das erlebte Kaiser Wilhelm II. (1859–1941) noch als Student in Bonn. Er schrieb hierüber: „Die konfessionelle Kluft wirkte so trennend, dass ich vom rheinisch-westfälischen, ultramontanen Hochadel auf der Jagd direkt boykottiert wurde."

In Folge der Maigesetze hatte Preußen bis zum Jahre 1878 sechs Bischöfe staatlich abgesetzt und fünf inhaftiert. Mehr als 2000 Geistliche wurden zu Geld- und Gefängnisstrafen verurteilt und insgesamt 296 Ordensniederlassungen mit rund 4000 Mitgliedern aufgehoben. Ab 1881 blieben 24 Prozent der Pfarreien unbesetzt. Die Kirchenorganisation in Preußen war faktisch zerstört, die pastorale Situation desolat.

Dennoch hatte Bismarck sein Ziel verfehlt. Er und die Feinde des Papsttums hatten den kirchlichen Oberhirten nur als politischen Gegner betrachtet, behandelt, bekämpft, besiegt. Das Papsttum ist aber auch eine geistige Macht, dessen Wurzeln auf einem historischen Ereignis beruhen, das nicht seinesgleichen in der Geschichte hat. Von seinem Ursprung her ist es die älteste Herrschaft der Welt, eine Herrschaft eigener Gattung mit dem Charakter einer weltumspannenden Einheit. Das ist etwas anderes als jede weltliche und politische Form der Führung und Verwaltung menschlicher Gemeinschaften.

Die Herausforderung der sozialen Umbrüche der Zeit hatte die Kirche zu einer Verinnerlichung und Stärkung geführt. Von da her kamen Kräfte der Regeneration und Opposition. Der Vatikan reagierte mit unerwartet hartem, passivem Widerstand. Schon 1872 rief er die deutschen Katholiken zur Verweigerung der staatlichen Vorschriften auf. Episkopat, Klerus und Kirchenvolk schlossen sich im Zentrum und im „Verein deutscher Katholiken" noch enger zusammen. Das konnten auch die Maigesetze nicht verhindern. Ein steiler Aufstieg der katholischen Presse und eine massive Mobilisierung zugunsten der katholischen Partei ließen das Zentrum für viele Jahre die stärkste Fraktion bilden. Hermann v. Mallinckrodt, Mitstreiter Windthorsts in der Zentrumspartei, sprach das in seiner berühmten Rede vom 25. April 1874 deutlich aus: „Der Grund, weshalb den Forderungen der preußischen Regierung ein so entschiedener Widerspruch von kirchlicher Seite entgegengestellt wird, liegt darin, dass die Staatsgewalt das selbstständige Recht der Kirche schlechthin negiert und die Forderung stellt, die Kirche soll anerkennen, dass sie dem Staat gegenüber rechtlos sei, dass sie zur unbedingten Unterwürfigkeit verpflichtet sei … Darauf, meine Herren, kann sich freilich eine Kirche, deren Alter Tausende von Jahren zählt, die älter ist als irgendein bestehender Staat der Welt, nicht einlassen … Diesen Selbstmord wird die Regierung der katholischen Kirche vergeblich zumuten."

1875 erließ Papst Pius IX. die Enzyklika *Quod numquam* an die preußischen Bischöfe, worin er die kirchenfeindlichen Gesetze für nichtig erklärte und allen mit der Exkommunikation drohte, die ein Kirchenamt ohne bischöfliche Berufung annähmen. Bismarck reagierte mit dem „Brotkorbgesetz", der Sperrung aller Staatsleistungen gegenüber den Inhabern von Bistümern und Pfarreien, die sich nicht zum Gehorsam gegenüber den Staatsgesetzen verpflichteten.

Die Gemüter hatten sich so weit erhitzt, dass sich ein fanatischer Katholik am 13. Juli 1874 in Kissingen zu einem Pistolenattentat auf Bismarck hinreißen ließ.

Die Gegenkräfte wirkten auf Bismarck so stark, dass er resignierte und einlenkte. Er musste eingestehen, dass die Verfassungsmäßigkeit der Kulturkampfgesetze zweifelhaft und das polizeistaatliche Vorgehen erfolglos geblieben war.

Damit begann ab 1876 eine innenpolitische Umorientierung des Reichskanzlers: weg von den Liberalen. Darauf folgte der Rücktritt seines Kultusministers Falk. Eine Entspannung bahnte sich an. Bismarck gab immer deutlicher zu, mit der Kampfpolitik einen Irrweg eingeschlagen zu haben.

Das ursprüngliche Ziel des Kulturkampfes, die katholische Kirche zu überwinden, hatte er nicht erreichen und das Zentrum nicht zerschlagen können. Er hatte offensichtlich die Macht der konfessionellen, der sozialistischen und der demokratischen Bewegungen unterschätzt. Und hier lag wohl die Tragödie des großen politischen Genius. Ihm war zu spät klar geworden, dass das Schwergewicht der großen Politik sich aus dem staatlichen und außenpolitischen Bereich allmählich in den sozial-kulturellen und innenpolitischen Bereich verschoben hatte. Er stand gegen eine neue Zeitströmung, der die Zukunft gehörte. Für Bismarck war der Kulturkampf ein folgenreicher, ein schwerer, wenn nicht sein schwerster Fehler.

Am 8. Mai 1880 erklärte er vor dem Abgeordnetenhaus, er sei „todmüde geworden in diesem Kampf, in dem das Zentrum unüberwindlich ist".

Nach dem Wechsel auf dem Heiligen Stuhl im Februar 1878 brach der versöhnlich gestimmte Papst Leo XIII. (1878–1903) durch seine Aufgeschlossenheit mit der starren Haltung seines Vorgängers Pius IX. Das schuf die Voraussetzungen für eine schnelle Beendigung des Kulturkampfes.

Papst Pius IX. wurde am 3. September 2000 durch Papst Johannes Paul II. (1978–2005) selig gesprochen, nicht ohne Kritik aus dem Klerus, unter anderem wegen seines Verhaltens im Kulturkampf.

Diplomatische, geheime Verhandlungen zwischen Vatikan und preußischer Regierung erbrachten die ersten „Milderungs- und Friedensgesetze", die zur Beilegung des Kulturkampfes führten. Damit ging der geistige Krieg seinem Ende zu, der in drei ziemlich genau begrenzten Einzelphasen verlief: Der Auftakt war die Falk'sche Gesetzgebung mit dem Höhepunkt der Maigesetze. Er dauerte bis 1876 und war ein Triumph der Liberalen gegen die Katholische Kirche mit dem Ziel, diese aus dem öffentlichen Leben, aus der Politik auszuschalten. Die zweite Phase war die der Stagnation von 1876 bis 1880. Die dritte Phase schloss sich mit dem Abbau der Kulturkampfgesetzgebung an und beendete im April 1887 den Kulturkampf, den Kompetenzkampf zwischen Kirche und Staat.

Das Ergebnis dieses Kampfes war für Bismarck, den eingefleischten Konservativen und Protestanten, der in erster Linie aber Staatsmann war, ein Krieg ohne Sieger und Besiegte. Die Glaubwürdigkeit des Staates war zwar stark beeinträchtigt, und das Rechtsbewusstsein hatte gelitten, aber den Einfluss des Staates im Bereich von Kirche und Gesellschaft hatte er zum Teil dauerhaft ausweiten können. Darunter fielen das Schulaufsichtsgesetz und das Zivilehegesetz, beide blieben erhalten. Eine Ehe wurde künftig nicht mehr vor dem Priester, sondern vor einem Staatsbeamtem als gültiger Bund geschlossen. Das Jesuitengesetz hatte noch bis 1917 Bestand, und der Kanzelparagraph wurde erst 1953 aufgehoben. Dennoch erkannte Bismarck das von ihm begangene Unrecht und legte der katholischen Religion keine weiteren Fesseln mehr an.

Bismarck beendete den Streit und söhnte sich mit der katholischen Kirche aus.

In den letzten zehn Jahren seiner Kanzlerschaft (1880–1890), die von einer Wirtschaftskrise geprägt waren, regierte er mit den Konservativen und der einstigen Oppositionspartei, dem katholischen Zentrum.

Resigniert äußerte er: „Ich hoffe es auch noch zum Vertrauensmann der katholischen Kirche zu bringen. Nichts kann törichter sein, als mich für einen Feind des römischen Stuhls zu halten. Für mich ist der Papst an erster Stelle eine politische Figur, und ich habe einen angeborenen Respekt vor allen realen Mächten und Gewalten. Ein Mann, der über die Gewissen von zweihundert Millionen Menschen verfügt, ist für mich ein großer Monarch …"

Papst Leo XIII. zog die Bilanz, dass „der Kampf dem Staat geschadet und auch die Kirche belastet und das Verhältnis zwischen den Konfessionen nachhaltig beschädigt hat“.

Die katholische Kirche, nun von jahrhundertealtem Ballast politischer Verpflichtungen und Rücksichten befreit, hatte sich gegenüber dem modernen und stärkeren Staat in ihrer Selbstbehauptung als unüberwindlich erwiesen. Jetzt war sie gefordert, neue Chancen und Möglichkeiten für ihr Wirken in einer sich wandelnden Welt wahrzunehmen und ihre übernationale, überstaatliche und universale Bedeutung wieder zu erringen.

Der Papst legte nun die Strategie der Kirche für die Zukunft neu fest. Diese hatte nichts mehr zu tun mit der Vorstellung der Urkirche, nach der Petrus allein die beiden Schlüssel zur Führung anvertraut worden waren, auch nichts mehr gemein mit der frühmittelalterlichen Auslegung der „zwei Schwerter“, nach der das geistige der Papst und das weltliche der Kaiser gemeinsam zum Schutz des Volkes führten. Nein, jetzt sollten Kirche und Staat zwei vollkommen voneinander unabhängige Gesellschaften sein. Von den Katholiken verlangte er Gehorsam gegenüber dem Staat, der grundsätzlich nicht der Kirche untergeordnet sei, außer in Angelegenheiten, welche beide Gesellschaften zugleich betreffen.

Die Trennung von Kirche und Staat wollte er nicht.

Das heute geltende Staatskirchenrecht beruht auf den Bestimmungen der Weimarer Reichsverfassung von 1918. Danach sind Staat und Kirche prinzipiell voneinander geschieden. Ein unmittelbares Eingliedern der Kirche in Staatsangelegenheiten, das Unterwerfen der Kirchen unter die staatliche Aufsicht oder das staatliche Eingreifen in Lehre, Ordnung und kirchliche Betätigung im Bereich ihrer eigenen Angelegenheiten sind ausgeschlossen. Ausnahmen bilden Überschneidungen der Aufgabengebiete von Staat und Kirche im sozial-karitativen, kulturellen, wissenschaftlichen und im Bildungsbereich. In der modernen Staatslehre ist das Verhältnis von Kirche und Staat aber so geordnet, dass das Menschenrecht der Religionsfreiheit auf keinen Fall eingeschränkt wird.

Der Abschluss des sechsjährigen Kulturkampfes war eine große Leistung der klassischen Diplomatie, die nur durch menschliche Größe und Respekt der beiden Gegenspieler füreinander möglich werden konnte.

Die Selbstüberwindung Bismarcks, das Eingeständnis seines Fehlers und der entschlossene Wille, ihn mit seinen Geistesgaben wieder gutzumachen, verdienen ebenso Respekt wie die Weisheit, die Langmut, die Beharrlichkeit und Festigkeit des beeindruckenden Diplomatenpapstes Leo XIII.

Dieser Papst vereinte versöhnliche Haltung, taktische Gewandtheit und unerschütterliche Beharrlichkeit, mit denen er die Interessen der Kirche durchzusetzen verstand. Er zog einen ehrenvollen Ausgleich mit Bismarck der gefährlichen Versuchung eines „totalen" Sieges oder einer fanatischen Fortsetzung des Kampfes vor und sprach dem großen Gegner seine Achtung und Wertschätzung vorbehaltlos aus.

Damit hatte der Machtkampf 1887 durch hervorragende Schachzüge beider Kontrahenten ein respektvolles Ende in einem fruchtbaren Bündnis zwischen Kirche und Staat gefunden.

Abb. 12: Jude an der Klagemauer

9

Antijudaismus Judenverfolgung durch Jahrtausende (unter Ausschluss der NS-Verfolgung)

„Antijudaismus" bedeutet eine vorwiegend religiös motivierte Ablehnung des Judentums. Die historische Rückschau in eine über 3000-jährige antijüdische Vorgehensweise ist nicht zu verwechseln mit dem rassistischen Antisemitismus der jüngeren Zeit.

Ursprung und Grund der Judenverfolgung haben uralte Wurzeln. Der Blick zurück zeigt, dass die Geschichte des Judentums eine bewegende

Geschichte von Wanderung, Sklaverei, Isolation, Degradierung und Gefangenschaft ist.

Nach alttestamentlicher Überlieferung nennt Moses den Vater und Patriarchen Abraham, der in der Zeit zwischen 2166 und 1991 v. Chr. lebte, einen „umherirrenden Aramäer". In Abrahams Söhnen Ismael und Isaak liegt bereits die Trennung der späteren Religionen der Juden und Christen und der Muslime. Ismael, der ältere Sohn Abrahams, den seine Nebenfrau Hagar zur Welt gebracht hatte, wird der Überlieferung zufolge der Vorfahre einiger Stämme von Zentral- und Nordarabien, der so genannten Ismaeliten. Die Muslime betrachten sich als Nachfahren Ismaels. Abrahams rechtmäßige Frau war Sara. Sie galt als unfruchtbar, gebar aber als Antwort auf ihre Gebete später einen Sohn, Isaak. Isaak und sein Sohn Jakob werden als Väter jener Stämme angesehen, die sich zum Bund der Israeliten zusammenschlossen.

Wenn auch die Vorgeschichte unklar ist, spricht das Alte Testament von zwölf Stämmen, den Nachfahren der zwölf Söhne Jakobs, die sich als Nomaden Jahrhunderte später am Jordan niederließen. Einige, die der Gruppe des Sohnes Joseph zugerechnet werden, wanderten als Halbnomaden nach Ägypten.

Als sie sich dort in den friedlichen Jahren von 1810 bis 1446 v. Chr. als zu stark und eigenständig erwiesen, wurden sie als Fremde ohne Bürgerrechte eingestuft, versklavt und bei Bauprojekten der Pharaonen im östlichen Nildelta eingesetzt. Schließlich wollte sich Ägypten der Israeliten entledigen. Der Pharao befahl, alle israelitischen Jungen in den Nil zu werfen. Das Alte Testament spricht in diesem Zusammenhang von Gottes eingreifender Hand, um Israel zur Besinnung zu bringen. Das Volk hatte nämlich damit begonnen, den Götzen der Ägypter zu dienen (Jos 24,14; Hes 20,6–8). Gott wollte Israel durch Züchtigung zur Umkehr bringen.

Die Wurzeln des Antisemitismus sind also tief. Schon von den ersten Anfängen, als Israel sich als ein großes Volk zeigte, versuchte man es auszurotten. Das ist während seiner ganzen Geschichte so geblieben. Gottes auserwähltes Volk zu sein bedeutet neben dem Erfahren seines Segens auch Leiden. Gottes Segen erfuhr Moses, der als Kind der Ermordung in Ägypten entkam. Ihm trug Gott auf, die Israeliten aus Ägypten (Exodus 1446 v. Chr.) in das Land Kanaan zurückzuführen, in das spätere Palästina, um sich dort dauerhaft niederzulassen. Moses, Prophet, Religionsgründer und Führer des Volkes Israel, erlebte als Achtzigjähriger auf dem Berge Sinai nochmals Gott, der ihm zwei steinerne Tafeln mit zehn Geboten überreichte, die zum Gesetz der Israeliten wurden. Die Annahme der von Gott übergebenen Gesetzestafeln war gleichbedeutend mit der Annahme der ersten monotheistischen Religion. Aus dem Judentum, der ersten und ältesten der drei Offenbarungsreligionen, gingen später das Christentum und der Islam hervor. Sie alle beziehen sich auf Abraham und glauben an den einen gleichen Gott, ob sie ihn nun Jahwe, Gott oder Allah nennen.

Unter König David (1010–979 v. Chr.) und dessen Sohn Salomon (961–922 v. Chr.) erlebte das Königreich der Israeliten, ein Bezirk in Palästina, eine kurze Zeit des Friedens und des Wohlstandes. König David hatte Jerusalem, die stärkste Bastion Palästinas, erobert und zu seiner Hauptstadt gemacht. Nach dem Tod König Salomons wurde das Land geteilt in das Reich Israel im Norden und das Reich Juda im Süden.

586 v. Chr. überfielen die Babylonier das Land, erstürmten 597 v. Chr. Jerusalem, die Davidstadt, und zerstörten den dortigen Tempel. Die meisten Juden gerieten in Babylonische Gefangenschaft.

Als der persische König Kyros II. 539 v. Chr. Babylon eroberte, durften die Juden nach Judäa, so wie das alte Juda nun hieß, zurückkehren. Die Juden selbst schlossen die Zeit ihres Babylonischen Exils erst mit dem Bau eines zweiten Tempels in Jerusalem ab, den sie im Jahre 516 vor Christi Geburt bauten. Während der Zeit ihres Exils konnten sie ihre nationale und monotheistische religiöse Identität bewahren. Einige ihrer wichtigsten theologischen Schriften und viele historische Bücher des Alten Testaments haben sie in Babylon niedergeschrieben.

Durch seine günstige Verkehrslage, an der die Wege dreier Kontinente aufeinander treffen, war Palästina der Schnittpunkt religiöser und kultureller Einflüsse. Es war aber auch der Brennpunkt machtpolitischer Interessen und Ziel von Überfällen. Die Geschichte Israels ist deshalb nicht zu trennen von der Geschichte der umliegenden Völker.

Als sie im 3. Jahrhundert v. Chr. wieder einmal von ägyptischer Fremdherrschaft besetzt worden waren, beklagte sich der griechisch-ägyptische Priester und Historiker Manetho, dass „die Juden nicht mit uns essen oder trinken, sie nehmen keinen Anteil an unserem öffentlichen Leben, sie heiraten nur andere Juden und sie halten ihren einen Gott den unseren für überlegen. Sie wollen etwas Besonderes sein. Dieses umstürzlerische Volk, das die königlichen Erlasse missachtet, soll vernichtet werden." (Die Originalfassung seiner drei Bücher über ägyptische Geschichte, *Aigyptiaka*, ist nicht erhalten. Fragmente wurden von dem jüdischen Historiker Flavius Josephus (37/38 – ca. 100 n. Chr.), dem jüdischen Geschichtsschreiber, und den christlichen Theologen und Historikern Eusebios von Caesarea und Sextus Julius Africanus überliefert.) Spätestens ab jetzt vermischen sich politische Eroberungs- und Vernichtungskämpfe mit religiösem Unverständnis gegenüber der neuen monotheistischen Religion der Juden.

In den Jahren 168 und 166 v. Chr. veranlasste Antiochos IV. Epiphanes (um 215–164 v. Chr.), König von Syrien, in Jerusalem ein grausames Gemetzel. Nachdem er Jerusalem eingenommen hatte, versuchte er das Land zwangsweise zu hellenisieren, indem er den Jahwekult verbieten ließ. Dabei ließ er etwa 40.000 Juden ermorden und ebenso viele in die Sklaverei verschleppen. Seine Truppen entheiligten den Tempel, machten ihn zum Heiligtum des griechischen Gottes Zeus und opferten darauf „unreine" Schweine.

Zwischen 6–41 und ab 44 n. Chr. war Judäa römisches Protektorat. Unter Herodes dem Großen, dem wichtigsten Klientelfürsten, den die Römer im Jahre 40 v. Chr. zum König von Judäa (37–4 v. Chr.), ernannten, erlebte das Land eine Zeit des äußeren Friedens und großer wirtschaftlicher Blüte. Als Nichtjude heiratete er die Makkabäerin Mariamme, um seine Position bei den Juden zu festigen und die jüdische Opposition zu beruhigen. Obwohl er den jüdischen Kult nicht antastete, war er auf Grund seiner strengen Herrschaft bei den Juden als Fremder und Freund der Römer verhasst. Zu seinen grausamsten Maßnahmen gehört der ihm zugeschriebene Kindermord, mit dem er sich seinen Thron vor Jesus, dem neugeborenen Kind in Bethlehem, als dem geweissagten Thronfolger sichern wollte. Danach muss Jesus bereits 6–4 v. Chr. geboren sein. Unter seinem Sohn, König Herodes Antipas, trat Jesus als Prediger in die Öffentlichkeit. Wenn er sich selbst auch nie als „Messias" bezeichnet hat, wurde er doch von seinen Anhängern als der ersehnte „Messias" angesehen. „Messias" heißt der „Gesalbte". Dieser Begriff steht im Hebräischen für einen Königstitel, für einen von Gott gesalbten Menschen, der als Retter und Herrscher kommt, um das jüdische Volk politisch und militärisch von der Unterdrückung durch Fremdherrschaft zu befreien. Doch in Jesus, dem armen Wanderprediger, konnten die Juden nicht den erhofften Messias erkennen, der ihre politische Eigenständigkeit wiederherstellen könnte. Vielmehr sahen sie in Jesus von Nazareth den Anhänger einer Sekte, der zum Teil die jüdischen Gesetze missachtete. Jesus nannte sich zwar „König der Juden", nur sei sein Reich nicht von dieser Welt, weil er der Sohn Gottes sei. Das heißt, Gott kam nicht *als* Jesus, sondern *in* Jesus. Diese Erkenntnis ließ unter seinen Anhängern und damit im Neuen Testament immer häufiger neben Jesus die zusätzliche griechische Bezeichnung „Christos" auftauchen. „Christos" ist kein Name, sondern ein Titel und heißt der „Gesalbte". Die Übersetzung kommt aus dem hellenischen Kult und drückt im Gegensatz zum Hebräischen nicht die politische, sondern die übernatürliche Heilskraft aus, Seelen zu retten und die ganze Welt zu erlösen. Jesus *ist* Christos. Im lateinischen Glaubensbekenntnis wurde daraus „Jesus Christus".

Der jüdische Rat, in dessen Augen Jesus ein Rebell war, beschuldigte den 33-Jährigen der „Gotteslästerung" und übergab ihn dem römischen Tribunal, da er selbst keine Todesurteile verhängen durfte. Die Angst vor einem Aufstand in Jerusalem bewog den römischen Stadthalter Pontius Pilatus (26–36 n. Chr.), der Forderung des Volkes nachzugeben. Der Kreuzestod war bei den Römern eine übliche Strafe für Kapitalverbrechen. Jesu' Tod am Kreuz trug den Juden den Vorwurf ein, „Gottesmörder" zu sein, der von der Christenheit über Jahrhunderte aufrechterhalten wurde, bis sich Papst Johannes Paul II. (1978–2005) im Jahre 2000 dafür entschuldigte.

Kriege zwischen dem Römischen Reich und den Juden führten schließlich zur Zerschlagung des jüdischen Staates und Ausweisung des jüdischen Volkes. Um sich ständig gegen derartige Angriffe zu behaupten, waren die Juden nicht stark genug. Sie wählten deshalb den Weg des inneren Widerstandes. Das heißt, die meisten Juden waren eher bereit, für das Gesetz Gottes zu sterben, als nach den Gesetzen der Heiden zu leben. Tausende suchten im brennenden Tempel zu Jerusalem den Freitod, als dieser zweite Tempelbau 70 n. Chr. unter dem Oberbefehl des römischen Kaisers Titus völlig zerstört wurde. Über eine Million Judäer ermordeten die Römer und brachten anschließend die Menora, den siebenarmigen

Leuchter, als Beutegut im Triumphzug nach Rom. Der Titusbogen in Rom zeigt in seinen Reliefs die Eroberung und Vertreibung des jüdischen Volkes. 960 Männer, Frauen und Kinder flohen außerhalb von Jerusalem auf den Felsen der Festung Masada, die sich einst König Herodes für sich und seine Familie als Zufluchtsstätte hatte ausbauen lassen. Sie hielten dort einer zweijährigen Belagerung durch römische Legionen stand. Als die Festung 73 n. Chr. endgültig erobert wurde, spielte sich innerhalb der Mauern eine dramatische Selbstauslöschung ab, um sich der römischen Herrschaft zu entziehen. Flavius Josephus schildert die Einzelheiten: Die Männer töten ihre Frauen und Kinder. Anschließend erstechen zehn ausgewählte Männer ihre Kameraden, bis schließlich das Los einen von ihnen bestimmt, der die restlichen umbringt. Als letzter setzt er die Festung in Brand und stürzt sich in sein Schwert. Eine unheimliche Leere finden die römischen Soldaten bei der Eroberung vor.

Nach dem zweiten grausam niedergeschlagenen jüdischen Aufstand (135 n. Chr.) begann unter Kaiser Hadrian (117–138 n. Chr.) die große „Zerstreuung" des jüdischen Volkes (griechisch: diasporá). Bei Todesstrafe war den Juden jahrhundertelang verboten, die Stadt Jerusalem zu betreten. Judäa wurde jetzt in *Syria Palaestina* umbenannt. Die letzten Juden flohen, verbreiteten sich im ganzen Imperium Romanum, über Nordafrika nach Spanien, Frankreich, ins Rheinland bis nach England. Sie ließen sich meist in römischen Garnisonsstädten nieder und führten Handel. Noch bevor die Christianisierung einsetzte, lebten hier schon Juden. Köln wird als erste jüdische Gemeinde in einer Urkunde Kaiser Konstantins aus dem Jahre 321 belegt. In Mainz gründeten sie um 1000 die bedeutendste Hochschule.

Wo auch immer sich Juden niederließen, man geht von rund 1,5 Millionen Menschen aus, schufen sie Gemeinden mit einem starken inneren Zusammenhalt.

Sie lebten, den Weisungen der Propheten entsprechend, als zerrissenes Volk, als Außenseiter, als Minoritäten in anderen Nationen. Das begünstigte die traditionelle Lebensweise, in deren Mittelpunkt die Synagoge stand. Daraus ergab sich, dass sie sich in der Diaspora von der übrigen Bevölkerung abkapselten und sich nicht integrierten.

Nun sei hier die Frage gestellt: Wer oder was sind die Juden? Die Juden selbst diskutieren diese Frage bis heute ohne Ergebnis. Sind sie eine Rasse? Anthropologisch sind sie ein Rassengemisch aus zwölf Stämmen mit einem sehr geringen Anteil an Semiten. Erst nach ihrer Rückkehr aus dem Babylonischen Exil, 539 v. Chr., manifestierte sich der Begriff „Jude“. Seit dieser Zeit war und blieb ihr größtes Bestreben, durch entsprechende Heiraten unter sich zu bleiben. Sind sie ein Volk? Sie waren eine Stammesgemeinschaft, der nie eine größere politische Bedeutung zukam. Sie haben fast nie einen eigenen Staat gehabt. Schopenhauer sagte: „Der Juden Vaterland sind die übrigen Juden.“ So werden sie eher als eine Glaubens- und Sozialgemeinschaft betrachtet.

Ignatz Bubis, von 1992 bis 1999 Vorsitzender des Zentralrates der Juden in Deutschland, bezeichnete sich als „deutscher Jude“. Als Staatsbürger war er Deutscher, von der Religion her Jude. Man spricht heute von amerikanischen, englischen oder russischen Juden. Der Historiker und orthodoxe Jude Arthur Hertzberg charakterisiert seine Glaubensbrüder in seinem Buch „Wer ist Jude?“ (erschienen 2000) mit einem Satz: „In erster Linie *anders* sein, weil Gott es so will.“

Damit sind auch schon die markanten Punkte in dem Bild angesprochen, das wir uns meist von den Juden machen: ihre Staatenlosigkeit, ihr Zusammenhalt und ihre Religion.

Die Staatenlosigkeit führte zu einer gewissen Schutzlosigkeit. Ohne den Schutz einer eigenen Zentralmacht scheinen die Juden für eine „Prügelknaben-Funktion“ in ihren Gastländern prädestiniert gewesen zu sein.

Andererseits stellte ihr bedingungsloser Zusammenhalt ihre Stärke und Überlebensstrategie dar. Ein talmudisches Gebot lautet: „Alle Juden sind füreinander verantwortlich.“ Die gegenseitige Hilfe bildete für sie stets ein entscheidendes Bindeglied. Dies führte dazu, dass sie das unglaubliche Phänomen zustande brachten, als zerstreutes Volk durch Jahrtausende sich dennoch als eine Gemeinschaft zu erhalten.

Hinzu kam die konsequente Beibehaltung ihrer Religion und der damit verbundenen Riten.

Der jüdische Glaube stellte die erste monotheistische Weltreligion dar. Die Juden glaubten als erstes Volk im Altertum an einen Gott, und dieser Gott, das ist ihre Überzeugung, hat sie als sein Volk auserwählt. Ihnen wurde der Messias, der Erlöser verheißen, von dem sie sich die Befreiung aus ihrer immer wiederkehrenden unglücklichen politischen Lage erhofften. Doch in Jesus, dem armen Prediger, der sich als der von Gott gesandte Erlöser ausgab, wollten sie nicht den Messias erkennen.

Damit erfüllt sich in diesem Volk die ergreifendste Tragödie der Weltgeschichte. Ab wann von einer Tragödie gesprochen werden kann, bleibt bei den Historikern eine umstrittene Frage. Das alte Testament, in dem die nachweisbare jüdische Geschichte etwa 1800 v. Chr. mit Abraham beginnt, schildert bereits die meisten Komponenten ihres späteren Lebens: Wanderung, Minorität, Unterdrückung und Regeneration.

So gingen die Weissagungen ihrer Propheten Jesaja, Jeremia und Ezechiel, auch Hesekiel genannt, in Erfüllung, dass sie auf der ganzen Welt zerstreut leben sollten.

Das Alte Testament spricht von den Juden als Besiegte und Versklavte, von einem zerrissenen Volk, das immer auf Wanderschaft unter heidnischen Völkern lebt.

Dieser auserwählte Stamm Gottes, ursprünglich angefeindet von den heidnischen Völkern, sah sich plötzlich mit den ersten Christen konfrontiert, als diese noch eine jüdisch-apokalyptische Sekte waren, die sich als solche von ihrer Urreligion abgrenzen und behaupten wollte. Der Christusglaube und die Missachtung jüdischer Gesetze und Traditionen riefen unter den Juden Ablehnung und schließlich Feindseligkeit hervor und führten zum offenen Konflikt mit den Jüngern Jesu. Im Jahre 32/33 n. Chr. begann der erste feindselige Ausbruch mit der Vertreibung der hellenistischen Judenchristen aus Jerusalem und der Steinigung des Stephanus. Zehn Jahre später wurde der Apostel Jakobus d. Ä. ermordet und Petrus ins Gefängnis geworfen. Als die Christen zu Beginn des jüdischen Krieges (66–70 n. Chr.) frühzeitig Jerusalem verließen, weil sie sich an die Warnungen Jesu erinnerten, der den Untergang Jerusalems (Mt 24,15 ff) prophezeit hatte, wurden sie von den Juden als Abtrünnige und Verräter gebrandmarkt.

Der wachsende Hass führte um das Jahr 100 n. Chr. zur offiziellen Verfluchung der Christen durch die Synagoge. Damit war der Trennungsstrich zwischen Juden und Christen endgültig gezogen.

Im römischen Reich unterstützten die Juden als Anstifter und Volksaufwiegler die Verfolgungen gegen die Christen. Dabei förderten sie unbewusst die Entfaltung des Christentums. Als Kaiser Konstantin die staatspolitisch weit tragende Entscheidung fällte und im Jahr 313 die junge Christenkirche in den Schutz und die Gunst des Staates stellte, standen sich Christentum und Judentum als zwei monotheistische Religionen gegenüber. Aus dieser Rivalität entstand schließlich ein christlicher Antijudaismus, der die Juden als „Volk des alten Bundes" aus dem neuen Gottesbund ausschloss.

Kaiser Theodosianus erklärte 383 die christliche Religion per Edikt zur vorherrschenden Staatsreligion. Nun müsste man annehmen, dass die antijüdische Polemik gegenstandslos geworden sei. Schließlich ging nun vom Judentum keine Rivalität mehr für die Christen aus. Stattdessen nahmen die Konfrontationen an Intensität zu. Denn jetzt trat etwas völlig Neues auf: Das Selbstbewusstsein der jungen Christenkirche, die ihre Wurzeln im Judentum hat, sprach der mosaischen Religion ihre Identität ab und nahm diese für sich allein in Anspruch. Nach ihrer Auffassung galt das Judentum nur als Vorbereitung auf Christus und die Erlösung. Nachdem die Juden Jesus getötet hatten, hatte das Judentum als Mutterreligion für die Christen seine Mission beendet. Die Zerstörung des Tempels im Jahre 70 n. Chr. und die anschließende Zerstreuung der Söhne Isaaks über die ganze Welt war für sie eine Bestätigung dafür.

Für die Juden war dagegen die Zerstörung des Tempels und die Ausweisung ein sichtbares Zeichen, dass Gott sie als sein auserwähltes Volk verworfen habe. Es ist die zentrale Aussage des jüdischen Glaubens, dass Gott dieses kleine geknechtete Sklavenvolk, meist ohne Macht und Reichtum, auserwählt hatte, um mit ihm einen ewigen Bund zu schließen. Wenn Gott ihnen nun Schaden, Katastrophen oder Missgeschicke widerfahren ließ, glaubten sie, dass diese Übel eine Strafe für persönliche Sünden oder auch für eine Schuld der Eltern oder Voreltern seien.

Jesus, selbst Jude, teilte diese Meinung nicht (Joh 8,56/2,3).

Der Heilige Augustinus (354–430) sah die Zerstreuung der Juden geradezu als Fügung Gottes zur Ausbreitung des Christentums.

Die frühen Angriffe auf die jüdischen Stämme mit ihren religiösen, sozialen und politischen Motiven wurden nun durch den kirchlichen Antijudaismus abgelöst. Judentum und Christentum wurden zu Konfrontationskulturen. Beide hegten zueinander eine intensive Doppelbeziehung von Faszination und Aversion, von Anziehung und Abstoßung. Beide Religionen beziehen sich als monotheistische Religionen auf Abraham und erheben jeweils für sich einen absoluten Wahrheitsanspruch. Aus dieser frühen Zeit und aus dieser Situation heraus versteht man die Aussage der Kirche: „Niemand steht uns so nah und niemand ist ein größerer Feind von uns, als die Juden."

Als es den Christen nicht gelang, die Juden zu bekehren, bekämpften sie sie energisch, mieden sie wie böse Geister, beschimpften sie als „Gottesmörder" und vertrieben sie aus ihrer Umgebung.

Was die Theologen an antijüdischem Gedankengut bis zum 4. Jahrhundert in ihren Predigten verbreitet hatten, fassten die Juristen in Gesetzesform. Diese Sprache der Diskriminierung ging in die Gesetzestexte des Konstantin und in die Sammlung des Codex Theodosianus (429) ein.

Die christlichen Staaten des mittelalterlichen Europas übernahmen die Sammlungen der Staatsgesetze aus der Antike und setzten damit die Kampagne gegen die Juden fort.

Die Juden nahmen die Degradierung nicht hin. Sie reagierten mit Gegenprovokationen. Der im Laufe der Zeit aufgebaute Jesushass ließ sie ein System sinnverwandter Sprache entwickeln gegen alles, was den Christen heilig war. So wurde Jesus im Talmud nie mit Namen genannt, sondern als „jener Mann", als „Narr", „Zauberer" oder „Gottloser" bezeichnet, auch als „Götzendiener" und „toter Hund". Wenn die Juden von ihm als „Gehenktem" sprachen, war das eine Anspielung auf den biblischen Vers: „Ein Gehenkter ist verflucht bei Gott". Die Kirchen waren keine Gebetshäuser, sondern „nutzlose Gebäude", die Reliquien „Dreck der Knochen" und die Heiligen „Tempelprostituierte". Diese Aussagen wurden von den Christen als Gotteslästerungen aufgefasst und schürten Aggressionen.

Das Leben der Juden verlief bis zum Beginn der Kreuzzüge mehr oder weniger ruhig. Sie hatten sich bedeutende Kulturzentren aufbauen können, wenn auch bescheidene im Vergleich zu der christlichen Kirche, die auf der Höhe ihrer Macht ihre Selbstherrlichkeit in der Pracht gigantischer, gotischer Kathedralen demonstrierte.

Als Papst Urban II. 1096 zum 1. Kreuzzug nach Jerusalem aufgerufen hatte, kam es erstmals zu brutaler Gewalt. Ausgerechnet Abt Peter von Cluny gab zu bedenken, warum man denn im fernen Palästina kämpfen und das Heilige Grab von Türken und Arabern befreien solle, wenn der schlimmste Feind Christi und der Christen, die eigentlichen Gottesmörder, hier als Nachbarn lebten. Außerdem solle ihnen ihr Geld abgenommen werden, um damit die Armee der Christen zu unterstützen. In einer religiös aufgeheizten Atmosphäre machte sich in der Masse einfacher Pilger eine Erregung gegen die Juden breit, die in schwere mörderische Exzesse ausartete. Provokation, religiöser Aberglaube, Neid und Sadismus ließen in Frankreich und im Rheinland eine hysterische Volksbewegung aus der Kontrolle geraten. Ihre Ziele waren die wirtschaftlich und kulturell blühenden Judenzentren in Worms (hier ist der älteste Judenfriedhof Europas), Speyer und Mainz, wo viele Tausend Juden umgebracht und die Synagogen niedergebrannt wurden. Die Bischöfe der Städte gewährten den Hilfe suchenden Juden Asyl, doch der fanatische Pöbel machte auch vor den Palästen und Kirchen keinen Halt. Diese Ausschreitungen waren nicht rassistisch motiviert, sie galten dem Volk, das Christus gekreuzigt und damit die Annahme des neuen Bundes verweigert hatte. Dies war die Hauptbeschuldigung aus der Antike.

Ein Auf und Ab an Duldung, Ablehnung und Vertreibungen setzte sich in Intervallen über Jahrhunderte fort. Große Vertreibungswellen gab es 1290 in England, 1394 in Frankreich, 1492 in Spanien, 1526 in Ungarn.

Ab dem 15. Jahrhundert kam es in Deutschland zu einer endlosen Serie von Verfolgungen, die die Juden von einem Bistum oder Fürstentum zum anderen und von einer Stadt zur anderen flüchten ließen, oder sie emigrierten in den Osten, nach Polen, und in den Süden. Diese angeblichen Störer der sozialen Ordnung machte man für jedes Missgeschick im Land und für nie begangene Verbrechen verantwortlich.

Wenn sie auch durch die Päpste, die offizielle Kirche, die Kaiser und Landesobrigkeiten beschützt wurden, war ihre Lebenssituation, von wenigen Ausnahmen abgesehen, stets eine besonders gefährdete.

Die Kaiser des Heiligen Römischen Reiches nahmen die Juden gegen fiskalische Ausbeutung durch Dritte unter ihren Schutz, um selbst von ihnen zu profitieren. Das heißt, die Juden gehörten dem Kaiser „zu Eigentum“ und waren „Knechte seiner Kammer“. Diese „Kammerknechtschaft“ definierte Kaiser Ludwig der Bayer (1328–1347) folgendermaßen: „Ihr gehört Uns mit Leib und Gut. Wir mögen mit euch schaffen, tun und handeln, was Wir wollen und wie es Uns gut dünket.“

Ein Jahr nach des Kaisers Tod erlebte das Land in den Jahren 1348/49 die größte Pestepidemie. Diese Krankheit wurde bekanntlich aus dem Orient eingeschleppt, dennoch unterstellte man den Juden, dem Dauerfeind, die Seuche durch Brunnenvergiftung verursacht zu haben, an der ein Drittel der europäischen Bevölkerung starb. Daraufhin wurden allein in Süddeutschland Tausende Juden verbrannt. In Nürnberg wurde das Ghetto vernichtet und die dortige Synagoge niedergerissen. An deren Stelle steht heute die katholische Frauenkirche am Marktplatz. Das gleiche spielte sich in Regensburg ab. Auch hier wurde die zerstörte Synagoge durch eine hölzerne Marien-Wallfahrtskirche ersetzt, etwa 200 Jahre später von den Protestanten übernommen und als „Neupfarrkirche“ in Stein erbaut.
Von derartigen Verleumdungen spricht schon 100 Jahre vor Christus der Geschichtsschreiber Apion von Alexandrien: Die Juden seien Aussätzige und würden Krankheiten verbreiten.

Diese menschenverachtenden Verfolgungen hatte der einstige Augustinermönch Martin Luther zunächst mit dem Argument abgelehnt, Jesus Christus sei selbst ein geborener Jude. Zudem galt sein großes Interesse hebräischen Themen und dem hebräischen Bibeltext.

Als er versuchte, die Juden für sein Evangelium zu gewinnen, diese sich von ihm aber ebenso wenig taufen ließen wie von dem katholischen Klerus in den vergangenen Jahrhunderten, wurde Luther zu ihrem erbittertsten Gegner: „Das ists, das ich droben gesagt habe, dass ein Christ, nehest dem Teufel, keinen gifftigern, bittern Feind habe, denn einen Jüden“ (1543). Seiner tiefen Abneigung gab er in zahlreichen Schriften Ausdruck, mit denen er die Einstellung der protestantischen Christen gegenüber den Juden negativ beeinflusste.

Der Blick in die Vergangenheit hat gezeigt, dass der Judenhass seit der Etablierung der politischen Macht der Kirche zur Geschichte der praktischen Theologie gehört, ein christliches Erbe, das in vielem auf vorchristlichen Ursprüngen basiert. Dabei wirkt es unfassbar, was Überlieferung, Aberglaube, Gerüchte, Intoleranz und Denunziation anrichten können und wie daraus im Laufe der Zeit antisemitische Stereotypen entstehen konnten.

Es war die Kirche, die erstmals auf dem Konzil zu Narbonne, im Jahre 1051, offiziell die Isolation der Juden forderte, die künftig getrennt von den Christen, abgeschlossen in separaten Gassen leben sollten. Die Konzilien von Mainz im Jahre 1300 und von Valencia 1338 bestätigten diese Trennung. Es schien unzumutbar, mit Gottesmördern Tür an Tür zu wohnen.

Das älteste Ghetto der Welt entstand in Venedig auf einer separaten Lagune, auf der zuvor eine Gießerei angesiedelt war. Die Bezeichnung „Ghetto" stammt wohl aus dieser frühen Zeit und soll von dem italienischen Wort „getare", gießen, und „geto" wie Gießerei abgeleitet sein. 1516 wurden die Juden zur Umsiedlung ins *Ghetto Nuovo* gezwungen. Da lebt heute noch eine aktive Judengemeinde. Papst Paul IV. war der Erste der, 1555 in Rom ein Ghetto vorschrieb. Es lag in einem düsteren Viertel am Tiber. Mit dieser harten Maßnahme wollte er den Druck auf die Juden erhöhen, damit diese in ihrem „Irrglauben" zum allein selig machenden Katholizismus übertreten sollten.

Häufig wird die Ansicht vertreten, dass die Juden freiwillig in Abgeschiedenheit leben wollten. Das ist einerseits richtig. Sie pflegten die eng verbundene und eindeutig definierte Gemeinschaft von Familie und Großsippe in der Nähe der Synagoge. Hier fanden sie ihre Identität als Fremde unter Fremden, die auf ihrer gemeinsamen Vergangenheit beruhte und die Treue gegenüber Familie und Sippe verstärkte. Die Zugehörigkeit zu einer Gemeinde schloss nicht nur den Glauben ein, sondern auch Recht, Sprache, Erziehung und Kultur, ihre soziale und ökonomische Struktur, gegenseitige Hilfe und den Rhythmus ihres Alltagslebens. Hier herrschte eine straffe innere Ordnung. Ihr Zusammenhalt gab ihnen Heimat. Hier konnten und wollten sie ihr Anderssein pflegen und erhalten. Sie hatten sich selbst, aus ihrer jüdischen Kultur heraus, deutliche Grenzen zu ihrer nicht jüdischen Umgebung gesetzt.

Andererseits erlegten ihnen die von außen aufgezwungenen Ghettomauern, die vom Gesetz auferlegte Gefangenschaft, die zwangsweise Isolation und das beengte Wohnen, mit dem sie zu einem Sonderdasein genötigt wurden, physische Barrieren auf.

Der junge Goethe wagte einen Blick durch das Ghettotor in der Frankfurter Judengasse. Er schrieb: „Die Enge, der Schmutz, das Gewimmel, der Akzent einer unerfreulichen Sprache, alles zusammen machte den unangenehmsten Eindruck."

Für die christliche Nachbarschaft entstand ein Klischee des Verschwörerischen, des Undurchsichtigen, umgeben von geheimbündischen Machenschaften. Die Abgeschlossenheit förderte das Misstrauen.

Aus der frühen Vorstellung der Christen heraus, die Juden seien Gottesmörder, unterstellten sie ihnen durch Jahrhunderte auch rituelle Morde an Christenkindern. Angeblich waren die Juden nach ihren „geheimen Schriften" verpflichtet, wenigstens einmal im Jahr christliches Blut zu vergießen, da sie andernfalls keine Erlösung fänden. Um diese makabere Verpflichtung erfüllen zu können, müssten sie Ritualmorde vollziehen. Dazu bevorzugten sie das Blut von Knaben, um es unter anderem als Medizin und zur Zubereitung der Matze, der ungesäuerten Brote zum Passahfest, zu verwenden.

Derartige auf Juden bezogene Unterstellungen sind aus dem 1. Jahrhundert v. Ch. durch den Historiker Apion von Alexandria bekannt. Er schrieb, dass die Juden sich einmal im Jahr eines Nichtjuden bemächtigen, ihn schlachten, von seinen Innereien essen und während des Mahles schwören würden, das Volk des Opfers zu hassen.

Angebliche Kindermorde wurden erstmals 1144 in Norwich bekannt. In Trient feierte man seit 1475 den Tod des kleinen Simon, denn der Knabe galt als Märtyrer. Eine Darstellung am dortigen Palazzo Salvadori, der an der Stelle der zerstörten Synagoge steht, erinnert an den Vorgang. Erst 1965 hat man eingesehen, dass es sich nicht um einen jüdischen Ritualmord gehandelt hat. Wie konnte sich diese Legende so lange halten? Der sinnlos erscheinende Tod eines Kindes bekam für die verzweifelten Eltern einen Sinn, wenn ihr Kind zum Glaubensmärtyrer geworden war und so das Kind, seine Eltern und die ganze Stadt vor allen anderen hervorgehoben wurden.

Die Vorstellung, dass Andersgläubige die Kinder der Gastvölker missbrauchen, verstümmeln oder sie morden, um ihr Opferblut rituell zu gebrauchen, ist ein historisch weit verbreitetes Phänomen der Religionsgeschichte, das schon für die frühe Antike bestätigt ist. Diese Art von Blutbeschuldigungen geht auf altägyptische Wurzeln zurück.

Diese Ritualmorde wurden den Juden durch alle Jahrhunderte nachgesagt. Sie sind aber reine Verleumdung, weiß man doch aus dem Talmud, dass im Judentum das Blut als unrein gilt und ein Kontakt nach Möglichkeit zu vermeiden ist. Schon der Stauferkaiser Friedrich II. hatte 1236 nach einem Judenpogrom in Fulda eine Untersuchung angeordnet und die Juden vom Vorwurf des Ritualmordes freigesprochen. Dennoch hielt sich der Vorwurf hartnäckig, denn der Papst erklärte den Kaiser aufgrund seiner Toleranz zum Antichristen.

Noch zu Ende des 19. Jahrhunderts haben Schulbuben, wenn sie sich auf dem Heimweg verspätet, oder Dienstmädchen, wenn sie ihren Ausgang überzogen hatten, zu ihrer Entschuldigung behauptet, sie seien mit knapper Not einem jüdischen Ritualmord entkommen.

Für das Christentum hat das Blut eine besondere Bedeutung, denn Christus opferte sich am Kreuz und vergoss sein Blut für die Menschheit.

Als sich auf dem IV. Laterankonzil von 1215 die Transsubstantiationslehre durchgesetzt hatte – sie wurde von den Anhängern der Reformation aufgehoben –, in der erklärt wurde, dass die Hostie den Leib Christie darstellt, entsprang der Phantasie der Christen eine neue Variante des Gottesmordes. Sie unterstellten den Juden, Christus in der Hostie durch Messerstiche erneut zu peinigen und blutende Wunden zuzufügen. Derart vermutete Hostienschändungen führten zu heftigen Pogromen, die ihre Auswirkungen bis weit in unsere Zeit hatten. Zum Beispiel setzte der Regensburger Bischof Manfred Müller erst 1992 der Wallfahrt zur „Deggendorfer Gnad", einer Erinnerung an eine angebliche Hostienschändung, ein Ende. Nicht die Schändung, wie sie in einer Regensburger Chronik von 1337 beschrieben wird, war Anlass der alljährlichen Prozession, sondern die Verehrung der Wundmale, die der Hostie zugefügt worden waren. Die Deggendorfer empfanden es als Gnade, in dem sichtbaren „Blut" die reale Präsenz des Herrn in der Hostie erleben zu dürfen.

Heute weiß man, dass die lange gefeierte „Gnad" keine wundersame, sondern eine sehr profane Ursache hatte: Es waren rote Pilzbildungen auf der Hostie, die man für Blut gehalten hatte. Das ergab 1992 die Doktorarbeit von Manfred Eder, Osnabrück, die im selben Jahr mit dem „Kulturpreis Ostbayern" für besondere wissenschaftliche Leistungen ausgezeichnet wurde.

Auf dem IV. Laterankonzil von 1215 wurde auch die Forderung nach einem äußeren Erkennungsmerkmal der Juden laut. Diese Anderen sollten an einem gelben Fleck sofort erkennbar sein. Die Art der Kennzeichnung variierte von Land zu Land. Die häufigste war ein gelber Ring oder Kreis, der deutlich sichtbar auf die Kleidung genäht werden musste.

In Böhmen hatte Kaiser Karl IV. (1355–1378) den Juden auf ihren Wunsch hin einen Davidstern genehmigt, den sie als Gegensymbol zum christlichen Kreuz auf ihrer Fahne trugen. Die jüdische Gemeinde in Prag verwendete diesen Stern auch als Grenzmarkierung ihres Ghettos. Seit etwa dieser Zeit ersetzte der Davidstern die Menora als jüdisches Symbol. Im 19. Jahrhundert wurde er mit aufkommendem Zionismus das Zeichen der jüdischen Einheit.

Deutschland missbrauchte ab dem 17. Jahrhundert diesen sechseckigen Stern, auch Hexagramm genannt, auf der Kleidung der Anderen als jüdisches Erkennungszeichen. Die Kleidervorschrift blieb, mit wenigen Ausnahmen, über 700 Jahre in Europa in Kraft.

Als das äußere Merkmal auf den Kleidern nicht mehr genügte, griff man für die so genannten „Außenseiter" zusätzlich auf alte spanische Gesetze aus dem 15./16. Jahrhundert zurück. Aus dieser Zeit war bekannt, dass die dortigen „neuen Christen", die Juden, die oft nur zum Schein konvertiert waren, ihre Abkunft durch einen verwandtschaftlichen Blutnachweis belegen mussten.

In Spanien lebte über Jahrhunderte die größte jüdische Gemeinde aller Länder Europas friedlich und in Sicherheit mit Christen und Muslimen unter dem Schutz und dem Gesetz des Islam. Die Juden waren häufig die Vermittler zwischen den Religionen und Kulturen. Sie traten als Dolmetscher auf, lehrten die arabische Sprache und das von den Arabern gesammelte Wissen über medizinische, technische und agronomische Sachverhalte. Das „Goldene Zeitalter" der Juden in Andalusien endete mit dem Regierungsantritt des katholischen Königspaares Ferdinand und Isabella. 1492 setzten antijüdische Angriffe ein. Alle Juden und Muslime, die nicht bereit waren, sich taufen zu lassen, mussten innerhalb von drei Monaten das Land verlassen. Zwischen 100.000 und 150.000 Juden flohen. Etwa die Hälfte blieb im Land und ließ sich taufen.

Von allen Ländern war Spanien der Realisierung eines judenfreien Landes am nächsten gekommen. Ironischerweise begann man erst dann mit Schrecken festzustellen, dass die Massenkonversion das eigene Problem mit den Juden nicht gelöst, sondern nur verschärft hatte. Denn solange die Juden ihrer alten Religion verhaftet geblieben waren, konnten sie durch restriktive Gesetze in die von christlicher Seite gewünschten Grenzen gewiesen werden. Nun waren aber über Nacht alle antijüdischen Gesetze auf sie nicht mehr anwendbar, da sie juristisch Christen waren und wie Christen frei handeln konnten. Das war für die Spanier unerträglich, denn viele Konvertiten blieben insgeheim ihrer jüdischen Religion treu, hielten an ihren Bräuchen im Stillen fest und bewahrten sich so ein Gefühl der jüdischen Identität.

Das Misstrauen gegen die bisherigen Außenseiter wurde nun abgelöst durch die größere Angst vor den undurchsichtigen Insidern. In dieser Situation begann bereits im Jahr 1449 die Herkunft des Blutes eine Rolle zu spielen. 1556 veranlasste dann der Erzbischof von Toledo, Juan Martín Silicio, in der Kathedrale die Einführung der „Statuten zur Reinheit des Blutes". Danach waren nicht mehr die Taufe und die Zugehörigkeit zur Glaubensgemeinschaft entscheidend, sondern die Herkunft, also die Blutsverwandtschaft. Nur derjenige, dessen vier Großeltern bereits als Christen geboren worden waren, galt als „echter" Christ und durfte in Spanien, dem christlichen Staat, eine gehobene Stellung einnehmen. Das bedeutete gleichzeitig, dass laut Gesetz die Konvertiten aus allen öffentlichen Ämtern und Privilegien verdrängt werden konnten. Sie und ihre Nachkommen waren wieder als Außenseiter gestempelt, trugen nun das Stigma ihrer Herkunft und sahen sich dem grausamen Unterdrückungsapparat der Inquisition und deren Verhören unterworfen, der seine Arme bis in die von Kolumbus entdeckten Gebiete Südamerikas ausgestreckt hatte. Der Papst hatte den Dominikanerorden mit der Durchführung der Inquisition beauftragt. Die Patres nannte man spöttisch *Domini canes*, Hunde Gottes. Nach langen Verhören und Folter endeten die Verstockten bei lebendigem Leib auf dem Scheiterhaufen oder wurden zu lebenslänglicher Gefangenschaft oder Galeerenarbeit verurteilt. Die Prozesse gegen heimliche Juden setzten sich in Spanien bis 1834 fort. Erst dann wurde dort die Inquisition endgültig abgeschafft. Viele *conversos* im Land wurden aber auch überzeugte Christen. Sie genossen hohes Ansehen, erwarben einflussreiche Stellungen am Hof, sogar in den höchsten Ämtern der Kirche und vermählten ihre Töchter mit dem spanischen Adel, der auf diese Weise gerne seine leeren Schatullen mit neuem Vermögen füllte.

Mit dem Hinweis auf Vermögen wird das Bild des Wucherers deutlich, mit dem die Juden durch Jahrhunderte in Verbindung gebracht wurden.

Seitdem im 12. Jahrhundert der Papst das Verbot für Christen erlassen hatte, Geld gegen Zinsen zu verleihen, lag künftig das Monopol des Zinsgeschäftes vorwiegend in den Händen der Juden. Nun ging das Schlagwort um: „Die Christen regieren die Welt, die Juden finanzieren die Welt."

Die Juden waren auf den Handel angewiesen, weil sie aus der allgemeinen christlichen Gesellschaft ausgeschlossen waren, eine Klasse minderen Rechts bildeten und keinen gängigen Beruf ausüben durften. Geschäfte, die den Christen verboten waren, verhalfen den Juden zu Reichtum, der wiederum Neid und Aggressionen hervorrief. Der Geldhandel brachte ihnen die meisten Feinde.

Alois Knöpfler schrieb 1906 in seinem „Lehrbuch der Kirchengeschichte", dass die Hauptursache der beklagenswerten Volksausbrüche gegen die Juden in der Vergangenheit weniger deren vermeintliche Verbrechen gewesen seien, als vielmehr ihr Verhalten in Geldgeschäften. Sie würden die in finanzielle Not geratenen Menschen mit Wucherzinsen provozieren. Das gab Anlass Leihhäuser zu gründen, die von Franziskanermönchen geführt wurden. In Deutschland wurde das erste Leihhaus 1498 in Nürnberg eröffnet.

Damals ging das Schlagwort von der rücksichtslosen Ausbeutung der Christen durch die Juden mit den übrigen Schlachtrufen einher. Damit wurde der Begriff des Wucherers zu einem Begriff der Schande.

Das sahen die jeweiligen Landesherren anders. Ihnen waren die reichen, intelligenten jüdischen Kaufleute mit ihren weit reichenden Verbindungen in den Orient als ergiebige Finanzquelle willkommen. Kaiser Karl V. (1530–1556) trat stets schützend für die Juden ein, sei es in Spanien oder im Deutschen Reich. Er war zum Ausgleich seiner hohen Schulden auf ihre Geldsummen angewiesen. Nach den katastrophalen Zuständen des Dreißigjährigen Krieges (1618–1648) schätzte man sie als Wohlstandsbringer, als Helfer bei der Wiederbelebung der Wirtschaft. Der Große

Kurfürst Friedrich Wilhelm von Brandenburg verkündete 1671, dass „die Juden mit ihren Handlungen uns und dem Land nicht schädlich, sondern vielmehr nutzbar erscheinen". Diese Nützlichkeitserwägung bezog sich, wie schon immer, auf die wirtschaftliche Elite, die als „Hofjuden" dann auch in den Genuss von Privilegien kam.

Aus dem 18. Jahrhundert wurde das Leben des „Jud Süß Oppenheimer" (1692–1738) durch eine spätere Erzählung von Wilhelm Hauff (1827) und durch eine Verfilmung aus der NS-Zeit (Veit Harlan) bekannt. Als bevorzugter Finanzdirektor des Herzogs Karl Alexander von Württemberg genoss er in seiner Glanzzeit ein freies, luxuriöses Leben außerhalb des Ghettos. Durch seinen Einfluss und seine Eitelkeit schuf er sich aber zahlreiche Feinde im Land, die ihn gleich nach des Herzogs Tod (1732) folterten und öffentlich in einem Käfig hinrichteten.

Die Landesherren versprachen den Juden zwar Schutz, belasteten sie dafür aber mit ruinösen Schutzsteuern und benutzten sie als Geldeintreiber. Natürlich gerieten die Schuldner dadurch in Wut und Hass gegen die Juden und vertrieben sie kurzerhand aus dem Land. Geldnot veranlasste die Herrscher, die jüdischen Händler wieder zurückzurufen. Mehr als die Hälfte der Juden aber fristete ein erbärmliches Dasein als Kleinhändler, als „Bettel-" oder „Trödeljuden". Wollten sie ihre Ghettos wegen Handel oder Reisen verlassen, wurde ihnen ein Leibzoll auferlegt. Arme Juden mussten aus den Reichsstädten fortziehen oder wurden gar nicht hereingelassen. Wer nicht die Mittel hatte, ein unverhältnismäßig teures Wohnrecht in den engen und überfüllten Judengassen zu erwerben, zog wie Tausende nichtsesshafter Juden übers Land und erregte Missfallen.

Im 15. Jahrhundert drückte Salomon Bonafed das ganze Elend mit den Worten aus: „Wie lange wird für uns die Sonne noch untergehen, ohne dass die Morgendämmerung anbricht? Wie lange werden wir noch Gefangene sein, werden Schönheit und Ruhm vor uns fliehen – und wie lange werden wir noch auf den Wolken des Exils reiten?"

Die fortschreitende europäische Aufklärung des 18. Jahrhunderts, die Französische Revolution (1789–1799) und die liberalen Bewegungen des 19. Jahrhunderts brachten nach und nach die politische Emanzipation der Juden und ein vorläufiges Ende ihres Sonderstatus als Menschen minderwertiger Klasse. Die Ghettomauern fielen und die Isolation wurde durch die lang ersehnte Freiheit ersetzt. 1870 war das römische Ghetto das einzige noch bestehende gesetzlich vorgeschriebene Ghetto in Europa; in demselben Jahr wurde es vom italienischen König Victor Emmanuel II. aufgelöst.

Während schon früh die einen begeistert den Kampf um die Menschenrechte unterstützten, wie Moses Mendelssohn (1729–1786) und Ephraim Lessing (1729–1781), der das zum Beispiel in seinem Werk „Nathan der Weise" zum Ausdruck brachte, wiesen andere auf die Gefahr der Assimilierung hin und wandten den Möglichkeiten einer neuen Zeit den Rücken. Waren sie nicht seit Generationen in ihrer Ghettomentalität verhaftet? Warum sollten sie ihr Anderssein, ihre alte Kultur aufgeben, nur um von der nichtjüdischen Mehrheit akzeptiert zu werden? Nicht alle kamen mit der Emanzipation zurecht, denn diese zog eine Unsicherheit nach sich. Die unerwartete Freiheit untergrub die Grundlagen ihres etablierten und relativ stabilen Systems, ohne einen konkreten Ersatz zu bieten. Fortan hatte jeder selbst zu entscheiden, bis zu welchem Ausmaß er an seiner jüdischen Identität festhalten und auf welche Art er das zum Ausdruck bringen wollte.

Die jüdische Religion und die jüdische Identität machten im 19. Jahrhundert eine schwere Krise durch. Während die Religion ihre Bedeutung als Bindglied langsam verlor, trat die historische Betrachtung als Legitimation der jüdischen Gemeinschaft immer mehr in den Vordergrund. Da die Erinnerung im Judentum einen zentralen Wert darstellt, kann der historische Rückblick in die jüdische Geschichte auch Menschen ohne starke Glaubensbindung die Möglichkeit geben, sich mit der Gemeinschaft und ihrer Tradition verbunden zu fühlen. Mit den historischen Ereignissen aus biblischen Zeiten bis hin zum letzten Jahrhundert werden gemeinsame Erinnerungen aufrechterhalten, die so etwas wie ein universelles jüdisches Gedächtnis entstehen lassen. Die hier integrierten historischen Erlebnisse bedeuten ein wichtiges Bindeglied zwischen den jüdischen Gemeinden in aller Welt.

1848 verkündete die Frankfurter Nationalversammlung die Gleichberechtigung der Juden: Dort hieß es: „Den Juden als Nation muss alles verweigert werden, als Individuen hat man ihnen alles zu gewähren. Es kann keine Nation innerhalb einer Nation geben. Sie müssen Bürger werden."

Diese Gleichstellung fiel in die Zeit der Industrialisierung, die es den im Handel erfahrenen Juden möglich machte, sich schnell den neuen Lebensformen anzupassen. Diese Zeit ließ unter anderem aus den ehemaligen „Wucherern" oder Geldverleihern einflussreiche Bankiers werden. Bald kamen sie zu Reichtum und Einfluss. Selbst Eheschließungen zwischen Juden und Christen waren nicht mehr unmöglich. Es handelte sich meist um Geldheiraten. König Friedrich Wilhelm IV. von Preußen (1840–1861) sprach es deutlich aus: „Mein Adel liebt die Fonds, meine Bankierstöchter lieben die Vons."

Eine Anekdote zeigt die finanzielle Macht einiger Juden. Auf die Frage, ob es Krieg gebe, erwiderte 1847 die Mutter Rothschilds: „Nein, meine Söhne erlaubten es nicht, sie würden ihn nicht finanzieren!"

Aus dieser rasch veränderten Situation erwuchs im Volk die Ansicht, die Juden könnten eine Weltmacht anstreben. Die Wahnidee von einer Weltverschwörung der Juden verbreitete Hermann Goedsche in seinem Buch „John Retcliffe". 1872 erschien es in vielen europäischen Ländern. Es war das erste populäre Pamphlet, dem weitere verhängnisvolle Schriften folgten. Die zentralen Stellen in der Rede des Leviten lauteten: „Wenn alles Geld der Erde unser ist, ist alle Macht unser ...". Oder „... wenn das Geld die erste Macht ist, so ist die Presse die zweite". „Die Presse ist die Wunderwaffe, mit der die Völker der Welt manipuliert werden können. Nur wenn wir die Presse in unserer Hand haben, werden wir zum Ziel kommen ..."

Es war die Zeit der Judenverehrung und des Judenhasses, der Millionärswirtschaft und der Proletarierbewegung. Die Juden begannen eine gemeinsame Basis mit ihren christlichen Nachbarn zu suchen, doch diese Beziehungen waren nur oberflächlich. Nach einem gemeinsamen beruflichen Tag pflegten sie nach Feierabend kaum gesellschaftlichen Umgang miteinander. Die Juden hatten andere Sitten, Gewohnheiten und Kultur.

Die allzu schnelle Veränderung brachte nun eine neue Art von Feindschaft hervor und rief die überlieferten Vorurteile wieder wach. Nicht mehr die alte antijüdisch-religiöse Haltung, die sich theologischer Argumente und des Aberglaubens bediente, stand im Vordergrund, sondern jetzt entwickelte sich ein politischer und rassistischer Antisemitismus, jetzt war die Nation die treibende Kraft. Auch Konkurrenzangst gegenüber den nun gleichberechtigten, zu vielen Geschäften und Berufen zugelassenen Juden entlud sich in Krawallen. Man witterte Gefahr, weil die Juden durch die Emanzipation und Integration äußerlich nicht mehr als Juden erkennbar seien. Deswegen könnten sie das ganze Volksgewebe von innen zersetzen, weil sie ihre Zugehörigkeit zum Volk nur vorspiegelten.

Nicht wenige sahen in den Juden eine wesensfremde Rasse. Dieser neue Rassengedanke unterstützte die politische Strömung des aufkommenden, aber noch schwankenden Nationalismus und war unter anderem Wegbereiter für die Katastrophe der Verbrechen der Nationalsozialisten im 20. Jahrhundert.

Der Literat und Wissenschaftler Wilhelm Marr (1819–1904) gebraucht im Jahre 1879 erstmals das Wort „Antisemitismus". Mit dem Wandel des Begriffes wandelt sich auch die Begründung der durch ihn zum Ausdruck gebrachten Ablehnung. Marr lehnt die Juden nicht aus religiösen Gründen ab, vielmehr betrachtet er sie als ein die Nation zersetzendes Element. Die arischen Völker seien den semitischen Völkern überlegen.

Das verstärkte Nationalbewusstsein brachte die Gründung des „Alldeutschen Verbandes" mit sichm, der 1891 als Partei in den Deutschen Reichstag einzog. Schon bald entpuppte diese sich als antisemitische Massenpartei mit dem Ziel, die jüdische Emanzipation wieder abzuschaffen. Damit setzte erneut eine Judenverfolgung ein.

Rund zwei Millionen Juden, einschließlich der rund 400.000 Russlandjuden, die zunächst in Deutschland Zuflucht gefunden hatten, flohen nach Amerika.

Die Ermordung des Zaren Alexander II. 1881 hatte eine Welle von nationalen Gefühlen und Pogrome in Russland ausgelöst.

In dieser Auswanderungswelle wie auch in den Massenfluchten in die USA zwischen 1880 und 1915 sahen die Juden die Rettung ihres Volkes und des jüdischen Glaubens. Amerika bot ihnen, wie schon den ersten 23 europäischen Juden im Jahre 1654, Freiheit, Bürgerrechte und wirtschaftliche Möglichkeiten. Mit Ausnahme einer kurzen Unterbrechung nach dem Ersten Weltkrieg gibt es kaum einen Aspekt des dortigen Lebens, zu dem die Juden nicht einen konstruktiven Beitrag geleistet hätten, und worin sie nicht andererseits von den USA geprägt wurden. Zur Zeit leben in den USA weit mehr Juden als in Israel.

Der Publizist Theodor Herzl (1860–1904), unterstützt von dem österreichisch-jüdischen Philosoph Nathan Birnbaum, strebte von Österreich aus die Gründung eines jüdischen Staates in Palästina an. Er gab dadurch 1890 den Anstoß zur Entstehung des politischen Zionismus. Die Sehnsüchte und Träume dieser Bewegung waren auf die Rückkehr nach Jerusalem gerichtet, das die Juden vor rund 1800 Jahren verlassen mussten. Die heilige Stadt, die Davidstadt, war das Symbol ihres Ursprungs, wie sie es in ihrer Nationalhymne zum Ausdruck bringen: „Ein Freivolk zu werden in Zion, Jerusalems Land". Seit Mitte des 19. Jahrhunderts hatten sich bereits 12000 Juden in Palästina angesiedelt. Die Proklamation ihres Staates im Jahre 1948 war für sie das wichtigste Ereignis seit der Zerstörung ihres Tempels im Jahre 70 n. Chr. Bei der Wiedergeburt des neuen Staates Israel zog wieder ein David in die Hauptstadt Jerusalem. Es war David Ben Gurion, der erste Premierminister. Damit hat sich ihr Kreis geschlossen.

Nach Jahrtausenden wurden sie von ihrer unnatürlichen Lage erlöst und stehen nun unter dem Schutz der Zentralmacht ihres israelischen Staates. Sie haben ihr Ziel erreicht, das ihnen Sicherheit, Stärke und Freiheit gibt.

Nach wie vor liegt aber in dem jüdischen Anderssein das Unbegreifliche, wie das kleine Volk aus dem Vorderen Orient, das nur 0,2 Prozent der Weltbevölkerung ausmacht, durch zwei Jahrtausende die ganze Welt auf sich aufmerksam machen konnte und dennoch dieser ganzen Welt die innerjüdischen Perspektiven fremd bleiben.

Dessen ungeachtet trug dieser kleine Teil der Weltbevölkerung wesentlich zur kulturellen Prägung Europas auf den Gebieten der Literatur, der Wissenschaft und der Wirtschaft bei.

Abb. 13: Die weltumspannende Bruderkette

10

Die Freimaurer – eine Geheimgesellschaft?

Die Freimaurerei hat schon zu allen Zeiten die Menschheit interessiert, fasziniert und schockiert. Bei vielen hat sie in erheblichem Maße die Phantasie angeregt und das nicht immer im positiven Sinne, denn sie gleicht einem Buch, das mit Siegeln verschlossen ist. Daraus versteht sich, welche Assoziationen das Wort „Freimaurerei" weckt. Die widersprüchlichsten Vorstellungen verknüpfen sich mit diesem Begriff – hier dunkle Machenschaften einer konspirativen Geheimgesellschaft – dort eine weltweite Bruderschaft, deren Grundprinzipien Toleranz und Humanität sind.

Was trifft davon zu? So konträr die Begriffe, so vielseitig stellt auch die Literatur diese Gesellschaft dar. Sie reicht von freimaurereigener, schöngefärbter Selbstdarstellung bis zu Hetzschriften. Wo liegt die Wahrheit?

Eine Kurzform sagt alles und nichts aus: Freimaurerei ist eine Bruderschaft, in der sich Männer ohne Ansehen der Religion, der Rasse, des Standes oder der Staatsangehörigkeit vereinen. Sie nennen sich Brüder und streben durch rituelle Handlungen charakterliche Festigkeit und geistige Vertiefung an. Ihr Brauchtum entspricht den Ritualen und Symbolen der ehemaligen Steinmetzbruderschaften der Dombauhütten des Mittelalters. Sie gliedern sich in Logen und Großlogen und sind in allen Ländern mit freiheitlicher Verfassung verbreitet, außer in Liechtenstein; in Diktaturen wegen ihres Eintretens für Geistesfreiheit verboten. Eine Ausnahme bildet Fidel Castros Kuba.

Einen Einblick in die Bruderschaft und ihre geheimnisvolle Sphäre erlangt man nur mit einem Rückblick zu den Anfängen der Steinmetze.

Als sich im Hochmittelalter der Machtanspruch der römischen Kirche in monumentalen gotischen Säulenhallen darzustellen begann, entstanden die Steinmetzbruderschaften. Spezialisten, wie man sie heute nennen würde, versammelten sich aus allen Himmelsrichtungen in den Bauhütten der christlichen Länder und schufen – meist im Auftrag der Kirchenfürsten – die „gigantischen steinernen Gebete" des Abendlandes. Diese Steinmetze – Handwerker und Künstler zugleich – waren die Vorläufer der heutigen Weltbruderschaft der Freimaurer.

Für die Maurer ging der Bearbeitung des Steines eine geistige Auseinandersetzung mit dem Darzustellenden voraus. War bisher allein dem Klerus das Bibelstudium vorbehalten, billigte die Kirche nun ausnahmsweise auch den Steinmetzen zu, sich aus beruflichen Gründen mit dem Wort Gottes zu beschäftigen. So gehörte eine spirituelle Intention, verbunden mit Mystik und Mythen, zu den Voraussetzungen ihrer Arbeit. Die Ausführung der Grundrisse, die Ornamentik der Kapitelle oder die belebte Bildsprache der Portale und Friese setzten sie in Verbindung zur Geometrie und den Themen der Heiligen Schrift.

In der Geometrie der alten Griechen, die an den arabischen Universitäten in Spanien gelehrt wurde, erlernten sie eine wiederentdeckte Wissenschaft.

Diese fünfte Wissenschaft war die Lehre von der verborgenen Energie der Kraftströme und -linien der Erde; es war die Lehre von den drei Hauptfiguren, dem Quadrat, dem gleichseitigen Dreieck und dem Kreis. Somit lag in ihr das Wesen des Konstruierens verborgen, und mit ihr wurde die ganze Harmonie des Baues begründet und dargestellt. Diese Erkenntnis galt als höchstes Ziel der Maurer, als Sinnbild der verborgenen Kraft. Ihre unsterblichen Meisterwerke der Kunst und Harmonie tragen die Spuren eines geheimnisvollen Planes in sich, die wie Lebensadern die Bauten durchdringen.

Ihre künstlerische Darstellung der Bibelthemen kam einer Symbolsprache gleich. Symbole bestimmten Denken und Wirken! Selbst ihr Handwerksmaterial hatte symbolischen Charakter. Der Hammer stand für sittliche Stärke, das Winkelmaß für Rechtschaffenheit und Ehrlichkeit. Die Waage symbolisierte soziale Gerechtigkeit und das Senkblei die Suche nach der Wahrheit. Der Zirkel mit seinen zwei Spitzen war Sinnbild für die menschliche Beziehung zu den Brüdern und der ganzen Welt. Diese handwerklichen Gegenstände stellen auch heute noch die äußeren Embleme der Freimaurer dar.

Die Steinmetze gelobten auf die Bibel absolute Verschwiegenheit, um ihr Wissen nicht dem Missverständnis oder Missbrauch der Öffentlichkeit zu überlassen. Sie schützten sich, wie man heute sagen würde, vor „Werkspionage“. Sie unterlagen keinem Zunftzwang. Wollten sie aber ihr Handwerk frei ausüben, mussten sie frei sein von jeder Leibeigenschaft. Sie durften nicht von unfreien Eltern abstammen. Diese stolze Handwerkerqualifikation gab den Steinmetzen eine zusätzliche Bedeutung.

Geschützt durch eine päpstliche Bulle durften sie das gesamte Abendland bereisen, ungehindert Grenzen passieren und das auch in kriegerischen Zeiten. Dadurch waren sie ungebunden und konnten überall tätig sein.

Untereinander erkannten sie sich an vereinbarten Zeichen, Passwörtern und Handgriffen, die nur eingeweihten Baumeistern bekannt waren. Zwischen den Mitgliedern der einzelnen Bauhütten entwickelte sich eine Organisation mit international geltenden Ordnungen, Bräuchen und Pflichten. Hierzu gehörte zum Beispiel ein für das Mittelalter vorbildliches Sozialsystem, das sie zur Unterstützung der Hinterbliebenen und verunglückter Mitglieder entwickelt hatten. Sie fühlten sich wie eine weltumspannende Bruderkette. Ihre Ungebundenheit und ihre Privilegien verhalfen ihnen zu hohem Prestige und einem bemerkenswertem gesellschaftlichem Ansehen. Sie selbst waren berauscht von ihrer Unabhängigkeit und ihren außerordentlichen Erfolgen.

Als in Deutschland die Pest wütete, die Inquisition ihr Unwesen trieb und die Ritter des Templerordens im Jahre 1307 inhaftiert und vertrieben wurden, suchten viele Steinmetze in England Schutz. Die Gesetze der englischen Steinmetze stimmten im Wesentlichen mit der kontinentalen Ordnung der Bauhütten überein: Wahrung des Geheimnisses, sorgfältige Ausbildung, feste Regeln für Lehrlinge, Gesellen und Meister und Vorschriften für eine sittliche Lebensführung.

Aus dem 15. Jahrhundert, aus der Regierungszeit Heinrichs VI. von England (1421–1471), ist ein Vertrag zwischen Kirche und Steinmetzen überliefert, in dem es heißt: „Jeder Handwerker muss einen Schurz aus Leder und weiße Handschuhe tragen, und für die Arbeit ist eine überdachte Loge zu errichten." Der Ausdruck Loge, englisch *lodge*, weist also auf eine Werkstatt hin. Jetzt kam der Ausdruck *freestone-mason* für diejenigen auf, die den frei stehenden Stein kunstvoll zu bearbeiten verstanden.

Mit der Renaissance und der Reformation klang die Zeit der großen Dombauten aus, und die religiösen und politischen Turbulenzen des 17. Jahrhunderts sorgten für den weiteren Niedergang der kirchlichen Bauhütten.

Damit veränderte sich auch die Gesellschaft der Steinmetze. Sie legten ihre handwerkliche Tätigkeit nieder, behielten aber ihre geistig-spirituellen Interessen bei. Ihrem Verband schlossen sich jetzt Intellektuelle an. In gleichem Maße, wie die ursprüngliche Maurerei zurückging, entwickelte sich eine elitäre, eine so genannte beschauliche oder auch spekulative Maurerei mit ihren „angenommenen Maurern", die sich aus allen Berufsständen, am wenigsten aber aus handwerklichen rekrutierte. Am Johannistag des Jahres 1717 schlossen sich vier Londoner Gesellschaften zur ersten *Grand-Lodge* zusammen, in die das geistige England Eingang fand.

So hatte im Laufe nur eines Jahrhunderts die einstige Steinmetzbruderschaft einen völligen Wandel vollzogen. Der Bund war zu einem ausschließlich geistigen Zentrum geworden. Das Bauhandwerk hatte nur noch

Symbolcharakter durch Beibehalten der Grade, der Symbole und durch Bewahren interner Geheimnisse.

Wer konnte nun diesem Bund beitreten? Jeder frei denkende Mann von Ehre und Anstand und einer gewissen Reife, ohne Rücksicht auf seine weltanschaulichen, religiösen und politischen Überzeugungen.

Hohe Mitgliedsbeiträge und zusätzliche karitative Engagements, wie sie schon die Steinmetze gepflegt hatten, setzten für das einzelne Mitglied solide und geordnete finanzielle Verhältnisse voraus. Adelige, Offiziere, Politiker, Ärzte und Schriftsteller schlossen sich mit zunehmendem Interesse dem Bund an. Als auch der Hochadel Einzug hielt, war die Loge gesellschaftlich anerkannt und galt als hoffähig.

So rasch, wie sich diese neue Bruderschaft in England etabliert hatte, so rasch gelang ihr auch der Sprung auf den Kontinent. Fünf junge Männer aus England und Frankreich gründeten 1737 in Deutschland die erste Loge. Nicht von ungefähr wählten sie dazu die Freie Hansestadt Hamburg, in der im Zusammenleben der Menschen die Liberalität und die Toleranz stärker entwickelt waren. Ihr erstes prominentes Mitglied war Friedrich der Große, als er noch Kronprinz war (1712–1786, König von Preußen 1740–1786). Seine Aufnahme im Jahre 1738 fand in seiner Verwandtschaft und unter den geistig aufgeschlossenen Führern der deutschen Staaten sehr schnell Nachahmer. Schon bald folgten Logengründungen in Dresden 1738, Berlin 1740, Bayreuth 1741, Leipzig 1741, Breslau 1741, Frankfurt an der Oder und Frankfurt am Main 1741, Wien 1742, Braunschweig 1744 und so fort. Ähnlich schnell verbreitete sich die Freimaurerei auf dem gesamten europäischen Kontinent und bis nach Russland und Amerika.

Die Freimaurer hätten ihre weit tragenden Erfolge nie erzielen können, wenn sie nicht in den aufgeklärten Fürsten einen starken Rückhalt gehabt hätten. Die regierenden Häuser legten als Mitglieder ihre schützende Hand über die Bruderschaft und gaben dadurch den Logen eine offizielle Existenzberechtigung.

Dieses Phänomen lässt sich bis heute nicht erklären und beflügelt in erheblichem Maße die Phantasie. Was suchten Intellektuelle in den Bruderschaften der Maurerlogen? War es die brüderliche Gemeinschaft, die in Tradition verhaftete Geselligkeit? Dies hätte man auch in anderen Standeszirkeln finden können. Es musste mehr sein.

Über dieses „Mehr", über die eigentlichen Werte sagt die Konstitution oder Verfassung der ersten Groß-Loge aus dem Jahre 1723 etwas aus, die sich auf die so genannten „Alten Pflichten" der Steinmetze aus den noch erhaltenen Bauhüttenordnungen bezieht (von 1352 in York/England und von 1459 in Regensburg, Niedermünster). Sie hat noch heute grundsätzliche Gültigkeit. Darin wird das Wesen der Bruderschaft als ein tiefes symbolisches Erlebnis verstanden, das auf den Grundmauern der Einheit von Humanität, Toleranz und Brüderlichkeit, der Trinität der Maurer, ruht.

Menschenwürde und Toleranz sind heute gern benutzte Schlagworte. Vor rund 300 Jahren galten diese Begriffe noch als Fremdwörter, die die Freimaurer aber bereits für sich zum Inbegriff ihrer Lebensform gewählt hatten. Die praktizierte Toleranz machte Voltaire (1694–1778) in seinem viel zitierten Satz deutlich: „Ich teile zwar keine Ihrer Ansichten, ich werde mich aber stets dafür einsetzen, dass Sie diese ungehindert äußern dürfen."

Humanitas bedeutet für sie, die geistigen und sittlichen Veranlagungen in harmonischer Weise zu vereinigen und dadurch ein edles Menschentum bei sich selbst und in der Welt zu erreichen.

Die *Toleranz,* die Krone der freimaurerischen Ideale, ist die Keimzelle jeder Gemeinschaft. Ohne ein Mindestmaß an Toleranz ist ein menschliches Miteinander nicht möglich.

Durch die *Brüderlichkeit* in eine internationale Kette Gleichgesinnter integriert zu sein, vermittelt ihnen ein stärkendes Bewusstsein.

Wenn in einer Grundsatzrede aus dem Jahre 1737 in der Pariser Großloge von Kosmopolitismus die Rede ist, klingt das modern. Da heißt es: „Die wichtigsten Unterschiedsmerkmale der Menschen sind nicht die Sprache, die Kleider, nicht die Länder, die sie bewohnen, noch die Würden, die ihnen verliehen wurden. Die Welt ist eine große Republik, in der jede Nation eine Familie und jeder Einwohner eines ihrer Kinder ist. Wir wollen alle Menschen von aufgeklärtem Geist und guten Sitten vereinigen durch die erhabenen Grundsätze der Tugend, der Wissenschaft und der Religion, in denen das Interesse der Bruderschaft zum Interesse des ganzen menschlichen Geschlechtes wird und woraus alle Nationen lernen können, sich gegenseitig zu achten, ohne auf ihr Vaterland zu verzichten."

Nach den Grundsätzen der Steinmetze sind die Logen die Übungsstätten – die Werkstätten – dieser angestrebten Werte. Wer hier eintritt mit dem Wunsch, sich zu erkennen, um sich und dann den anderen zu verändern, muss sich fragen, ob er diese Reise machen will, von der er nicht als dieselbe Person zurückkehren wird. Die Gemeinschaft hilft ihm dabei. In der Sprache der Maurer heißt das: „Ich gebe dir die Ziegel und den Mörtel, aber das Gebäude musst du selber errichten."

Getreu ihrer handwerklichen Herkunft ist die Reise – sind die Erkenntnisse der Werte – in drei Stufen gegliedert, in die des Lehrlings, des Gesellen und des Meisters.

Der Lehrling symbolisiert primär die Arbeit an sich selbst. Der Gesellengrad steht für die Arbeit in der Gemeinschaft. Die Meisterschaft symbolisiert das Streben nach Vollendung. So heißt es wörtlich: „Der Lehrling schaut in sich, der Geselle schaut um sich, und der Meister schaut über sich!" Sie alle arbeiten am „Tempelbau der Menschlichkeit".

Der aufgenommene Bruder erfährt, dass sich die Lehren und Erkenntnisse primär in Symbolen und rituellen Handlungsabläufen darstellen und er seinerseits durch eigenes Begreifen und Nachdenken die Anwendungen üben muss. Er muss an den „maurischen Riten" arbeiten. Das Symbol ist sein Lehrbild.

Gustav Freytag definiert das Symbol als Mittel, „Geistiges sinnlich wahrnehmbar zu machen und das reale Leben in eine bedeutungsvolle Bildlichkeit umzuschaffen". Das bedarf der Übung. Das stellt hohe Forderungen an die Arbeit an sich selbst, an die Arbeit am „Rauen Stein".

Zu dieser Arbeit betritt der Bruder, seelisch gesammelt, gemeinsam mit seinen Brüdern in Frack oder Smoking den Tempel. In diesem festlich in Dunkel gehaltenen Raum, der sich auf den Tempel Salomons zurückführt, löst er sich vom Alltag. Hier umgibt ihn die Harmonie, die Stärke und Weisheit des Kosmos, während ihn Kerzen erleuchten. In der Gemeinschaft Gleichgesinnter vollzieht sich ein Erziehungsprozess zur Persönlichkeitsbildung. Das erstrebte Ziel der sittlichen Vollkommenheit ist sicherlich eine Idealvorstellung. Dennoch soll ihm bewusst sein, sich in ständigem Kampf zu befinden, um immer neue Siege über sich selbst zu erringen.

Ein Bruder formulierte einmal seine Einweihungshandlung so: „Ich wusste ja vorher ganz genau, wie alles geht. Aber als ich dann im Kreis der Brüder stand und mir die Binde von den Augen genommen wurde, da war ich im Herzen gepackt, und Tränen traten mir in die Augen." In diesem Prozess erfüllt sich das viel zitierte „Geheimnis" der Freimaurerei. Denn das ist *das* Erlebnis, dem ein Außenstehender, auch durch Zuschauen, nicht sein „Geheimnis" entlocken kann. Dazu gehört ein langes Einarbeiten, ein tiefes Einfühlen in die freimaurerische Gedankenwelt. Das Mysterium kann nur empfunden, nur erlebt werden. Es ist nicht in Worte zu fassen. Das lässt sich vielleicht mit der Musik vergleichen, die auch erst zum Erlebnis werden kann, wenn man sich mit dem Musikstück in langem Einarbeiten und tiefem Einfühlen auseinandergesetzt hat. Das Erlebnis selbst wird aber für jeden ein anderes sein. Das Geheimnis des Empfindens und das Schweigen darüber schützt das Erlebnis und stiftet Vertrauen untereinander und verbindet die Logenbrüder. Auf Schweigen und Vertrauen beruht ihr inneres Band. Das ist es, was sie von anderen Männerbünden unterscheidet. Die Freimaurerei ist also keine geheime Gesellschaft, wie oft behauptet wird, sondern eine verschwiegene Gesellschaft.

Das 18. Jahrhundert mit der aufkommenden politischen Strömung des aufgeklärten Absolutismus sorgte für die schnelle Verbreitung dieses ethischen Bundes. In seinen Logen fanden sich Menschen, die willens und fähig waren, als Erste die Ideen der bürgerlichen Freiheit durchzusetzen, ein neues Denken, das die Menschen faszinierte.

Nach dem Wahlspruch der Aufklärung, „habe Mut, dich deines Verstandes zu bedienen", verbreiteten die Logenbrüder ihr Gedankengut unter den Intellektuellen des Landes. Sie wurden zum Spiegel der Gesellschaft ihrer Zeit und damit zum Sammelort der Geistesströmungen. Namen wie Lessing, Herder, Wieland, Goethe, Fichte, Klopstock und Voltaire kennzeichnen das geistige Gewicht und die gesellschaftliche Kraft, die über die Logen nach außen hin wirksam wurde. Sie alle waren von dem hohen Ethos der Freimaurer überzeugt und glaubten an den moralischen und pädagogischen Wert dieses Bundes, der seine Sittlichkeit unter anderem in folgenden Richtlinien zusammenfasste:

1. Denke und handle so, dass dir niemals die Achtung vor dir selber verloren geht.

2. Erfülle die Pflichten, die du dir und anderen gegenüber auf dich genommen hast.
3. Achte deinen Nächsten wie dich selbst.
4. Diene der Gemeinschaft, der du angehörst.
5. Fühle dich als Werkzeug im Dienst des sittlichen Ideals.
6. Gib dich selbst hin für den Zweck, den du als deine ideale Aufgabe erkannt hast.

Den aufgeklärten Geistern erschien die Freimaurerei als vorbildlicher Zusammenschluss. Begeisterte Männer strömten in die Logen. Diese wurden zu Hoffnungsträgern einer besseren, menschlicheren Welt, in der sich der Abbau der Standesschranken und die Befreiung des Menschen durch Erkenntnis und Wissen vollzogen. Man definierte die Logen so: „Ihr Inhalt ist Geist. Ihr Wesen ist Freiheit. Ihr Wirken ist Liebe. Ihr Streben ist Licht."

Flächenbrandartig zirkulierten die Prinzipien der Freimaurer in der ganzen Welt, und freimaurerische Persönlichkeiten waren überall dort zu finden, wo diese ethischen Werte verwirklicht wurden.

Ihr erster gewaltiger geistiger Einfluss auf Politik und Gesellschaft fand seinen explosiven Ausbruch im amerikanischen Unabhängigkeitskrieg. Dort unterstützten Freimaurer, allen voran George Washington (1732–1799) und Benjamin Franklin (1706–1790) die Unabhängigkeitsidee, die 1776 zur amerikanischen Unabhängigkeitserklärung der zwölf britischen Kolonien Nordamerikas und der 13. Kolonie New York führte, in der die Freiheitsrechte erstmals garantiert wurden. Von den 56 Unterzeichnern der Urkunde waren 50 Logenbrüder.

Der One-Dollar-Schein erinnert an das Jahr 1776, an Amerikas ersten Präsidenten und Freimaurer George Washington. Die Pyramide auf der Rückseite stellt ein Freimaurersymbol dar und weist auf das Streben nach Vollendung hin. In der Spitze, als höchstes spirituelles Ziel, schwebt das Auge Gottes als die alle Geheimnisse durchdringende Wachsamkeit.

Nach George Washington regierten 14 weitere US-Präsidenten als einflussreiche Freimaurer das Land. Die letzten waren Franklin Roosevelt (1933–1945), Harry Truman (1945–1953), Lyndon Johnson (1963–1969) und Gerald Ford (1974–1977).

Noch vor dem Unabhängigkeitskrieg (1775–1783) waren viele der *Irokonesen,* der amerikanischen Ureinwohner des Indianerstammes der *Onondaga,* der Freimaurerei beigetreten. Sie sahen schon in ihrer alten Kultur Anklänge an die Freimaurerei, aber ohne inneren Zusammenhang. Seit etwa 1200 n. Ch. vertraten sie in ihrem „Großen Gesetz des Friedens“ drei Prinzipien: Aufrichtigkeit, Gesundheit und Macht.

Aufrichtigkeit steht für die ethischen Werte der Gemeinschaft, die sich auf gegenseitige Fairness stützt und Probleme im Interesse des Ausgleichs löst. Das entspricht der *Toleranz.* Gesundheit setzt den Vollbesitz aller menschlichen Kräfte voraus und verlangt den Einklang von Geist, Verstand und Körper zum Wohle des Volkes. Wir verstehen darunter *Humanität.* Macht oder Kraft bezieht sich auf Autorität, Tradition und Stabilität. Das heißt: gemeinsames Handeln aller Individuen mit einem Geist, einem Herz, einem Körper. Das bedeutet in unserem Sinne *Brüderlichkeit.*

Von Amerika aus brachte Lafayette (1757–1834), der auf der Seite der Kolonisten am Amerikanischen Unabhängigkeitskrieg teilgenommen hatte, den Funken von „*liberté et égalité* “ nach Europa und entzündete zunächst in Frankreich das Feuer, das zur Revolution führte und sich schließlich auf dem ganzen Erdteil ausbreiten sollte. Lafayette und seine Logenbrüder Mirabeau (1749–1791) und Danton (1759–1794) gehörten zunächst der revolutionären Bewegung an, in die sie ihre Freimaurerideale von Freiheit, Gleichheit, Brüderlichkeit einbrachten.

Daraus resultierte die Anklage, die Freimaurer seien die eigentlichen Träger der Französischen Revolution (1789–1799). Dies ist eines der beliebtesten Argumente in der Streitliteratur gegen die Freimaurer. Doch ihre Ideale waren keineswegs identisch mit den Ideen des Revolutionsjahres 1791, denn ihre Devise war nicht zerstörende Gewalt, sondern aufbauende Reformen. Diese Ansichten trafen bei den Jakobinern, die die Führung der revolutionären Massen an sich gerissen hatten, auf wenig Verständnis. So wurden die Freimaurer schließlich von der Pöbelherrschaft des Jakobinertums zu „Feinden der Volksfreiheit“ erklärt, verfolgt und alle Logen geschlossen. Einige hundert Freimaurer endeten unter der Guillotine, auch Danton, der sich für die Mäßigung des Terrors eingesetzt hatte.

Mit der Verbreitung der Aufklärungsidee hatten die Freimaurer eine doppelte Frontstellung gegen sich aufgebaut: Ihr Toleranzgedanke stieß bei der römisch-katholischen Kirche auf Ablehnung und ihr Gleichheitsideal widersprach der Ständeordnung des Absolutismus.

In Konfrontation mit der katholischen Kirche gerieten sie insbesondere mit ihrer Vorstellung von einer befreienden „natürlichen Religion" – eine Reaktion auf die damalige unerbittlich konservative Haltung der katholischen Kirche. Sie verpflichteten ihre Mitglieder auf das Bekenntnis zu dem „einen Großen Baumeister aller Welten", dem „Architekten des Universums". Das war nach ihrer Ansicht eine Betrachtung, „in der alle Menschen übereinstimmen".

Der Vatikan reagierte bereits 1738 mit der Bulle *in eminenti apostolatus specula*, mit der Papst Clemens XII. (1730–1740) jedes katholische Mitglied einer Freimaurerloge wegen religionsübergreifender Toleranz und der ablehnenden Haltung gegenüber dem konfessionellen Dogmatismus mit dem Kirchenbann belegte.

Wenn es daraufhin nicht zu Massenaustritten aus den Logen kam, so lag das daran, dass Fürsten sich das Recht vorbehielten, päpstliche Anordnungen zu verkünden oder auch nicht. In einigen europäischen Ländern wurde die Bulle *in eminenti* amtlich nie veröffentlicht. Zeitweise zählten Kardinäle, Bischöfe, Äbte und Geistliche aller Rangstufen zu den Mitgliedern der Freimaurerei. Nur einige sollen hier genannt werden: Graf Johann Baptist v. Auersperg, Fürstbischof von Passau (1785), Clemens August, Kurfürst von Bayern, Erzbischof und geistlicher Kurfürst von Köln (bis 1738), Max von Droste Vischering, Weihbischof von Münster (1778), Louis René Edouard Prinz v. Rohan, Kardinal Fürstbischof von Straßburg (1779). Einer, der kirchliche und staatliche Macht auf sich vereinte, war Karl Theodor Reichsfreiherr von Dahlberg, der letzte Kurfürst und Erzbischof von Mainz, anschließend Erzbischof von Regensburg, letzter Erzkanzler des Heiligen Römischen Reiches, Fürstprimas von Deutschland und des Rheinbundes (seit 1781, seit 1784 auch für kurze Zeit bei den Illuminaten).

Ganze Konvente traten geschlossen einer Loge bei, wie die Zisterzienser-Abtei Clairvaux in Burgund, oder das Benediktinerstift Melk in Niederösterreich. Der Abt von Melk ordnete auf seinem Sterbebett an, man solle ihn mit Schurz und Kelle, den Attributen eines Freimaurers, zugedeckt mit dem geistlichen Habit, in den Sarg legen und sodann den Sarg mit dem Meisterhammer zunageln!

Nach der zeitweisen Auflösung des Jesuitenordens im Jahre 1773 sahen nicht wenige Exjesuiten in den Freimaurern einen Ersatzorden. Die Logenbrüder Wolfgang Amadeus Mozart und Joseph Haydn komponierten Messen für die Kirche. Viele Werke, nicht nur die Zauberflöte mit dem Text „... in diesen heil'gen Hallen ..." widmete Mozart der Freimaurerei. Die Melodie zu seinem Freimaurer-Kettenlied „... lasst uns mit verschlungenen Händen, Brüder diese Arbeit enden ..." wurde als österreichische Bundeshymne übernommen.

Das freimaurerische Bekenntnis, das alle religiösen Anschauungen überbrückt und Menschen zusammenführt, die sich sonst fern wären, führte zur Aufnahme aller Religionen, insbesondere der Juden und Muslime. Das war für den Vatikan unfassbar. Wiederholt versuchte er, diese von den Freimaurern propagierte Freiheit in Religions-, Glaubens- und Gewissensfragen mit den Worten zu widerlegen: „Wenn sich in derlei Gesellschaften Leute jeder Religion und jeder Sekte zusammengesellen, kann der Reinheit der katholischen Lehre ein großer Schaden zugefügt werden."

Die Kirche erklärte die Freidenker zu Atheisten und warf ihnen vor, alle liberalen Bestrebungen auf kulturellem und kirchenpolitischem Gebiet hätten ihren Ursprung in diesem Geheimbund. Daraus müsse unerlässlich der Umsturz des geistigen und weltlichen Systems folgen. Die Französische Revolution sei der Beweis dafür, war sie doch, so wurde ja behauptet, durch ein „jüdisch-freimaurerisches Komplott" veranlasst worden.

Zudem verbreiteten Hetzschriften, die Freimaurerei sei nichts anderes als die Revolution in Tätigkeit, nichts anderes als eine permanente Verschwörung gegen Thron und Altar. Und gerade deswegen strebten Fürsten und Priester die Mitgliedschaft an, um den Geist der Freimaurer in ihrem Sinne zu beeinflussen. Dies war auch die Strategie Napoleons (1769–1821). Er veranlasste hervorragende Persönlichkeiten seiner Umgebung, den Logen beizutreten. Seine vier Brüder, Louis, Lucien, Jérome und Joseph, sein Stiefsohn Eugène, der spätere erste Herzog von Leuchtenberg, und dessen Vater, Vicomte de Beauharnais, standen an der Spitze maurischer Bruderschaften – nach dem Motto: Macht pflegt Macht anzuziehen.

Es folgte ein Dutzend weiterer Verdächtigungen und Verurteilungen gegen den geistigen Weltbund. Die katholische Kirche schwankte seit der Bulle *in eminenti* (1738) zwischen Bekämpfung und Duldung der Freimaurerei.

Nach dem zweiten Vatikanischen Konzil (1965), mit dem sich die katholische Kirche zum Dialog mit „allen Menschen guten Willens" aufgemacht hatte, schöpften die Freimaurer Hoffnung auf katholische Anerkennung ihrer Bruderschaft. Doch der Vatikan erklärte: „Die Freimaurerei hat sich in ihrem Wesen nicht gewandelt. Die Mitgliedschaft stellt die Grundlagen der christlichen Existenz in Frage. Damit ist die gleichzeitige Zugehörigkeit zur katholischen Kirche und zur Freimaurerei unvereinbar."

Die Bruderschaft bedauerte die päpstliche Feststellung und erklärte diese mit dem Unvermögen, das „Phänomen Freimaurerei" zu begreifen. Sie vertrat und vertritt vielmehr die Ansicht, dass der Bruderbund für die Kirche als „eine Art geistige Hilfstruppe" fungieren könnte, und erhoffte, dass eine konfliktfreie Glaubensausübung für katholische Freimaurer möglich werden könne.

Bei der Kundgebung des neuen *Codex Juris Canonici* im Jahre 1983 war dann von einer Exkommunikation der Freimaurer nicht mehr die Rede! In dieser Angelegenheit hatte der gläubige Katholik und Logenbruder Freiherr Ludwig von Pölnitz (1925–1982) vermittelt, der seinen Eintritt in eine Loge zuvor mit seinem Bischof abgestimmt hatte. In seinen letzten Jahren war er der Vorsitzende der deutschen Dialogkommission mit der katholischen Kirche. Die Entscheidung des Heiligen Stuhls überraschte den damaligen Kardinal Ratzinger, seit 2005 Papst Benedikt XVI., der noch einen Tag zuvor erklärt hatte: „Katholische Freimaurer sind exkommuniziert". Zwanzig Jahre später, im Februar 2003, verkündete der bayerische Weihbischof Siebler bei einer Friedensdemonstration gegen den Irakkrieg der USA: „Wir Christen hoffen auf eine Völkerfamilie aller Nationen, Kulturen und Religionen". Damit brachte er zum Ausdruck, dass die Kirche der Weltanschauung der Freimaurer sehr nahe gekommen ist.

Im Gegensatz zur katholischen Kirche stand der protestantische Geist den Freimaurern von Anfang an näher. Wurden doch die ersten Bruderbünde in protestantischen Ländern, wie in England und dann in Preußen, gegründet. Die Hohenzollern hatten das Protektorat über die vaterländische Freimaurerei übernommen.

Im Oktober 1973 erklärte die evangelische Kirche, dass sie keinen Grund habe, die freimaurerische Erklärung anzuzweifeln, nach der die Logen keine Ersatzreligion (Ersatzgottesdienst oder Ersatzsakrament) seien, sondern ein Männerbund mit einem erzieherischen Auftrag. Deswegen bestehe keine Unvereinbarkeit mit der Mitgliedschaft in einer evangelischen Kirche. Eine Doppelzugehörigkeit sei dem Ermessen eines jeden Einzelnen überlassen.

Nicht nur die damalige Kirche, auch die absolutistischen Staaten fühlten sich durch die Freimaurerlogen verunsichert, weil diese mit ihren Idealen von der bürgerlichen Freiheit der Zeit weit voraus waren und im Widerspruch zu den herrschenden absolutistischen Mächten standen. Die Logen als private, geschlossene Gesellschaften waren mit ihrem geschützten Freiraum dem politischen Zugriff der Staatsgewalt entzogen; das bedeutete eben Gefahr für jene Staaten, die nicht zu Reformen bereit waren. Auch die freimaurerischen Ziele – wie Kosmopolitismus, Geistes- und Gewissensfreiheit, die gewaltlose Durchsetzung moralischer Prinzipien, der Einsatz des Einzelnen gegen Ungerechtigkeiten und das Aufheben der Standesschranken – galten in jener frühen Zeit als revolutionär und riefen in den absolutistischen Staaten, später auch in Diktaturen Ängste hervor. Durch das Egalisieren der Standesunterschiede ihrer Mitglieder umgingen die Freimaurer die hierarchische Staatsordnung. Unter dem Prinzip der Gleichheit aller Menschen hatten sich in den Logen „Noblemen, Gentlemen and Workingmen" auf einer Ebene zusammengefunden, auf der alle ständischen Unterschiede eingeebnet waren. In den aufgeklärten Ländern war das kein Problem. Diese ließen zum Beispiel in Kriegen freimaurerische Feldlogen zu, in denen einfache Soldaten mit Offizieren brüderlich verbunden waren. Wenn auf beiden Seiten solche militärischen Strukturen bestanden, konnten sie durch ihre Notsignale manches Mal grausame Gefechte zusammenbrechen lassen: ein Zeichen ihrer unermesslichen Stärke. Der preußische Generalleutnant Wilhelm Ludwig Graf Henckel von Donnersmarck (1775–1849) setzte im Befreiungskrieg 1813 gegen Napoleon in der Völkerschlacht bei Leipzig beispielsweise Feldlogen ein – mit ausdrücklicher Genehmigung des preußischen Königs Wilhelm I., der seit 1840 selbst Freimaurer war.

Auch in unserer jüngeren Geschichte spielten die Freimaurer eine Rolle. Der bayerische Minister Graf Maximilian Montgelas (1803–1806, 1809–1817,1838) wie auch Freiherr Adolf von Knigge (1752–1796), der 1788 ein Buch mit Lebensregeln „Über den Umgang mit Menschen“ verfasste, kurz „der Knigge“ genannt, gehörten den Freimaurern und den Illuminaten an. Der Illuminatenorden war, ähnlich wie die Freimaurer, ein Geheimbund, der 1776 von Adam Weishaupt in Ingolstadt gegründet wurde. Weishaupt nutzte seine Stellung als Hochschullehrer, um seine kosmopolitischen und radikal aufklärerischen Ideen an der Universität, aber auch unter Beamten, Literaten und Adeligen zu verbreiten. Sein Orden mit rund 2500 Mitgliedern wurde 1785 von dem bayerischen Kurfürsten Karl Theodor verboten.

In Italien kämpfte als Freimaurer Giuseppe Garibaldi (1807–1882) für die Freiheit seines Landes, und in der Türkei war es Kemal Atatürk (1881–1938), der Vater der modernen Türkei.

1914 unterstellten klerikale und deutschnationale Kreise den Logenbrüdern, das Attentat auf Erzherzog Franz Ferdinand (1863–1914) in Sarajevo veranlasst zu haben, und machten sie damit für den Ausbruch des Ersten Weltkrieges verantwortlich. Die Abneigung Erzherzog Franz Ferdinands gegen Freimaurer, Juden und Ungarn war bekannt. Doch diese fixe Idee gehört zu den einschlägigen Verschwörungstheorien.

Die Paneuropa-Bewegung wurde 1922 von dem Freimaurer Graf Richard Nikolaus Coudenhove-Kalergi (1894–1972) gegründet.

Sir Winston Churchill, Premierminister von Großbritannien (1940–1945 und 1951–1955) und Franklin Roosevelt, 32. Präsident der Vereinigten Staaten (1933–1945), beide Freimaurer, unterzeichneten 1941 die *Atlantic Charta*, die Grundlagen der künftigen Weltordnung mit den vier Freiheiten: Freiheit der Meinung und Religion, Freiheit von Not und Furcht.

Im Deutschen Reich war allerdings General Erich Ludendorff (1865–1937) ein heftiger Gegner der Freimaurer, der grobe Angriffe gegen sie erhob. Er führte einen harten Kampf gegen Freimaurer, Juden und Jesuiten. Diese „überstaatlichen Mächte", diese „konspirativen Gesellschaften" machte er für das nationale Unglück des verlorenen Ersten Weltkrieges verantwortlich. In den maurischen Feldlogen vermutete er eine „Brutstätte von Vaterlandsverrätern", auch wenn ihm bekannt gewesen sein musste, dass unter anderem Feldmarschall Blücher (1742–1819), Generalstabschef von Scharnhorst (1755–1813), Generalfeldmarschall Graf von Gneisenau (1760–1831) und Seeoffizier Graf Felix von Luckner (1881–1966) den Freimaurern angehört haben. Ludendorff sah seine Lebensaufgabe in einem Vernichtungsfeldzug gegen die Freimaurer durch die Enthüllung ihrer Geheimnisse. Er verbreitete in zahlreichen Artikeln und Schriften: „Das Geheimnis der Freimaurerei ist überall der Jude." Seine These begründete er mit dem Tragen des Freimaurerschurzes. Diesen sah er als den Aaronschurz der Jahvebrüder aus dem Alten Testament an und setzte ihn mit einer symbolischen jüdischen Beschneidung gleich, nach der jeder Freimaurer zum „künstlichen Juden" gemacht werde. Wiederholt hat sich Ludendorff wegen übler Nachrede, Beleidigungen und „politisch verdorbener Phantasie" vor Gericht verantworten müssen.

Ludendorff hatte viele Anhänger. Die „Deutsche Reichszeitung" verbreitete um 1880 den Mahnruf eines anonymen deutschen Patrioten, einen „Mahnruf an Fürsten und Völker" gegen den Geheimbund der Freimaurer: „Die Freimaurerei treibt ununterbrochen ihr verderbliches Wühlgeschäft. So lange sie das tut, wohnt der Feind, der entschiedenste Feind des Christentums, der Staaten und Gesellschaften mitten unter uns!"

Den von Ludendorff und anschließend von seiner Witwe Mathilde weiter geschürten Freimaurerhass haben die Nationalsozialisten konsequent aufgegriffen. Als diese 1933 in Deutschland die Staatsgewalt übernahmen, war die Intoleranz in ihrer schärfsten politischen Form mit an die Macht gekommen. Sie setzten ihrem bedingungslosen völkischen Nationalismus den freimaurerischen Kosmopolitismus entgegen und interpretierten diesen als feindliche Internationale gegenüber dem Deutschen Reich. Seine planmäßige Bekämpfung war eine kriegsnotwendige Aufgabe. Nie in der Geschichte wurden die Freimaurer mit solcher Gründlichkeit verfolgt wie im Dritten Reich. Durch die ständigen Angriffe lösten sich in den Jahren 1933 bis 1935 schrittweise die deutschen Logen auf. Im Rahmen der Gleichsetzung von Freimaurern und Juden begann für sie eine Zeit der schrecklichen Verfolgung, der Plünderung und der Enteignung der Logenvermögen und zum Teil auch der Deportation.

Als nach dem zweiten Weltkrieg 1945 „neues Leben aus den Ruinen erblühte“, erwachten die Logen entsprechend ihrem fundamentalen Anspruch auf eine weltumfassende Bruderkette zu neuen Aktivitäten. Gleich nach dem Fall der Mauer zwischen den beiden deutschen Staaten (1989) nahmen sie Kontakt zu den wenigen noch lebenden Brüdern in Ostdeutschland und Osteuropa auf.

Wenn auch in demokratischen Staaten Freiheit und Menschenwürde in der jeweiligen Verfassung verankert und für jedermann längst zur Selbstverständlichkeit geworden sind, bleibt das Interesse an der Gesellschaft der Freimaurerei bestehen. Sie muss also mehr bieten. Und gerade nach diesem „Mehr“ suchen die Menschen heute. Der Weltanschauungsexperte der bayerisch-evangelischen Landeskirche brachte es im April 1998 wie folgt zum Ausdruck: „Die Freimaurerei ist das letzte große System von Männerbünden mit dem Ziel der ethisch-moralischen Vervollkommnung ihrer Mitglieder.“

Heute gehören ungefähr sechs Millionen Männer in rund 40.000 Logen, verteilt auf 130 Länder, dem „Weltbund der Menschlichkeit“ an. Ihre ungebrochene Lebenskraft beruht auf der seit Jahrhunderten gepflegten Tradition ihrer „alten Pflichten“ und ihrer unveränderten Grundideale. Alle regulären Logen dieser Welt sind der Vereinigten Großloge von London unterworfen. Daneben existieren noch die so genannten Winkellogen, zu denen man auch die „P2“ in Italien zählen könnte. Ihre Mitglieder nennen sich Freimaurer, gehören aber nicht der weltumspannenden Bruderkette an, denn sie haben sich von den jahrhundertealten Pflichten entfernt und Züge angenommen, die von den Idealen der Freimaurerei weit entfernt sind. Unkundigen sind diese Unterschiede nicht bekannt. Das kann zu schnellen und ablehnenden Vorurteilen und negativen Verallgemeinerungen führen.

Die einzelnen regulären Logen sind in ihren Systemen und in den verschiedenen Ländern unterschiedlich: Die angloamerikanischen Freimaurer sind gesellig, wohltätig, wenig öffentlichkeitsscheu, die romanischen Freimaurer, vor allem in Frankreich, waren aufgrund der politischen Entwicklung stark politisch und antiklerikal engagiert, während die deutsche Freimaurerei mehr ethisch-spekulativ orientiert ist.

Wenn sich die Freimaurer heute auch offener präsentieren, bleiben doch Fragen offen. Es bleibt ein Überblick komplex, ein Einblick schwierig, ein Verständnis möglich, aber ein vollständiges Verstehen wohl unmöglich.

Tolerieren wir die Aussage eingeweihter Brüder: „Die Freimaurerei ist eine Lebenskunst."

Abb. 14: Arabeskenfries über der Loggia des Hofes
im Palazzo Rufolo in Ravallo auf Sizilien

11

Mohammed eroberte Europa

Einfluss des Islam durch 1300 Jahre

Wenn man den Islam begreifen und die Muslime verstehen will, muss man weit zurück in die Geschichte gehen.

Wissenschaftlich ist es erwiesen, aber kaum in unser Bewusstsein gedrungen, dass ein großer Teil des Erbes der Antike, worauf Europa seit jeher stolz ist, durch die Übersetzungstätigkeit der Araber überliefert und damit erhalten wurde. Die Muslime waren dabei nicht nur Übersetzer, sondern auch eigenständige Weiterentwickler auf nahezu allen Wissensgebieten wie der Medizin, der Astronomie, den Naturwissenschaften, der Mathematik, der Chemie, der Baukunst, wie auch den Geisteswissenschaften. Während das christliche Europa erst sehr langsam die Freiheit der Forschung errang, unterlag der islamische Bereich von Anfang an keiner Beschränkung. Vielmehr hieß es, dass man „lernen solle, und sei es von den Chinesen". China, der entfernteste Teil der Welt, war zu dieser Zeit dem Abendland noch völlig unbekannt. Denn als sich die europäischen Völker um die erste Jahrtausendwende erst zu einer Gemeinschaft formten und in die Geschichte eintraten, bestand das islamische Reich der Kalifen, im modernen Sprachgebrauch die arabische Welt, schon seit rund 400 Jahren.

Sein Begründer war Mohammed (570–632 n. Chr.), ein Kaufmann aus Mekka. Zu Anfang des siebten Jahrhunderts unserer Zeitrechnung suchte er als 40-Jähriger nach einer Erneuerung und endgültigen Vollendung der beiden bestehenden monotheistischen Religionen, der jüdischen und der christlichen, um eine neue Orientierungsgrundlage für das private Leben und das öffentliche Handeln zu finden. Ab 610 n. Chr. hatte er die ersten himmlischen Offenbarungen. Als er mit seinen Predigten über einen einzigen barmherzigen Schöpfergott in die Öffentlichkeit trat, bedrohte er die allgemeine Vielgötterei in seiner Geburtsstadt. Es gab so viele Götter wie Sehnsüchte, auf die wollte man nicht verzichten. 622 musste Mohammed die Stadt verlassen. Er floh nach Medina. Der Tag seiner Flucht (16. Juli = *Hedschra*) stellt den Beginn der mohammedanischen Zeitrechnung dar.

In Medina erhielt er den Auftrag, das Gemeinwesen neu zu ordnen und Frieden zu schaffen. Dazu setzte er, der sich als Prophet Allahs sah, die ihm von Gott gegebenen Gesetze ein, die im Koran niedergeschrieben wurden. Auch wenn er keine neue Religion schaffen wollte, war damit die Religion des Islam gegründet. Die Offenbarungen an Mohammed bedeuten für den Islam die Vollendung und Überhöhung alles Bisherigen. Islam heißt: „Ergebenheit in den Willen Gottes", und die Gläubigen, die sich Gott unterwerfen, sind die Muslime. Sie bilden eine Gemeinschaft, gehören aber keiner hierarchischen Amtskirche an, denn der Islam ist Religion, Kultur und Politik in einem. Alles private, wirtschaftliche und politische Handeln, das sich am Gesetz Gottes orientieren muss, ist in der *Scharia* festgelegt. Diese regelt alle Bereiche des menschlichen Lebens und verwirklicht damit die Einheit von Religion und Lebensweise. Das zeigt, Religion und Staat sind ein untrennbares Ganzes. Der Islam ist also auch eine eminent politische Bewegung und damit weit mehr als nur Religion. Dementsprechend übernahm Mohammed die geistliche, politische und militärische Autorität in einer Person. Er war Religionsgründer, Staatsgründer und Feldherr. Er übte die alleinige Macht über alle aus.

In einem theokratischen Staat ersetzte er die heidnischen Blutbande durch eine religiöse Bruderschaft, denn in der Religion sah er die Möglichkeit, die arabischen Stammesstreitigkeiten überwinden zu können. Nach seinem Tod im Jahre 632 traten die Kalifen seine Nachfolge an. Sie propagierten den „tatkräftigen Einsatz des Gläubigen für die Sache Gottes", so wie es im Koran steht, denn „alle vom Islam eroberten Länder sind für das ewige Heil unter dem Licht von Allahs Gesetz auserwählt. Das Schwert ist der Schlüssel zum Paradies."

In beeindruckender Geschwindigkeit breitete sich der Islam durch kriegerische Eroberungen aus. Nach islamischer Lehre ist es Aufgabe der Muslime, die Herrschaft des Islam über die Welt zu verbreiten, auf dass jedes Land der Welt dem Islam Folge zu leisten hat. Das hatte nur unter heidnischen Völkern etwas mit Missionierung zu tun. Zu dieser frühen Zeit galten die Heiden als „Ungläubige". Juden und Christen brachten die Muslime zunächst Respekt entgegen, da auch sie einer monotheistischen Religion angehörten. Mohammed hatte diese zu Beginn seiner Verkündigungen als „Offenbarungsempfänger" und „Schriftbesitzer" anerkannt. Sie waren also keine „Ungläubigen". Andererseits warf er vor allem den Christen „Verfälschung ihrer Offenbarung" vor. Wie hier lassen sich häufig widersprüchliche Aussagen zu einem Thema im Koran feststellen.

Nach klassischer muslimischer Auffassung wurde Juden und Christen, den „Schutzbefohlenen", den *Dhimmis*, freigestellt, zum Islam überzutreten oder den neuen Herren Tribut zu zahlen. Die Muslime erschwerten meist den Übertritt der besiegten Völker, denn sie brauchten deren Steuern, die aber wegfielen, sobald diese konvertierten.

Das Zusammenleben mit den Andersgläubigen blieb nur so lange ungetrübt, wie die Muslime in der Minderheit waren. Erstarkte der Islam, wurde ihre Politik den Besiegten gegenüber feindlich und diskriminierend. Geduldete Minderheiten mussten sich den Gesetzen des Islam unterordnen. Der Islam, als Religion der arabischen Eroberer, behielt eine gewisse Exklusivität, denn nur ein Muslim war im Vollbesitz aller Rechte und aller Aufstiegsmöglichkeiten. Das führte dazu, dass sich die Mehrheit der besiegten Bevölkerung bald zum Islam bekannte.

Bereits aus dem Jahre 694 n. Chr. ist eine islamische Goldmünze bekannt. Das war seinerzeit eine Ungeheuerlichkeit, denn Goldmünzen waren das alleinige Vorrecht der byzantinischen Kaiser und existierten sonst nirgendwo auf der Welt. Ihre Inschrift lautet: „Er ist Gott, ein Einziger, Gott, durch und durch, der, an den man sich wendet. Er hat weder gezeugt, noch ist er gezeugt worden" (Sure 112,1–3). Es ist eindeutig, dass die Münze zwei Zwecke erfüllen sollte: zu zeigen, dass es einen neuen Weltstaat und eine neue Weltreligion gab, die den Ansprüchen des Byzantinischen Reiches und der christlichen Lehre entgegentraten.

Im Gegensatz dazu steht unsere heutige Einschätzung: „Von islamischem Weltstaat keine Spur. Was wir sehen, ist eher Chaos, riesige Ansprüche, wenig Wirklichkeit. Keine Einheit, Feindschaften, ja Krieg untereinander. Trotz klaffender Wunden wenig Solidarität. Trotz sagenhaften Reichtums bei einigen wenigen Staaten Armut der Massen und nahezu unlösbare Probleme bei der Mehrheit der anderen. Und schließlich trotz des Anspruchs, die eigene islamische Identität wieder zu beleben und an ihr zu genesen, Zerrissenheit und immer häufiger sinnlose Gewalt."

Der Islam war einmal eine Weltmacht und wurde dies, wie keine andere, in einem nahezu blitzhaften Ausgreifen. Immer mehr Muslime schöpfen deshalb aus ihrer glanzvollen Vergangenheit ein Überlegenheitsgefühl gegenüber Juden und Christen. Sie steigern sich in eine Illusion hinein, einer ewig siegenden Religion anzugehören. Sie stellen sich eine weltumspannende Gemeinde unter dem Dach des Islam und unter der Führung der Muslime vor.

Heute ist der Islam die zweitgrößte Religionsgemeinschaft der Welt mit etwa einer Milliarde Gläubigen. Davon leben vier Millionen in Deutschland.

Die grandiose Vergangenheit der Muslime begann mit unaufhörlichen Siegen, die es ihnen ermöglichten, innerhalb von hundert Jahren eine islamisch-arabische Welt von gigantischem Ausmaß zu schaffen. Die noch wenig gefestigten Staatsformen der Volksstämme im Vorderen Orient begünstigten das Tempo und die Dauer ihrer Expansion. In Asien drangen sie bis zum Kaukasus vor, dann über Persien und China (751) nach Indien. In unglaublicher Schnelligkeit nahmen sie den Süden des Oströmischen Reiches ein und besetzten damit die Küsten des Mittelmeeres, an denen seit 300 Jahren die christliche Religion eingeführt und gefestigt war. 638 eroberten sie Palästina und damit Jerusalem, 641 Ägypten und gründeten auf den Trümmern von Theben die Stadt Kairo (969). Sie drangen weiter über Nordafrika an den Atlantik vor und überquerten dort die Meerenge nach Europa. Auf ihren Eroberungsfeldzügen ging es weniger um Religion oder Kultur als einzig und allein um Macht. Eine Mischung aus religiösem Eifer, Vertrauen auf das Paradies als höchste Glückseligkeit und der Aussicht auf materielle Belohnung war Ansporn des Einzelnen. Die rapide Ausweitung des muslimischen Reiches über drei Kontinente machte den Islam zu einem beispiellosen Phänomen in der Geschichte. Arabischer Handel bewegte sich in einem geschlossenen Wirtschaftsgebiet, das aus der gemeinsamen Sprache und Religion Nutzen zog. Karawanen zogen nach Osten. Arabische Schiffe stachen in Bagdad, Basra, Aden, Kairo und Alexandrien in See. Bis zu den Kreuzzügen beherrschte der arabische Handel das Mittelmeer, kontrollierte das Rote Meer, erreichte vom Kaspischen Meer aus die Mongolei und drang die Wolga aufwärts bis Nowgorod, Finnland und Skandinavien vor, wie Münzfunde zeigen. Den Händlern kam bei der Verbreitung des Islam eine entscheidende Rolle zu. Gehandelt wurde mit Seide, Teppichen, Edelsteinen und Porzellan, mit Gewürz- und Duftstoffen, Tee, Reis, Zucker und Getreide, aber auch mit Waffen, Sklaven und Tieren.

Die Muslime erkannten schnell, dass das kulturelle Erbe vieler eroberter Gebiete im Morgenland in jeder Beziehung den Sitten des vorislamischen Arabiens überlegen war. Begierig interessierten sie sich für die Kulturen der unterworfenen Völker. In intellektuellen Kreisen entwickelte sich ein außergewöhnlicher Eifer, die verschiedenen kulturellen und wissenschaftlichen Vermächtnisse aufzunehmen und sie weiterzuentwickeln. Sie führten sie der eigenen Forschung zu und passten sie ihren täglichen Bedürfnissen und dem Interesse der Gemeinschaft an. Ihr fieberhafter Schaffensdrang führte zu der klassischen muslimischen Kultur. Diese bildete sich aus einer Synthese von griechischem, persischem, indischem, syri-

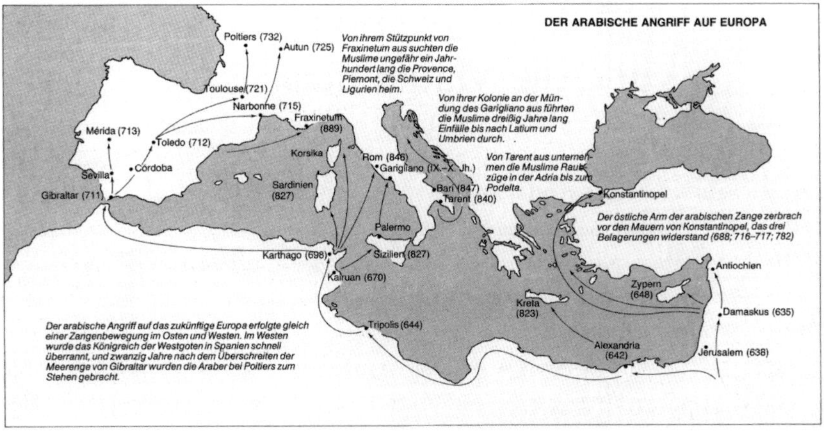

Abb. 15: Der arabische Angriff auf Europa

schem und semitischem Erbe, angereichert durch die indirekten Hinterlassenschaften der alten Zivilisationen von Mesopotamien und Ägypten. Aufgeklärte Kalifen förderten Wohlstand, Kunst und Wissenschaft. Durch Tributzahlungen der „Andersgläubigen" erlaubten wohlgefüllte Staatskassen das Verwirklichen großartiger Programme.

Westasien war in der arabischen Blütezeit, in der Zeit der Abbasiden, der Herrscherdynastie der Kalifen (Nachkommen von Abbas, dem Onkels des Propheten Mohammed, 750–1258 n. Chr.), das industriell und kommerziell höchstentwickelte Land der Welt. Damaskus, berühmt durch den Damast und seine 572 Moscheen, galt als die „köstlichste aller Städte Gottes". In Bagdad, „der Perle arabischer Stadtkultur" mit zwei Millionen Einwohnern, 36 öffentlichen Bibliotheken und über hundert Buchhändlern, erblühten Kunst und Wissenschaft. Diese begehrte Stadt wurde im Laufe ihrer Geschichte etwa dreißigmal erobert und zerstört.

Es überrascht nicht, dass das islamische Großreich in der zweiten Hälfte des ersten Jahrtausends den damaligen Europäern politisch-militärisch, wirtschaftlich und vor allem geistig-kulturell weit überlegen war. Die Kalifen überragten ihre Zeitgenossen wie zum Beispiel Kaiser Karl den Großen (800–814) oder Kaiserin Irene von Byzanz (752–803) an Reichtum, Macht, Pracht und Kultur.

Mohammeds Jünger führten ihre Eroberungskriege nicht, um Vermittler der Kulturen zu werden, auch nicht zur missionarischen Expansion des Glaubens, sondern um das territoriale Herrschaftsgebiet Allahs auszuweiten. Dazu wollten sie auch Europa erobern und es von den beiden Eckpfeilern Byzanz und Spanien aus mit einer eisernen Klammer erfassen. Byzanz, genauer Konstantinopel, konnten sie zunächst nicht besetzen, wohl aber die Mittelmeerinseln Zypern, Rhodos, Kreta, Sardinien, Sizilien wie auch die italienische und die iberische Halbinsel. Das europäische Abendland, das seit dem Römerreich an allen Küsten des Mittelmeers geherrscht hatte, konnte sich nur noch an dessen nördlichen Ufern halten. Drei Viertel des ehemaligen *mare nostrum* Roms, das einst für ganz Europa der Mittelpunkt der Kultur gewesen war, gehörten seit dem 8./9. Jahrhundert dem Islam. Das Mittelmeer – einst das Zentrum und der Umschlagplatz der abendländischen Wirtschaft und des Verkehrs – war nun zum wichtigsten Verbindungsfeld der Araber geworden. Ihr Einbruch in diese Region ließ unter den Historikern heiße Diskussionen entbrennen. Die einen fanden, die Araber hätten mit ihren Unternehmungen eine neue mediterrane Welt geschaffen, die trotz der Glaubensgegensätze von wirtschaftlicher Einheit geprägt gewesen sei. Sie verwiesen auf die Politik von Venedig, das 991 einen Handelsvertrag mit den Sarazenen unterzeichnete, der darauf abzielte, mit den Muslimen Handel zu treiben anstatt sie zu bekämpfen. Andere Historiker sahen durch diese fremde Macht die bis dahin erhaltene kulturelle Einheit der antiken Welt zerstört, weswegen die abendländische Wirtschaft neue Handelswege über den Norden habe finden müssen.

Aus diesem Grund hatte Karl der Große 793 eine Binnenwasserstraße von der Nordsee über den Rhein, den Main und die Donau bis ins Schwarze Meer geplant. Die so genannte *Fossa Carolina* ist in der Nähe des Altmühltals als Teilabschnitt noch erhalten. 1836 nahm der bayerische König Ludwig I. das Projekt wieder auf und schuf eine erste Kanalverbindung zwischen Main und Donau. Der Schifffahrtsbetrieb auf dem „Ludwigskanal“ musste 1945 eingestellt werden. Erst 1200 Jahre nach Aufkommen der ursprünglichen Idee wurde 1992 der „Rhein-Main-Donau-Kanal“ verwirklicht.

Die Sarazenen, die Muslime der Mittelmeerwelt, zogen durch Italien, besetzten viele Hafenstädte und drangen nordwärts über den Großen

Sankt-Bernhard-Pass ins Herz von Europa vor. Der Islam wurde zum gefährlichsten Feind der sich eben erst bildenden europäischen Allianz. Es entspann sich in der Folge ein mehr denn tausendjähriger Kampf zwischen Morgenland und Abendland.

Die Päpste riefen die Könige nördlich der Alpen nicht nur gegen die Langobarden, vielmehr auch gegen die kriegerischen Sarazenen zu Hilfe. Zum Dank für diesen Beistand krönten die Päpste künftig die Könige zu Kaisern, zu „Kaisern des Heiligen Römischen Reiches", mit dem späteren Zusatz „Deutscher Nation". Die Kaiser konnten Italien verteidigen und so blieben die muslimischen Spuren hier gering im Vergleich zu den Einflüssen, die sich von Sizilien, dem Erbland des Stauferkaisers Friedrich II., und von Spanien aus auf das europäische Festland auswirkten.

Unter allen Begegnungen des Islam mit Europa zählten diejenigen auf der iberischen Halbinsel zweifellos zu den längsten, aber auch fruchtbarsten.

711 überquerten die Muslime von Afrika aus die Meerenge am Atlantik, der sie den Namen ihres Berberführers gaben, *Gibraltar* (Berg des Tariq), und setzten mühelos ihren Fuß in das von inneren Zwistigkeiten zerrissene Spanien.

Die einheimische Bevölkerung wurde zu dieser Zeit von einer fremden Aristokratie, den Westgoten, unterdrückt, und die dort lebenden Juden litten unter der Macht der katholischen Kirche. Wenn auch die neuen Herren die Situation nur verbessern konnten, hatten sie doch die Widerstandskraft der Spanier unterschätzt und hielten letztendlich nur die südliche Landeshälfte fest in ihrer Hand. *Bilâd al-Andalus*, wie sie das arabische Spanien mit der Hauptstadt Córdoba nannten, wurde ein in politischen und religiösen Angelegenheiten von Bagdad unabhängiges Kalifat. Spanien blieb über 800 Jahre in einen muslimischen Süd- und einen christlichen Nordteil gespalten.

Die Araber versuchten weiter nach Norden über die Pyrenäen nach Frankreich vorzustoßen. Auf ihrem Weg über Narbonne traf ihr Statthalter Abd ar-Rahman 732 bei Poitiers auf den Widerstand des fränkischen Hausmeiers Karl Martell (688–741), den Vorsteher der merowingischen Haushaltung aus dem Geschlecht der Karolinger.

Sein Sieg über die Muslime festigte die Vormachtstellung der Franken und sollte später seinem Enkel Karl dem Großen den Weg zu einem christlichen Reich im Westen ebnen. Es mag Zufall sein, dass Karl Martell der Legende nach sein Schwert, gleichsam *ex voto,* in der Kathedrale der Heiligen Katharina in Fierbois niedergelegt hat, wo es Jeanne d'Arc (1412–1431) 700 Jahre später wiederfand, um Frankreich abermals gegen eine Fremdherrschaft, dieses Mal gegen die Engländer, zu verteidigen.

Immer wieder gelangen den Muslimen Überfälle ins nördliche *Hispania.* 997 zerstörten sie die heiligste aller heiligen Pilgerstädte Spaniens, Santiago de Compostela, und ließen die berühmte Jakobskirche niederreißen. Die Bronzetore und Glocken der Kirche mussten christliche Gefangene im Triumphzug auf ihren Rücken nach Córdoba schleppen. Aber das Schicksal wollte es, dass Muslime sie später in gleicher Weise nach Compostela zurückbringen mussten.

Diese gespannte Situation schuf im geteilten Spanien zwischen den katholischen Dynastien und den arabischen Emiraten unüberwindbare politische Schranken. In immer wieder aufflackernden Angriffen versuchten die katholischen Könige von Asturien und León, später Kastilien und Aragonien, Land und Religion von den muslimischen Eindringlingen zurückzuerobern.

Während der 800-jährigen islamischen Herrschaft lebten in den einzelnen Emiraten von *Bilâd al-Andalus* unter dem Gesetz und der Kultur des Islam Muslime, Juden und Christen vorwiegend in Einklang miteinander. Weitgehende religiöse wie ideologische Toleranz und Gerechtigkeit waren das Erfolgsrezept der Eroberer. Der Glaube wurde nicht aufgezwungen, denn die Muslime interpretierten die Worte des Koran „in der Religion gibt es keinen Zwang" (Sure 2,256) so, dass alle ihre Religion unter den Bedingungen des islamischen Staates ausüben durften. Die Kalifen sahen sich als Herrscher dreier Religionen unter dem Dach des Islam. Juden und Christen waren ihre Schutzbefohlenen. Wie konnte es auch anders sein, denn Allah war der einzige Gott, also musste sein Repräsentant auf Erden, der Kalif, auch der einzige und wahre Vertreter für alle Völker und Nichtmuslime sein. Die *Mozárabes,* Juden und Christen, genossen innerhalb von *Bilâd al-Andalus* überwiegend Freiheit und Toleranz, waren rechtlich aber benachteiligt und nur Bürger zweiter Klasse.

Einschränkungen wie das Verbot Waffen zu tragen, Pferde zu reiten und die Verpflichtung, muslimische Eroberungskriege finanziell zu unterstützen, mussten sie hinnehmen.

Die Einstellung der islamischen Religion zu Andersgläubigen ließ ein Kalif im frühen 8. Jahrhundert in seinem Lustschloss Qusair/Qars al-Amra in der jordanischen Wüste, 80 Kilometer östlich von Amman, auf einem Fresko darstellen. Das Wandbild im Audienzsaal zeigt den sitzenden Kalifen, dem sechs unterworfene Herrscher ihre Huldigung erweisen. Ihre Namen waren einst deutlich zu lesen, heute sind sie leider verwittert: Herakleios, der byzantinische Kaiser (610–641), und Roderich, letzter Westgotenkönig in Spanien, 711 von Arabern besiegt und gestorben in der Schlacht am Río Barbate bei Jerez de la Frontera. Dann Khosroes (Yazdgard III. 632–641), persischer Schah. Während seiner Regierungszeit wurde Persien Teil des islamischen Weltreiches und der Zoroastrismus durch den Islam ersetzt. Der nächste unterworfene Herrscher war Negus (Nechos II.) von Ägypten. 641 kapitulierte Ägypten. Die Bevölkerung blieb bis ins 9. Jahrhundert mehrheitlich christlich (koptisch).

Die weiteren zwei Dargestellten auf dem Fresko sind undeutlich zu erkennen, könnten aber den chinesischen Kaiser und eventuell einen indischen Fürsten repräsentieren.

Diese Würdenträger sind nicht als gedemütigte Gefangene abgebildet, kommen aber als gebeugte, dem Kalifen huldigende Herrscher, die zwar ihre Stellung unter den neuen Herren beibehalten durften, sich aber den Gesetzen des Islam unterordnen mussten. Dieses Wüstenschloss wurde von der UNESCO als Weltkulturerbe erklärt und ist Ziel heutiger Kulturreisen.

Unter dieser muslimischen Regierungsform konnte im arabischen Teil Spaniens in einem Rahmen verschiedener Sprachen, mit Hilfe von Menschen verschiedenen Glaubens, eine islamisch dominierte Kultursymbiose entstehen, auch wenn die päpstliche Kirche ihre Ablehnung deutlich machte.

Die Geschichte lehrt aber, dass Kulturen wie Religionen einander nicht nur befehden, sondern auch beerben. Das zeigte sich im muslimischen Spanien, das im 10. Jahrhundert mit an der Spitze der Weltzivilisation rangierte.

Durch eine Invasion von Künstlern, Wissenschaftlern und Denkern erlebten die bis dahin provinziellen Städte von Bilâd al-Andalus, wie Córdoba, Sevilla, Zaragoza, Toledo und nicht zuletzt Granada, eine grandiose Veränderung.

Die hier lebenden Spanier, ob Christen oder Juden, schätzten die Gesellschaft der Muslime, mit denen sie gelehrte Gespräche über Literatur, Philosophie und alle Gebiete der Wissenschaften führen konnten. Ebenso faszinierte sie der arabische Lebensstil, die Vornehmheit, Eleganz und Schönheit und nicht zuletzt der Großmut und die Duldsamkeit. Mit der kulturellen Entwicklung ging ein Anstieg der Bevölkerungszahl des Kalifats einher, ein untrügliches Zeichen für den wirtschaftlichen Wohlstand.

Córdoba beherbergte in seinem „Goldenen Zeitalter" hinter sieben Stadttoren eine halbe Million Menschen, mehr als das damalige Rom oder gar die Kaiserstadt Aachen mit 400 Einwohnern. Die „Blaue Moschee" zählte mit ihren elf Längs- und einundzwanzig Seitenschiffen und einem Wald von 1290 Säulen zu den Weltwundern ihrer Zeit. Die Säulen sollten die Unendlichkeit Allahs symbolisieren. Das Innere des Raumes mit seinem Ausmaß von 274 x 157 Metern wurde von zweihundert Bronzeleuchtern, hergestellt aus den erbeuteten Glocken von Santiago de Compostela, erhellt, die je tausend Lichter trugen. Diese Moschee war das größte und prächtigste Heiligtum des Islam auf europäischem Boden.

Vereinzelt drangen Erzählungen und Berichte über die Grenzen. So erfuhr man am Hofe Kaiser Ottos I., um 950, dass die Menschen in Córdoba in sechshundert Moscheen beteten und sich in 300 heißen Luxusbädern erholten. An die 100 Schulen, 17 Universitäten und 20 Bibliotheken stünden allen zur Bildung zur Verfügung. Den Palast des Kalifen mit 400 Zimmern zierten Wandmalereien, Schnitzereien, Teppiche und sprudelnde Springbrunnen. Die kaiserlichen Pfalzen konnten da nicht mithalten. An Universitäten dachte man dort erst später. 1257 wurde die Sorbonne in Paris als geistiges Zentrum für das Studium der Theologie und Philosophie gegründet. Das italienische Bologna galt ab 1317 als Zentrum der Rechte. 1348 begann die erste Universität des Heiligen Römischen Reiches, die Karls-Universität in Prag, mit ihrer Lehrtätigkeit. Aus den frühmittelalterlichen Klosterschulen entwickelten sich die Lateinschulen, die auf die akademische Bildung vorbereiteten. Allgemeine Schulpflicht gab es in vielen deutschen Regionen erst im 19. Jahrhundert, bei einer Ausnahme: Im Herzogtum Württemberg wurde schon um 1580 die allgemeine Schulpflicht eingeführt.

In der Privatbibliothek des Kalifen in Córdoba war ein Bestand von 400.000 Handschriften, die auf Papier geschrieben waren. Papier war eine Neuheit, die um 751 n. Chr. durch chinesische Kriegsgefangene im arabischen Kulturkreis eingeführt worden war. Im Jahr 800 n. Chr. gab es die erste Papiermanufaktur in Bagdad. In der deutschen Reichsstadt Nürnberg nahm dagegen erst 1390 die erste Papiermühle ihren Betrieb auf. Diese Errungenschaft, gefertigt aus Fasern des Maulbeerbaumes, Hanfresten und Lumpen, war gegenüber dem teuren Pergament eine große finanzielle Entlastung bei der unvorstellbaren Menge an Übersetzungen und eigener arabischer Literatur. Kein Volk der alten und mittleren Zeit hatte eine so großartige, vielseitige Literatur und außerordentlich gepflegte Dichtkunst aufzuweisen wie die Araber. Der Reim gilt als ihre Erfindung und wurde von den Minnesängern wie Walther von der Vogelweide (um 1170 – ca. 1230), übernommen.

Auf dem Gebiet der Medizin und Naturheilkunde war die arabische Wissen, basierend auf den Grundlagen des Hippokrates und Galen, für die restliche Welt ein unermessliches Erbe. Die Araber erhoben die Chemie zur Wissenschaft, die zum wesentlichen Aufbau der Medizin beitrug.

Man kann das hohe Niveau, das die Spezialisten bereits im 8. Jahrhundert n. Chr. erreicht hatten und in öffentlichen Krankenhäusern praktizierten, nur bewundern. Die Chirurgie, die Anästhesie, die Augenheilkunde, die Seuchenforschung haben ihren Ursprung in der arabischen Welt. Ihre Ärzte waren die Lehrmeister der medizinischen Fakultäten in Europa. Die Brille, die wahrscheinlich aus Indien stammt, wurde durch arabische Optiker im 13. Jahrhundert an die Europäer weitergegeben.

Mit der Einführung der arabischen Zahlen, des Dezimalsystems und der Null wurde ein neues Kapitel in der Geschichte der mathematischen Wissenschaft geschrieben. Zahlreiche Begriffe der griechischen Mathematik wie Algebra, Trigonometrie und Geometrie wurden von dem arabischen Mathematiker, Astronom, Geograph und Historiker Al-Khwarizmi (um 780–850) im so genannten „Haus der Weisheit“ in Bagdad, der wichtigsten arabischen Forschungsstätte seiner Zeit, aus dem Griechischen wiederentdeckt und als moderne Wissenschaft an den arabischen Universitäten in Spanien gelehrt.

Ab dem neunten Jahrhundert vertiefte der Islam die astronomischen Kenntnisse (die ersten astronomischen Observatorien wurden in China und Babylon bereits um 2300 v. Chr. errichtet). In Toledo und Sevilla standen im 11. Jahrhundert berühmte Sternwarten.

Im Vergleich dazu mussten sich im christlichen Abendland 500 Jahre später Nikolaus Kopernikus (1473–1543), Tycho Brahe (1546–1601) oder Galileo Galilei (1564–1642) und Johannes Kepler (1571–1630) mit den Erkenntnissen ihrer astronomischen und physikalischen Beobachtungen erst einmal gegen die Kirche durchsetzen. Das erste Observatorium im Deutschen Reich wurde 1471 in Nürnberg gegründet. Auf Sternwarten, die denen des muslimischen Mittelalters vergleichbar waren, stoßen wir erst im 17. Jahrhundert in Kopenhagen, Wien und Paris.

Das Schachspiel, das Spiel des Königs, des Schahs, fand durch die Araber Einzug in Europa. Ebenso die ritterliche Falkenjagd, die Friedrich II. (1220–1250) an seinem Kaiserhof in Sizilien von den Sarazenen übernommen hatte. Begeistert von diesem Sport, verfasste er für seinen Sohn Manfred das bis heute viel beachtete Buch über die Falknerkunst (*De arte venandi cum avibus).*

Weitere Selbstverständlichkeiten unseres täglichen Lebens sind durch die Muslime eingeführt worden, so der Kaffee. Im ersten Kaffeehaus, das 1685 in Wien öffnete, trank man gerne das „türkische Gsöff", das im Islam, in dem der Alkohol verboten ist, bevorzugt wurde. Auf Schnupftüchern, Herrenkrawatten oder Damentüchern findet man das „türkische Muster", die Palmette, das palmblattähnliche Ornament aus der griechischen und minoischen Kultur.

Die in Spanien als „maurische Kunst" bezeichnete Bauweise mit ihren berberisch-muslimischen und westgotischen Elementen erreichte zwischen dem 13. und dem 15. Jahrhundert ihren Höhepunkt. Dieser spanisch-islamische Architektur- und Dekorationsstil endete nicht mit der *Reconquista,* der christlichen Rückeroberung. Jetzt arbeiteten die in Spanien gebliebenen islamischen Baumeister und Kunsthandwerker, die so genannten *Mudéjares,* in christlichem Auftrag in einem maurisch-abendländischen Mischstil, dem Mudéjarstil.

Einen fantastischen architektonischen Eindruck hinterlässt die Alhambra in Granada, aus dem 13. und 14. Jahrhundert, mit ihren Doppelbogenfenstern, Stalaktit-Bögen und ornamentalen Dekorationen. Ihre Säulengänge, Höfe, Gärten und Brunnen sind ein Juwel der arabischen Kunst. Die Architektur geht in Dekor auf und die Bildhauer übertreffen die Architekten, indem sie eine Kunst schaffen, die man als „feminin" bezeichnet hat und die dem Betrachter wie ein lieblicher Traum erscheint.

Von der fruchtbaren arabisch-lateinischen Begegnung und der Kontinuität, mit welcher der Islam die Wissenschaft und Philosophie der antiken Kulturländer in das westliche Abendland getragen hatte, konnte Europa nur profitieren. Bis in die Renaissance hinein war die islamische Welt für die Europäer die Gebende.

Ab dem 11. Jahrhundert sprang der Funke der islamischen Kultursymbiose auf das gesamte Abendland über. Französische, italienische, deutsche und sogar slawische Gelehrte suchten nach den von den Arabern vermittelten Schätzen der antiken Weisheiten und fügten die Anregungen des Islam in ihre europäische Kultur ein. Es begann ein unübersehbares Werk an Rückübersetzungen aus dem Arabischen, oft auf dem Umweg über das Griechische und Hebräische. Hier boten sich in Toledo Übersetzerschulen an, mit einem ihrem wichtigen Vertreter des lateinischen Europas, Gerhard von Cremona (1114–1187).

Durch die Übersetzungen philosophischer Werke wie der Schriften von Aristoteles und Platon spielten die Muslime eine entscheidende Rolle bei der Förderung des abendländischen Geistes. Das war eine glückliche Chance für die lateinische Welt, die großen hellenistischen Traditionen mit ihrer monotheistischen Religion verbinden zu können. Ohne die Übersetzungstätigkeit des muslimischen Philosophen Averroes (1126–1198) – seine Statue steht in Córdoba – hätte Thomas von Aquin, scholastischer Philosoph und Theologe, Heiliger und Kirchenlehrer (1225–1274), keinen Aristoteles (384–322 v. Chr.) gekannt und keine *summa theologica* schreiben können, denn aus früher christlicher Sicht galten viele antike Werke als heidnische Werke, die verachtet wurden oder vernichtet worden waren.

Die Schriften des Aristoteles riefen an europäischen Universitäten Debatten über das Recht, den Staat, den Menschen und die Politik hervor. Das

Abendland knüpfte an den antiken Geist an. Das geistige Europa wachte auf. Es begann die Zeit des Umbruchs, der Renaissance, von der man sagen kann, dass der Einfluss des Islam eine Brücke zum abendländischen Humanismus geschlagen hat.

Diese geistige Emanzipation passte allerdings nicht in das Konzept der katholischen Kirche, die im damaligen Europa einen das ganze Leben durchdringenden alleinigen Wahrheitsanspruch erhob. Von ihrem eigenen Selbstverständnis her und aus Selbsterhaltung konnte sie es nicht hinnehmen, dass neben ihr noch eine höhere Kultur bestand, die es ablehnte, das christliche Selbstverständnis zu teilen. In den Augen des katholischen Europas war der Islam die „Welt des Bösen“ schlechthin.

Die gelehrten Spitzen der christlichen Welt wussten, dass das nicht zutraf, aber das Feinbild wurde benötigt und aufgebaut, zunächst für die Kreuzzüge im 12. und 13. Jahrhundert, dann für die spanische *Reconquista* mit ihrem endgültigen Sieg über den Islam im Jahre 1492. Das Feindbild wurde weiter genährt, bis das Blatt sich wendete.

Mit den Kreuzzügen ab 1095 wurde „Mohammed“ erstmals in die Defensive gedrängt. Der Papst hatte das Abendland zum Angriff gegen die Araber im Heiligen Land aufgerufen. Der Islam hatte Jerusalem bereits im Jahr 638 erobert und dort 691 n. Chr. auf dem Tempelberg seinen Felsendom an der Stätte erbaut, an der Abraham seinen Sohn geopfert haben soll. Mit dem Bau ihres Felsendomes und der Al-Aqsa-Moschee in unmittelbarer Nachbarschaft heiliger Stätten der Christen und Juden wollten die Muslime provozieren und zeigen, wer mächtiger ist, Allah, Jahwe oder Gott. Die Al-Aqsa-Moschee wurde mit Koranversen geschmückt wie: „Gott ist einzig, ohne Partner, ohne Gefährten.“ Eine eindeutige Ablehnung der christlichen Trinitätslehre.

Zweihundert Jahre dauerten die Kämpfe der Christen um ihre heiligste Stadt auf Erden. In den Kreuzzügen prallten zwei Welten und Kulturen aufeinander. Selbst im ehemaligen Ostrom, in Konstantinopel, sahen die Kreuzfahrer einen Rivalen, sahen in den orthodoxen Christen Andersgläubige und überfielen auf ihrem 4. Kreuzzug im Jahre 1204 die Stadt am Bosporus. Durch die Erstürmung schwächten sie die Metropole, beschleunigten ihren Niedergang und ebneten so den Osmanen den Weg zur späteren Eroberung. Wenn die Zerstörung und Vernichtung wertvoller Kulturgüter auch unwiederbringlich war, brachten die Kreuzritter doch auch wertvolle Erkenntnisse aus der Begegnung mit der alten abendländischen Kultur mit.

Weswegen mehrere christliche Heere unter den größten Verlusten und unzähligen Opfern vergeblich nach Jerusalem gezogen waren, das hatte Friedrich II., der große Stauferkaiser, ohne einen Schwertstreich, ohne einen Tropfen Blut erreicht. Er verhandelte in arabischer Sprache, mit Toleranz und politischem Weitblick und respektierte die Werte des Anderen. Er tastete die arabischen Heiligtümer nicht an und überließ dem Sultan den Felsendom und die Al-Aqsa-Moschee. Daraufhin übergab Sultan el-Kamil ihm 1229 die heilige Stadt Jerusalem mit Ausnahme des islamischen Tempelberges. Sie blieb jedoch nicht lange in christlicher Hand.

Friedrich II. kannte die Denkweise der Muselmanen, die in seinem Königreich Sizilien lebten. Er war in ihrer Umgebung aufgewachsen. Schon um 970 standen hier über 300 Moscheen. Friedrich hatte sich mit Gelehrten der islamischen Welt umgeben und sie an seinen Hof und an die von ihm gegründete Universität von Neapel (1224) und die medizinische Hochschule von Salerno (1226) geholt. Über Jahrhunderte blieben das die einzigen geistigen Zentren des Südens.

Friedrich umgab sich mit einer sarazenischen, das heißt arabisch-muslimischen Leibwache. Das war ein unerhörter Vorgang im damaligen christlichen Europa der Kreuzzüge.

Im vorigen Jahrhundert fand man beim Öffnen seines Sarkophags im Dom zu Palermo unter seinen Kaisergewändern nicht, wie überliefert, eine Zisterzienser-Mönchskutte, sondern ein muslimisches Totenhemd, bestickt mit Koransuren. Das hatte ihm wahrscheinlich seine muslimische Leibwache, die den Trauerzug durch Apulien nach Sizilien begleitet hatte, angelegt. Der Kommandeur der Leibwache des Kaisers hätte dies nie zu tun gewagt, wenn er und die seinen nicht überzeugt gewesen wären, dass der Kaiser einer der ihren gewesen war, denn nach ihrer Vorstellung waren alle Nichtmuslime die Untertanen des Kalifen.

Papst Gregor IX. verdammte Friedrich II. als leibhaftigen Antichrist, Ketzer und Freigeist und ließ ihn mit der Bannbulle belegen, während seine Anhänger in ihm einen Messias sahen. Erst im 19. Jahrhundert erkannten die Historiker diesen Freigeist als „modern“.

Wenn die Christen ihr Ziel in Jerusalem auch nicht erreichen konnten, sahen sie die Kreuzzüge doch als weittragende historische Erfolge an.

Ohne die Kreuzzugsidee wäre Spaniens Befreiung vom Islam wesentlich schwieriger geworden und Italien und die angrenzende Alpenwelt hätten den Mohammedanern noch länger offen gestanden. Dann wäre Konstantinopel schon im 11. oder 12. Jahrhundert und nicht erst 1453 erobert worden und die Türken hätten nicht erst 1529 und 1683 Wien bedroht, sondern vielleicht früher und auch mit größerer Macht.

Der Geist der Kreuzzüge hatte sich auch innerhalb von Spanien durchgesetzt. Unterstützt von Ordensrittern gingen die katholischen Könige zum Angriff über, als die Araber begannen, sich von der politischen Bühne zurückzuziehen. Toledo war bereits 1085 gefallen. Es folgte 1236 Córdoba, 1238 Valencia und 1248 Sevilla. Die meisten Muslime flohen nach Afrika, ein Teil zog sich nach Granada zurück. Im Laufe der Jahrhunderte war Bilâd-al-Andalus in 23 rivalisierende Stadtstaaten zerfallen.

1492 machte es die Verbindung zwischen den spanischen Königreichen Aragon und Kastilien durch die Hochzeit von Ferdinand und Isabella möglich, Granada, die letzte muslimische Bastion, einzunehmen. Damit war die jahrhundertelange *Reconquista* abgeschlossen.

Kirche und Staat waren sich einig: In gemeinsamer Aktion von Papst und König wurde Spanien vom Islam gereinigt. Die restlichen rund drei Millionen Muslime mussten konvertieren, fliehen oder wurden auf Scheiterhaufen verbrannt. Ähnlich erging es den Juden. Unter dem Enkel Ferdinands von Aragon, König Carlos I. von Hispania (1516–1556), besser bekannt als Kaiser Karl V. (1530–1556), fand Spanien 1519 Anschluss an das Heilige Römische Reich Deutscher Nation.

Die Spanier zeigten sich nicht so nachsichtig wie zuvor die Araber. Sie begannen die Verdienste des Islam zu leugnen und alles, was sie direkt und indirekt an die langen Jahrhunderte politischer und kultureller Abhängigkeit hätte erinnern können, zu verdammten. Muslimische Sitten und Gebräuche waren untersagt. Zum Beispiel verbot die Kirche die bei der feinen muslimischen Esskultur benutzten Gabeln mit der Begründung, „gottgegebene Nahrung darf nur mit den von Gott gegebenen Fingern berührt werden“.

Arabische Einrichtungen wie die öffentlichen Bäder wurden zerstört, weil sie „die Kräfte und den kriegerischen Geist der Männer schwächen". Hunderttausende von Büchern fielen den Flammen zum Opfer. Die Zentren, in denen hochgelehrte Araber Arm und Reich unterrichtet hatten, sanken wieder zu unbedeutenden Provinzstädten herab. Die *Reconquista* verwandelte 1238 Moscheen in christliche Kathedralen. Die Blaue Moschee von Córdoba war so groß, dass man 1236 in ihrem Inneren eine Kathedrale errichtete. Dafür mussten einige der 1290 Säulen fallen. Als Kaiser Karl V. später diese Verunstaltung sah, standen ihm Tränen in den Augen.

Die letzten und vielleicht schönsten Lichter muslimischer Kultur in Europa wurden ausgelöscht. Noch stehen wenige Meisterwerke der Vollkommenheit, als letzter Ausdruck einer untergegangenen Wunderwelt, wie die Moschee von Córdoba, die Giralda in Sevilla und die Alhambra in Granada. Die UNESCO hat diese drei architektonischen Meisterwerke als Weltkulturerbe ausgewiesen.

Die Muslime, die einst Toleranz geübt hatten, mussten Westeuropa verlassen. Der Zenit ihrer Herrschaft war überschritten. Das islamische Weltreich war zu groß und auf zu verschieden gestaltete Länder ausgebreitet, um ein Einheitsreich bilden und bleiben zu können. Politische und religiöse Zersplitterung gehörten zum normalen Bild. Von Südspanien und Nordwestafrika bis nach Afghanistan waren immer wieder neue Dynastien und Reiche entstanden, die jedoch ebenso schnell wieder untergingen.

Im Araberreich schienen die geistigen und materiellen Kräfte durch Überfluss verbraucht und durch innere Zerrissenheit erschöpft zu sein.

Die Erfahrung lehrt: „Wo Ordnung und Wohlstand die Kunst und die Wissenschaften aufblühen lässt, beeinträchtigt der Luxus die Qualität der Verwaltung und korrumpiert die Macht." Auslöser für interne Konflikte waren unterschiedliche, untereinander rivalisierende islamische Glaubensgruppen. Die Sunniten und Schiiten sind die bekanntesten. Diese hatten sich gleich nach Mohammeds Tod wegen Nachfolgestreitigkeiten getrennt. Neun Zehntel der Muslime sind Sunniten, die kein Oberhaupt anerkennen, aber in den Worten des Korans die höchste Autorität sehen. Sie sind die Orthodoxen, während 30 Millionen Schiiten die Reformbereiten sind. Bis zur Wiederkehr des damals verschwundenen leiblichen Nachfolgers des Propheten nehmen Ayatollahs die Führung und Belange der Schiiten wahr. Hierzu kommen noch mindestens 400 verschiedene islamische Religionsgemeinschaften. Der Islam bildet also keine Einheit.

In der Zeit der Schwäche brachen im 13. Jahrhundert wiederholt asiatische Reitervölker, die Mongolen, in das Araberreich ein und wischten den letzten Glanz fort. Sie drangen bis Bagdad vor, ließen fast eine Million Menschen umbringen, unter ihnen Tausende von Gelehrten, Wissenschaftlern und Dichtern. Die größten Bibliotheken und Schatzkammern wurden brutal zerstört. Die Wirtschaft war tödlich getroffen, die Wissenschaft zerstört, die politische Herrschaft an den Rand des Abgrunds gebracht, der Geist des Volkes erschüttert.

Eine blühende Kultur zerfiel und erholte sich bis heute nicht mehr. Zum Islam konvertiert, brannten, mordeten und raubten sich die Mongolen ein Reich zusammen, das von Moskau bis nach Kleinasien reichte. Damit hatten sie den Islam von der ausschließlichen Bindung an das Arabertum gelöst. Mit der Einnahme Bagdads, im Jahre 1258, entmachteten sie die Kalifen, die nur noch religiösen Charakter hatten. Je schwächer die Kalifate wurden, desto mehr bedurften sie ergebener Kämpfer.

Jetzt trat das Turkvolk als die letzte Macht des kriegerischen Islam in den Vordergrund. Unter der Führung eines türkischen Fürsten namens Osman I. Ghasi (1258–1326) übernahmen sie die Macht. Die günstige geographische Lage seines im Nordwesten Anatoliens gelegenen kleinen Fürstentums ermöglichte es ihm, die Schwäche des Byzantinischen Reiches auszunutzen und reiche Beute bei Überfällen auf christliches Gebiet zu machen. Osman begründete 1300 die nach ihm benannte osmanische Dynastie, die bis 1922 herrschte und damit eine der langlebigsten Dynastien des Nahen Ostens war. Zum Islam übergetreten, sahen sich die Türken als neue Vorhut der dynamischen Kämpfer des Glaubens. Ihre neue Religion machte sie zu permanenten Angreifern, die weite Teile des Morgenlandes unterwarfen, Europa bedrohten und mehrmals die Existenz des Abendlandes in Frage stellten. Sie waren gute Krieger und fanatische Gläubige einer kämpferischen Religion, die auf Land aus war und nicht auf Seelen.

Damit wurde das Osmanische Reich, das bald die arabische Welt und Südosteuropa umfasste, zum geschichtlichen Faktor. Innerhalb von nicht einmal 200 Jahren expandierte es zu einem Weltreich. Das geschah zwischen dem 14. und 16. Jahrhundert. Das Reich unter Sultan Murad I.

(etwa 1360–1389) und Sultan Bayazit I. (genannt: Yýldýrým, 1389–1402) erstreckte sich von der Donau bis zum Euphrat.

Murads größter militärischer Erfolg war der Sieg in der Schlacht auf dem Amselfeld im Kosovo (1389), in der er die vereinigten Heere der Balkanvölker von Serbien, Bosnien und Bulgarien schlug.

Sultan Mohammed II. Fatih setzte diese Politik fort und besiegte die letzten noch freien christlichen Fürstentümer südlich der Donau. Seine Eroberungen erreichten ihren Höhepunkt in der Einnahme von Konstantinopel im Jahre 1453. Diese stark befestigte Stadt gilt als eine der am häufigsten belagerten Städte der Welt. Die Muslime hatten ihr Ziel erreicht, die ostchristliche Monopole einzunehmen. Begeistert riefen sie aus: „*eis tin Poli*“, das heißt „in die Stadt“. Daraus bildete sich der Name „Istanbul“, der aber erst 1930 offiziell eingeführt wurde. Die größte christliche Kirche der Stadt, die Kirche der „Göttlichen Weisheit“, wandelten die Osmanen in die Moschee Hagia Sophia um, eine empfindliche Demütigung der Christenwelt. Das Ende des tausendjährigen Byzantinischen Reichs war gekommen.

Die Türken setzten unter Sultan Süleiman II., dem Prächtigen (1494–1566), ihre Expansionen fort, überschritten die Donau, eroberten Ungarn und zogen 1529 bis vor die Tore Wiens. Süleiman war der bedeutende Gegenspieler Kaiser Karls V.

Hier kämpfte der Islam gegen das Christentum, hier kämpfte der Halbmond gegen das Kreuz. Karl sah sich in Wiederaufnahme der mittelalterlichen Kaiseridee verpflichtet, die abendländische Christenheit im Kampf gegen den Islam zu vereinen. Die Christenheit war jedoch nicht mehr zu einen. Der katholische König Franz I. (1515–1547) von Frankreich, dessen Land durch Jahrhunderte mit dem Heiligen Römischen Reich verfeindet war, weil es sich durch die habsburgische Umklammerung bedroht fühlte, scheute sich nicht, Bündnisse mit dem osmanischen Sultan Süleiman II. gegen Kaiser Karl V. einzugehen. Doch ohne Erfolg.

In der großen, äußerst blutigen Seeschlacht bei Lepanto (am Golf von Korinth) konnte die christliche Flotte am 7. Oktober 1571 unter der Führung von Don Juan d’Austria, Sohn der Regensburger Bürgerstochter Barbara Blomberg und Kaiser Karls V., die Türken zu Wasser endgültig besiegen. Zu Land kam es noch zu weiteren Angriffen auf dem Balkan.

Mit der zweiten erfolglosen Belagerung Wiens (1683) wendete sich das Schicksal der Osmanen, eine Entwicklung, die sich über zwei Jahrhunderte fortsetzte. Die Türken, zu 99 Prozent Muslime, wurden auf ihr Kernland zurückgedrängt, das zu drei Prozent (nur mit der Altstadt von Istanbul) auf europäischem Boden liegt. Aus dem stolzen Reich der Sultane wurde der „kranke Mann am Bosporus".

Jetzt, da das Osmanische Reich in sich selbst schwach geworden war, schlug die Stunde des erstarkten Abendlandes. Dabei verfolgten die europäischen Mächte ihre eigenen Interessen. Europa wachte zwar am Bett des „kranken Mannes", plante aber dessen Aderlass zum eigenen Vorteil. Während es Beistand und Schutz gewährte, begünstigte es gleichzeitig die fortschreitende Ausblutung.

Die „Orientfrage" beschäftigte alle europäischen Staatskanzleien. Schon die Landung napoleonischer Truppen in Ägypten, 1798, hatte das Interesse am Orient geweckt. Westliche Kolonialherren teilten nahezu die ganze Welt unter sich auf und nahmen die islamischen Völker mit einer erstaunlichen Selbstverständlichkeit unter ihre Vorherrschaft.

Das Osmanische Reich verlor mit dem Vertrag auf dem Berliner Kongress (1878) einen Großteil seiner europäischen Gebiete. Russland und die Balkanstaaten waren jedoch mit dem Ergebnis des Vertrags unzufrieden. Als die territoriale Neuordnung auf dem Balkan die Konflikte nicht beilegen konnte, sprach Bismarck vom „Orientalischen Geschwür".

Die Ersten, die ein Auge auf den Nahen Osten geworfen hatten, waren die Deutschen. Sie wollten sich mit allen Kräften den asiatischen Teil der Türkei, den heutigen Irak, sichern, um bei der unausbleiblichen Aufteilung nicht noch einmal leer auszugehen.

1903 begannen sie dort mit dem Bau der berühmten Bagdadbahn. Die Wirtschaft profitierte. Zum Beispiel baute außer einer französischen auch die deutsche, damals wohl weltweit größte Waggonfabrik, Van der Zypen & Charlier in Köln-Deutz, Güterwaggons und elegante Wagen für die Bagdadbahn wie auch für die Stadtbahn in Istanbul. Die Kolonialgelüste der Deutschen wurden weiter geweckt, als sie erfuhren, dass die Bahntrasse über einen unterirdischen See von Erdöl lief.

Seine Unabhängigkeit erhielt der Nahe Osten schrittweise nach dem Ersten und Zweiten Weltkrieg. Zurück blieb ein Chaos. 1916 teilten Frankreich und Großbritannien das Osmanische Reich auf. Dabei wurden Einzelstaaten gebildet, die keine wirklich geschichtlichen Wurzeln hatten. Völker und Gemeinschaften unterschiedlicher ethnischer und religiöser Zugehörigkeit wurden ohne Mitbestimmung der Bevölkerung zusammengewürfelt. Die von den Kolonialmächten hinterlassenen Herrschaftsverhältnisse, gekennzeichnet durch Feudalherren und Bourgeoisie, zogen soziale Spannungen nach sich, die schließlich zu Revolutionen führten. Hinzu kamen die übernommenen westlichen Lebensformen und die spürbare kulturelle Expansion europäischer Wissenschaft und Erziehung in den gehobenen Kreisen, die aber in der breiten Masse die Grundlagen der islamischen Selbstsicherheit erschütterten.

Die Kolonialzeit hatte den Muslimen ihr Selbstvertrauen genommen und ein Gefühl des gedemütigten Stolzes hervorgerufen, das sie bis heute nicht verarbeiten können. Die einst Gebenden waren zu Nehmenden geworden.

Die islamische Unterlegenheit gegenüber den Andersgläubigen, die die Muslime nach ihrer Lehre niemals als dem Islam ebenbürtig anerkennen werden, und ihre Rückständigkeit gegenüber einem technisch und militärisch übermächtigen Europa empfanden sie als eine traumatische Begegnung.

Durch diese Erniedrigung hat sich im Islam verstärkt die Geisteshaltung durchgesetzt, nach der die Welt in zwei Räume aufgeteilt ist, die einander feindlich gegenüberstehen. Nach Ayatollah Khomeinis (1900–1989 schiitischer Ehrentitel) Rückkehr aus dem französischen Exil im Jahr 1979 propagierte er im Iran diese Einstellung durch das von ihm aufgebaute Amerika-Feindbild, dem die USA das Bild von den Schurkenstaaten und der „Achse der Bösen“ gegenüberstellte. Islamisten gruppierten sich, die einen entschiedenen Willen zur Macht bekunden. Fundamentalisten suchen seitdem nach anwendbaren radikalen Sanktionsmöglichkeiten gegen die „unmoralische“ westliche Welt der „Ungläubigen“. Dazu bieten sich Suren an, die sich zu widersprechen scheinen. Sie lassen oft keine klare einheitliche Auslegung zu. Diese Anweisungen des Korans machen Interpretationen möglich, die sich aus persönlichen oder allgemeinen Situationen heraus, aus taktischen Gründen oder Schwäche im positiven oder negativen Sinne auslegen lassen. So werden bei der heutigen antiwestlichen Haltung auch gläubige Juden und Christen nach Sure 4,90–92 zu „Ungläubigen“ erklärt, denen der Kampf angesagt ist.

Der Terror verdunkelt das Bild des Islam. Zwischen dem alten und dem neuen Islam, zwischen der Interpretation des Korans von einst und jetzt, zwischen dem einstigen Glanz und der heutigen Situation liegt eine tiefe Kluft.

Vieles, was den Westen heute am islamischen Fundamentalismus erschreckt, ist vor dem Hintergrund der Suche nach der eigenen Identität zu verstehen, mit der die Muslime wieder auf die Bühne der Geschichte treten wollen, von der sie fast ein halbes Jahrtausend verdrängt worden sind. Sie haben noch immer nicht den Verlust ihrer damaligen Weltmacht verkraftet. Der Islam, der einst Europa überlegen war, kann nicht verstehen, wie er in eine solche Position der Schwäche geraten konnte.

Als Gegenreaktion auf ihre Bevormundung während der Kolonialzeit entwickelten die einzelnen Länder ein verstärktes Nationalgefühl, das keine fremden Einflüsse in eigenen Reihen und schon gar nicht eine Besetzung islamischer Gebiete zulassen wird! Ihre Rechtfertigung liegt in ihren heiligen Texten, im Koran: „Kämpft gegen jene, die nicht der Religion der Wahrheit folgen, bis sie den Tribut zahlen.“ Der Kampf, der *Dschihád* (jihad), bedeutet „eine kriegerische Bemühung um Gottes Willen“. Er dient zur Bewahrung der Unabhängigkeit und berechtigt die Gemeinschaft zur Abwehr aller Kräfte, die sich der Realisierung der islamischen Gesellschaftsordnung in ihrem Machtbereich entgegenstellen. Selbst westliches Bemühen um Neuerungen auf wirtschaftlichem, gesellschaftlichem oder kulturellem Gebiet in ihrem Land ruft Kampfbereitschaft hervor.

In dem jetzigen Prozess der Selbstfindung und Selbstbehauptung wächst eine Generation heran, mit Hass aufgeladen, voller Verachtung gegenüber der westlichen Welt mit den von ihr aufgezwungenen Ideologien. Die islamische Welt, vom Mittelmeer bis zum indonesischen Archipel, ist in Aufruhr, ist teilweise zum Hort der Gewalt geworden. Als am 11. September 2001 vor den Augen der Welt muslimische Selbstmordattentäter in New York die beiden gigantischen Türme des World Trade Center zum Einsturz brachten, unter denen tausende Menschen begraben wurden, empfand ein Teil der Bevölkerung in den islamischen Ländern Freude an diesem Verbrechen.

Die tief greifende und anhaltende Durchschlagkraft der „Re-Islamisierung" hat die meisten Kenner der islamischen Welt überrascht. Denn für sie scheint es nach wie vor selbstverständlich, dass die technisch-wissenschaftliche Weltzivilisation und die Demokratie das unweigerlich vorbestimmte Schicksal der Welt sind. Sie nehmen nicht zur Kenntnis, dass in anderen Kontinenten Hunderte Millionen von Menschen sich dadurch in ihrem Selbstverständnis, ihrem Identitätsbewusstsein, ihrem Lebensgefühl, in dem, was sie für wahr und richtig erachten, angegriffen und in Frage gestellt sehen. Demokratie muß erlernt werden. Sie lässt sich nicht wie ein Exportartikel einfach übernehmen.

Da die islamische Religion, umgesetzt in politische Ideologie, das entscheidende Band ist, das die arabischen Völker zusammenhält, wie es schon zu Mohammeds Zeiten war, sind hier die elementaren Prinzipien einer demokratischen Herrschaft kaum zu verwirklichen. Abgesehen von einer Minderheit liberaler Muslime gilt aus islamischer Sicht: „Wo immer die Demokratie existiert, betrachten wir den Islam als nicht existent, und wo immer der Islam existiert, gibt es keinen Platz für Demokratie." Auch die heutigen Forderungen der Menschrechtskonferenzen der Vereinten Nationen will der Islam nur im Rahmen der *Scharia* und nur unter Respektierung der Besonderheiten der islamischen Kultur und Gesellschaft gelten lassen. Ayatollah Khomeini ging so weit, die Menschenrechte als „Werke des Satans und des Zionismus" zu bezeichnen. Damit scheint die absolute Festlegung auf eine bestimmte Tradition jegliche Weiterentwicklung oder Anpassung an veränderte Zeiten zu verhindern. So verharren die islamischen Länder nach wie vor in mittelalterlichem Denken. Orthodoxie und Tradition siegen über Reformen. Gibt es dann überhaupt eine Synthese zwischen Koran und Fortschritt? Von der Wissenschaft wird diese Frage mit „ja" beantwortet. Dr. Elsayed Elshahed, Professor für Islamwissenschaften an der Al-Azhar Universität in Kairo und zur Zeit Direktor der islamischen Religionspädagogischen Akademie (IRPA) in Wien, erkennt im Koran Aussagen zu einer demokratischen Art der Regierungsform.

Studenten versuchten mit Demonstrationen im Iran einen säkularen Staat anzustreben, eine Loslösung der Religion von der Politik. Das wäre die

Grundvoraussetzung für Demokratie in unserem Sinne. Wie weit die Muslime aber zu einer Demokratie bereit und vor allem fähig sind, bleibt abzuwarten. Die Gründung der Republik Türkei nach der Auflösung des Osmanischen Reiches durch Kemal Atatürk im Jahre 1923, mit der die Trennung von Religion und Staat und die Gleichberechtigung der Frauen festgelegt wurden, war ein Ansatz. Doch seit etwa 1980 wird der Laizismus durch mehrere islamistische Gruppen gefährdet. Ihr Bestreben ist, die Religion wieder aus der Privatsphäre und die Moscheen in die staatlichen Institutionen zurückzuholen. In den Augen vieler Muslime ist die Säkularisierung die Ursache für den Niedergang der islamischen Welt. Heute unterstehen die Moscheen tatsächlich wieder dem Staat und der Staat gibt vor, was in den Moscheen verkündet wird. Da sich damit die Trennung von Staat und Kirche nicht konsequent durchgesetzt hat, macht sich das Militär als Garant des Laizismus im Sinne von Atatürk stark.

Die Vernetzung durch Globalisierung auf der einen und die weltweite Migration auf der anderen Seite lassen außerhalb des asiatischen Kontinents unterschiedliche Kulturen in einem bisher nicht bekannten Ausmaß aufeinander stoßen. „Mohammed“ hat in jüngster Zeit wieder Europa „bevölkert“ und damit zu einer intensiven Auseinandersetzung mit dem Islam herausgefordert. Die Voraussetzungen sind heute allerdings andere als im Mittelalter. Die Muslime kamen im 20. Jahrhundert nicht als Eroberer, sondern in erwartungsvollen und friedfertigen Absichten in die westliche Welt. Seit etwa drei Generationen ansässig, sind sie eigentlich längst keine Gäste mehr, sondern Bürger ihrer Wahlheimat, die sich auch integriert haben. Doch von außen eindringendes islamistisches oder fundamentalistisches Gedankengut will jetzt diese Integration verhindern. Seitdem kämpft eine Minderheit um ihre Rechte gemäß der *Scharia,* die für sie die oberste Autorität darstellt. Das führt automatisch zum Konflikt mit den Verfassungen der westlich-demokratischen Gesellschaften. Ein Staat im Staat ist nicht möglich. Die Zukunft des Islam liegt darin, in ein Zeitalter gegenseitiger Achtung und Anerkennung aufzubrechen. Dafür bietet der Koran gute Grundlagen, dafür bietet die Geschichte der islamischen Völker eine Basis.

Doch die Religion des Islam, so heißt es, ist noch zu jung; sie hat keine Reformation durchgemacht, kein eigenständiges Denken vergleichbar dem des Humanismus, der Aufklärung, des Liberalismus oder Kulturkampfes entwickelt, mit welchen Geistesströmungen das Christentum – keineswegs freiwillig – hart konfrontiert worden ist und so zur inhaltlichen Toleranz gefunden hat. Der Islam kennt auch keine Trennung von geistlicher und weltlicher Macht, wie sie sich in Europa in Papst und Kaiser personifizierte.

Religiöse Absolutheitsansprüche und Demokratie sind eben nicht vereinbar, dagegen sind bürgerliche und politische Freiheiten unabdingbar.

Einige für das islamische Volk noch unbequeme Reformdenker melden sich bereits zu Wort, die für eine neue Interpretation des Korans eintreten. Nach ihren Auslegungen sind Demokratie, Islam und Menschenrechte durchaus vereinbar. So lehrt neben anderen Dr. Hüseyin Yasar an der Theologischen Fakultät der Dokuz Eyül Üniversität, Ýzmir (die Übersetzung besorgte Dr. Hüseyin Kurt, Frankfurt am Main), dass der Koran die Muslime verpflichtet, die Werte und Traditionen ihrer neuen Heimat – auch wenn sie sie nicht inhaltlich bejahen können – zu achten. Die Verpflichtung zur Respektierung des Gastgeberlandes geht so weit, dass der zugewanderte Muslim, wenn sein islamisches Land mit seinem neuen Heimatland Krieg führen sollte, keine feindlichen Taten gegen seine Wahlheimat unternehmen darf. Der Grund: Er ist Bürger dieses Landes.

Die Sure 29,46 im Koran „Wir glauben an das, was zu uns, und was zu euch herabgesandt worden ist … Unser Gott und euer Gott ist einer. Ihm sind wir ergeben." macht deutlich, dass Kulturen und Religionen nicht zum Konflikt untereinander geschaffen sind. Die Worte kann man wie eine Einladung zu einem Dialog zwischen den kulturen aufnehmen. Somit ließe sich das Ererbte mit dem Erwählten verbinden und Vertrautes könnte dennoch bewahrt werden.

12

Die russische Seele zwischen Altar und Zar

Die russische Seele ist für Außenstehende schwer zu verstehen und kaum zu durchschauen, ebenso wenig wie die Weite ihres Landes. Natur und Geschichte haben im russischen Volk Charakterzüge angelegt und entwickelt, die es fremden wie eigenen Herren zu allen Zeiten möglich machten, ihre Gewaltherrschaft über dieses große Volk zu errichten und ihr Dauer zu verleihen. Doch ihr stummer, aber hartnäckiger Widerstand, ihr unberechenbares Verlangen nach Wahrheit und Gerechtigkeit ist das, was die Russen davor rettete, sich der Staatsmacht, wie sie auch war, ganz hinzugeben, sich vom Staat versklaven zu lassen. Auch wenn sie nur so taten, als ob sie ergeben seien.

Nichts überrascht den Außenstehenden so sehr an diesem Volk wie die kaum fassbare „Härte im Nehmen“. Die Fähigkeit und Bereitschaft der Russen, sich in das Unvermeidliche zu schicken, hat Leo Tolstoj in seinem Roman „Krieg und Frieden“ nachempfunden.

Wer indes glaubt, ihre Seele verformen zu wollen, versteht nichts von den Russen. Genau daran scheiterten alle Reformer. Allen Gegensätzen, allen Härten zum Trotz steht über allem immer die patriotische Liebe zu „Mütterchen Russland“.

Was wissen wir schon von den Russen und ihrem Land?

Obwohl Russland viel später als die heutigen europäischen Staaten in den Geschichtskreis des Abendlandes getreten ist, gehörten seine beiden Herrscherdynastien, die der Rurikiden und Romanows, zu den ältesten Europas. Ihre Wurzeln reichen bis ins 9. Jahrhundert zurück. Russland führte lange ein Sonderdasein und war für Europa eine *terra incognita.*

Zu einer Zeit, in der neben Deutschland, Frankreich, England und Italien auch Spanien, Burgund, die Niederlande, Dänemark und Polen maßgebend in die Geschichte eingriffen, dachte kaum jemand daran, dass in dem östlichen Slawenreich ein Mitbewerber um die Vorherrschaft in Europa heranwachsen würde.

Russland ist ein unermesslich großes Land, das selbst das ehemalige Römische Reich um mehr als die Hälfte übertrifft, das bisher unbekannte Länder erschloss und heute ein Sechstel allen festen Bodens unserer Erde einnimmt, mit einer durchschnittlichen Bevölkerungsdichte von 17 Seelen auf den Quadratkilometer. Bei einem Konglomerat von über 130 verschiedenartigen Völkern mit unterschiedlichen Religionen kann von einem einheitlichen Volkscharakter keine Rede sein.

Deshalb soll hier nur vom europäischen Teil, vom „Heiligen Russland“, die Rede sein. Europa reicht bis zum Ural!

Die russische Geschichte beginnt im Gebiet der heutigen Ukraine. Damit ist die frühe Geschichte der Ukraine zugleich auch ein wichtiges Kapitel der russischen Geschichte.

Etwas Licht in die dunklen Anfänge der slawischen Stämme brachten am Ende des neunten Jahrhunderts unserer Zeitrechnung die Varäger, die schwedischen Wikinger. Für ihren Handelsweg zwischen Abendland und Morgenland, zwischen Skandinavien und der christlichen Weltstadt Konstantinopel wählten sie die Ost- und Nordostroute, weil die Muslime auf der Westroute die Häfen im Mittelmeer blockiert hatten. Auf ihrem Durchzug ließen sich die kühnen Krieger und Händler am Dnjepr und an der oberen Wolga nieder.

Die Räume ihrer Ansiedlungen vereinigte ihr Heerführer Rurik († 879) zu einem *Rhos* oder *Rus*, das heißt zu einem lockeren Herrschafts- und Wirtschaftsverband. Mit Nowgorod als Zentrum errichtete er 862 ein Fürstentum, das Großfürst Oleg zwanzig Jahre später 882 mit Kiew als Hauptstadt zum Kiewer Reich zusammenschloss. Kiew wird aufgrund seiner frühen Bedeutung auch heute noch als „Mutter der russischen Städte“ bezeichnet.

Rurik, der Varäger, gilt als Begründer und Stammvater des altrussischen Herrscherhauses der Rurikiden, mit dem die Entstehung und der Aufstieg Russlands begannen. Diese Dynastie regierte über 700 Jahre das russische Reich und endete mit dem tragischen Tod des kleinen Dimitrij in Uglic im Jahre 1591.

Einen konkreten Hinweis auf den Namen des Volkes gibt es aus dem Jahr 876, als von einer ersten Taufe der *Rus* berichtet wird. Hier können schon die beiden Slawenlehrer und griechischen Philosophen Kyrillos (826/27–869) und Method (um 815–885) ihre missionarischen Erfolge bewiesen haben, denn die beiden Brüder gelten als die „Apostel der Slawen“. Sie brachten die Schriftkultur, die „kyrillische Schrift“ ins Land.

Nur langsam nahm der neue Staat Form und Gestalt an. In ihm lebte die schmale, zum Herrschen geborene Oberschicht abgeschieden von den Unterworfenen, einer andersartigen, im Gehorsam verharrenden Masse. Jahrhunderte vergingen, bis sich Herren und Untertanen als eine Einheit zu empfinden begannen.

Großfürst Vladimir I. (978–1015) setzte in seinem Land die Christianisierung durch. Vorbild war ihm seine Großmutter, die heilige Olga, die sich 955 in Konstantinopel hatte taufen lassen. Wieder einmal war es eine Frau, die den ersten und entscheidenden Schritt gewagt hatte, in einem Land eine neue Religion einzuführen. Sie ließ auch die erste orthodoxe Kirche, die hölzerne Elias-Kirche in Kiew, erbauen. In dem steinernen Nachfolgebau wurde selbst zur Sowjetzeit die christliche Liturgie gefeiert.

Nicht allein die räumliche Nähe zu Byzanz und damit zur griechischen und nicht zur römischen Kirche war ausschlaggebend für die Übernahme der griechisch-orthodoxen Religion. Eine Chronik schildert, wie der Fürst zuvor Gesandte in die Länder der Juden, der römisch-katholischen Christen und der Muslime geschickt hatte, um die für ihn richtige Religion zu suchen. In Bulgarien fanden diese in Moscheen kummervoll aussehende Betende, die entsetzlich stanken. Als Vladimir erfuhr, dass im Islam der Verzicht auf Alkohol verlangt wird, hatte diese Religion keine Chance bei ihm, denn von ihm ist der berühmte Ausspruch überliefert: „Trinken ist der Russen Vergnügen, ohne das wir nicht leben können." Den Germanen schauten die Gesandten beim Gottesdienst zu und sahen keine Pracht in ihren Kirchen. Ihre Behauptung, alles was man esse und trinke, geschehe zu Ehren Gottes, erschien Vladimir als eine ungeheuerliche Lüge, schließlich esse und trinke man doch zu seinem eigenen Vergnügen. Zu den Juden hegte er kein Vertrauen. Wenn Gott diese geliebt hätte, dann hätten sie nicht ihre Heimat verlassen müssen. „Glaubt ihr, wir möchten dasselbe Schicksal erleiden?" Beeindruckt war Vladimir von den Berichten über die Schönheit des byzantinischen Kultes in der Hagia Sophia. Er ließ sich nach griechisch-orthodoxem Ritus taufen und erzwang dadurch die Heirat mit der griechischen Prinzessin Anna, die er aus politischen Gründen für vorteilhaft hielt.

Auch der große deutsche Kaiser Otto I. hatte kurz zuvor, aus politischer Weitsicht, seinem Sohn die griechische Prinzessin Theophanu zugeführt. Damit war erstmals ein ostslawischer Fürst als gesprächswürdiger Partner vom byzantinischen Herrscher wie auch vom Kaiser des Heiligen Römischen Reiches Deutscher Nation anerkannt.

Vladimir erteilte mit dem Eifer eines Konvertiten im Jahre 988 der gesamten Bevölkerung den Befehl, im geweihten Wasser des Dnjeprs unterzutauchen, während ein Priester die Massentaufe vornahm. Vladimir wurde heilig gesprochen. Dabei übersah man geflissentlich, dass er seinen Bruder ermordet hatte und einen Harem von ungefähr 3500 Frauen unterhielt.

Die Übernahme der Orthodoxie stellte zwischen den Herrschern des Kiewer Reiches und Byzanz eine enge Verbindung her. Die Staatsauffassung war stark byzantinisch beeinflusst. Selbst die Sakralarchitektur stand Pate. Während die Kirchen in Byzanz nie mehr als fünf Kuppeln trugen, von denen die größte Christus und die übrigen die vier Evangelisten symbolisierten, wiesen die frühen ostslawischen Kirchen häufig dreizehn Kuppeln auf. Diese stellten Christus und die zwölf Apostel dar. Die ersten Kirchen waren aus Holz gezimmert, einem Produkt, an dem das Land sehr reich war.

In vielen dieser Kirchen spielte sich auch das gesellschaftliche und behördliche Leben einer Gemeinde ab, weshalb die Vorhalle wesentlich größer war als das Gotteshaus selbst.

Man kann davon ausgehen, dass Fürst Vladimirs Absicht, eine einheitliche Staatsreligion einzuführen, politisch motiviert war. Mit ihrer Hilfe wollte er sein Reich festigen. Indem er sich der Glanz ausstrahlenden byzantinischen Kirche zuwandte, grenzte er sich von den heidnisch-barbarischen Nachbarvölkern ab. Wichtiger war ihm, in den Kreis aller christlichen Nationen Aufnahme zu finden. Zu diesem Zeitpunkt gab es noch nicht die endgültige Trennung der christlich-byzantinischen von der römisch-katholischen Kirche, und so standen ihm der Verkehr mit der westlichen Welt und die Einheirat seiner Familie in europäische Fürstenhäuser offen.

Bis Anfang des 11. Jahrhunderts sind Handelskontakte zwischen Ost-, Mittel- und Westeuropa urkundlich überliefert. Sie sind ein Beweis für die internationale Aktivität des Hofes zu Kiew und seine Teilnahme am politischen, kulturellen und wirtschaftlichen Leben der europäischen Völkergemeinschaft. Das festigte im Volk ein erstes nationales Bewusstsein. Handel und städtisches Wesen hatten in diesem Land eine bedeutende Rolle gespielt, eine größere jedenfalls, als es zur gleichen Zeit im Westen Europas der Fall war.

Seit der Staatsgründung hat kein Ereignis das Werden des späteren russischen Staates mehr beschleunigt und das Volk mehr geprägt als die gemeinsame Annahme der neuen christlichen Religion, mit der sich eine geistige Umwälzung vollzog. Europa, der Kontinent des Glaubens, reichte vom Atlantik bis zum Ural.

Die Geistlichkeit war der Träger der Bildung, die nach byzantinischem Vorbild Literatur und Kunst in Russland einführte. Ihr wurde die volle Gerichtsbarkeit über Religion, Geistlichkeit, Ehe, Sitten und Nachlasswesen übertragen. Die Kirche sprach zunächst die Oberschicht des Landes an und schenkte dem alten Russland seine erste kulturelle Blüte. Musik, Dichtung und Wissenschaft, alles ging von der Kirche aus und musste der Kirche dienen. Die Klöster wurden zu den eigentlichen Zentren des religiösen Lebens. Das erste und wichtigste Kloster unter ihnen, das Kiewer Höhlenkloster, blieb Sitz und Mittelpunkt der geistigen Bildung Altrusslands.

Als sich im Jahre 1054 die offizielle Spaltung zwischen christlicher Ost- und Westkirche vollzog, war natürlich auch die russisch-orthodoxe Kirche durch ihre Bindung an Byzanz mit in die Trennung von Rom hineingezogen.

Für die Zukunft zeigte sich, dass in der Trennung der Kirchen ein Hauptgrund dafür lag, weshalb das orthodoxe Russland für viele Jahrhunderte vom römisch-katholischen Westen getrennt sein und in jeglicher Entwicklung hinter diesen europäischen Staaten zurückbleiben sollte.

Stand aber nicht hinter Vladimirs Christianisierungsentschluss ursprünglich der nützliche Effekt, in den Kreis der *Republica Christiana* aufgenommen zu werden? Russland verfiel in eine Isolation.

Alle späteren Unionsversuche der römischen Kirche blieben erfolglos. Hier liegen die Gründe zu den heutigen Konflikten zwischen orthodoxer und römisch-katholischer Kirche, die im Jahr 2002 wieder zu Tage kamen, als Papst Johannes Paul II. vier neue römisch-katholische Bistümer in Russland errichtete. Das Moskauer Patriarchat sah darin eine Einmischung und einen Affront gegen die Orthodoxie.

Dann ereignete sich zu Beginn des 13. Jahrhunderts eine der größten nationalen Katastrophen. Im Jahre 1222 drangen die Tataren aus dem Osten über Sibirien und die Mongolei ins Land und plünderten die Gebiete zwischen Wolga und Dnjepr. Ihr Heerführer, der mongolische Stammesfürst Dschingis Khan (1162 oder 1167–1227), machte sich 1224 zum Herrn über das gesamte Land. Mit zerstörerischer Kraft und tyrannischer Herrschaft vernichtete seine „Goldene Horde“ in wenigen Jahren den aufblühenden Wohlstand und die Bildung der alten *Rus*. Die Goldene Horde trägt ihren Namen nach den goldenen Schnüren ihres Gewandes oder, da sind die Historiker sich nicht einig, nach dem *orda*, dem Lager mit dem goldenen Zelt des Khans.

Hinzu kam, dass aufgrund der Erbfolge (Seniorat) das Reich der Rurikiden in einzelne Fürstentümer zerfallen war. Diese Schwäche kam nicht nur Dschingis Khan entgegen, auch die Schweden nutzten 1240 die Situation so wie zwei Jahre später der missionierende römisch-katholische Deutsche Orden. Gegen diese Eindringlinge konnten die Russen ihr Land und ihre Orthodoxie unter Alexander Newski (um 1220–1263) zwar siegreich verteidigen, grenzten sich jetzt aber bewusst, aus religiösen Gründen, gegen das römisch-katholische Abendland ab. Zusammengehalten wurden die Teilfürstentümer durch die gemeinsame Sprache, Religion und Kultur. Daran hatte Alexander Newski einen wesentlichen Anteil. Wegen seiner Verdienste wurde er zum Schutzheiligen des russischen Volkes erklärt (23. November).

Eine große Sorge zog durch das Volk der Rus. Hinter allem stand die Angst, dass die islamischen Horden nicht bloß eingebrochen waren, um zu plündern und zu zerstören, sondern um sich dauerhaft anzusiedeln und dem nationalen Glauben, dem Brauch und dem lieb gewordenen Leben ihr verhasstes Anderssein aufzuzwingen.

Der Novgoroder Chronist Tver schreibt im Jahre 1223 dazu: „Wegen unserer Sünden kamen unbekannte Völker, die gottlosen Mongolen, die man Tataren nennt ... und vernichteten unsere lichtstrahlende und herrlich geschmückte russische Erde."

Welche tiefe Vaterlandsliebe spricht aus diesen Worten!

Über 240 Jahre beherrschten die Tataren das Land autonom, wie es im Islam üblich ist. Sie ließen die Herrscherhäuser der Rurikidenenkel zwar überall bestehen, aber keiner der einst so stolzen Fürsten durfte die Herrschaft antreten, ohne sich zuvor auf die Knie zu beugen, mit der Stirn den Boden zu berühren, um erst dann von dem Großkhan den erhofften Gnadenbrief zu erhalten. Unzählige Verwandte und Berater mussten diese kriechenden Schmeicheleien unterstützen.

Russland, jetzt tributpflichtiges Kolonialgebiet einer islamischen Macht, war vollkommen vom Westen und der europäischen Kultur abgeschnitten. Für das westliche Europa stellte das ferne Russland, das den Mongolenstrom aufgehalten hatte, eine Schutzmauer gegen weitere asiatische Eroberer aus dem Osten dar.

In lang andauernden Machtkämpfen verlor die Dnjepr-Metropole Kiew ihre Bedeutung. Sie fiel später an Litauen. Ihren Platz nahm schließlich das Moskauer Großfürstentum ein. 1261 übergab Alexander Newski Moskau, das 1147 als Grenzfeste gegründet worden war, an seinen jüngsten Sohn Daniel, der zum Ahnherrn der Moskauer Linie der Rurikiden wurde.

Als Günstlinge der Tataren weiteten die Moskauer Fürsten ihren Besitz allmählich aus, indem sie umliegende Territorien annektierten.

Iwan I. (um 1304–1341), Enkel Alexander Newskis, gelang es immerhin, sein Fürstentum im Innern zu konsolidieren und einen gewissen Wohlstand zu sichern. Seit Iwan I. nannten sich die Fürsten von Moskau „Großfürsten der gesamten *Rus*". 1480 konnte Iwan III. (1462–1505), Fürst von Moskau, das Tatarenjoch endgültig abschütteln und den Khan besiegen. Daraufhin vereinigte er Moskau, das 1328 die neue Hauptstadt geworden war, mit den übrigen Teilfürstentümern, den *Chanaten,* zu einem großrussisch-moskowitischen nationalen Einheitsstaat und nannte sich „Großfürst von Moskau und ganz Russland".

Ab jetzt regierte vom Moskauer Kreml aus nur noch ein Herrscher ein vereintes Russland. Vom Patriarchen gesalbt, galt seine uneingeschränkte Herrschaft als von Gott verliehen. Damit übernahm er die unbedingte Pflicht, die Treue zur Orthodoxie zu wahren und zu überwachen, die das russische Volk bereits vor der Vernichtung durch die Tataren gerettet hatte. Moskau wurde zum politischen und religiösen Mittelpunkt Russlands.

Die russisch-orthodoxe Kirche hatte sich schon 1439 von Konstantinopel gelöst. Als 1453 Konstantinopel in die Hände der Osmanen gefallen war, sah sich Moskau als das „Dritte Rom". „Zwei waren untergegangen, ein viertes wird es nicht geben", hieß es.

Durch seine Vermählung mit der Nichte des letzten Kaisers von Byzanz, der Prinzessin Sophia (1472), sah sich Großfürst Iwan III. als Nachfolger des besiegten Kaisertums von Byzanz. Seine Heirat brachte den griechischen Doppeladler in das zaristische Wappen.

Durch göttliche Sendung ausersehen, sollte Moskau zum Zentrum der „Sammlung des russischen Landes" werden. Die Metropoliten halfen den

Herrschern dabei, denn die Sammlung des Landes war gleichzeitig die Sammlung des orthodoxen Volkes. Die künftigen Eroberungskriege hatten vorrangig religiösen Charakter. Die Verteidigung des orthodoxen Glaubens wurde selbst für russische Krieger zur vorrangigen Motivation, denn sie missionierten als Erste in den von ihnen eroberten Gebieten. Im Volk wuchs ein neu formierter russischer Nationalstolz, getragen von einem tiefen Glaubensbewusstsein. Russisch und rechtgläubig wurden wesensgleiche Begriffe. Russische Kirchenfürsten, die bis dahin ausschließlich Griechen sein mussten und in die Hierarchie des byzantinischen Reiches eingegliedert waren, erklärten sich ab 1589 zu selbstständigen russischen Metropoliten und Patriarchen.

Moskau, die Kirchenmetropole, wurde das Zentrum der Orthodoxie, der einzigen orthodoxen Landeskirche in einem selbstständigen orthodoxen Staat, dem „Heiligen Russland“!

Die Kirche rief die russische Monarchie auf, die ganze orthodoxe Völkergemeinschaft im Kampf gegen das päpstliche Rom wie auch gegen die Türken anzuführen.

Im öffentlichen wie im privaten Leben wurde der Grundsatz vom „Heiligen Russland“ mit dem Gebot einer strikten Orthodoxie durch Jahrhunderte verfochten und eingefordert. Die Menschen empfanden in ihrer ursprünglichen Art das Anderssein der Religion mit besonderem Stolz. Sie glaubten auserwählt zu sein vor den übrigen, da sie die allein richtige Lehre besaßen. Die orthodoxe Kirche war wirklich anders. Sie war schon früh veraltert und starr geworden und erschöpfte sich in der peinlich genauen Erfüllung bestimmter religiöser Riten, deren Formen eine wahrhaft magische Gewalt auf das Volk ausübten, wie sie das westliche Europa nie gekannt hat. Das galt auch dann noch, als die Fesseln der Isolation gefallen waren und man Fortschritt und Heil außerhalb des Reiches zu finden hoffte.

So erklärte im 18. Jahrhundert einer der Politiker Peters des Großen, Feofan Propohopowitsch, der das Land dem Westen geöffnet hatte: „Aller Anfang, alle Ursache und aller Anlass bei uns in Russland ist Vladimir, der Heilige.“ Ähnlich äußerte sich Leo Graf Tolstoj (1828–1910): „Es ist die Religion der Väter, um die das Denken kreist, die Hinterlassenschaft Vladimirs.“

Während der Tatarenherrschaft hatte die Not mehr als 10.000 Klostergründungen ausgelöst. In geistiger, aber auch in geographischer Hinsicht hatten diese den Lebensraum des russischen Volkes erweitert. Die Mönche waren im wahrsten Sinne des Wortes „Pioniere der Zivilisation" geworden, denn sie hatten die führende Rolle in der Ausdehnung des Siedlungsraumes und in der Betreuung religiöser und nationaler Nöte übernommen. Ein Netz von Klosterhöfen hatte sich über das Land ausgebreitet, die Dorfgründungen nach sich zogen. Wehrklöster boten zunehmende Sicherheit gegen feindliche Überfälle. Das Volk fand seinen Trost in der Frömmigkeit und im Schutz der Klöster, die so auch ihren entsprechenden Einfluss nehmen konnten.

Dieses altrussische Mönchstum wollte keine einseitige weltverneinende, esoterische Isolation, wollte nicht hinter Klostermauern eingesperrt sein. Es wollte seinen Geist unter das Volk tragen.

Die Mönche motivierten zur nationalen Einheit und riefen Volk und Fürsten zur gemeinsamen Frömmigkeit auf. Alle Familien und Häuser, auch die der Herrscher und Fürsten waren monastisch geprägt. Die eigenständige russische Kultur unter religiösem Vorzeichen drang tief in das Leben der russischen Menschen ein und legte die Fundamente zu den Traditionen, die bis in die heutigen Generationen fortbestehen. Hauskapellen, Ikonenecken, das Licht der Kerzen und die gemeinsamen Gebetszeiten blieben bis ins 20. Jahrhundert russischer Brauch und formten das Leben. Die Ikonen, die „Fenster zur Ewigkeit", begleiten die Gläubigen von der Wiege bis zum Grab. In allen Bereichen des Lebens wurde das Volk von der Kirche geführt. Die russisch-orthodoxe Religion war weitaus spiritueller als die zeitgenössische abendländische, die mit dem Humanismus ihre christliche Prägung immer mehr verlor oder sogar bewusst abwarf.

In Russland hatte man keine Renaissance und kaum eine Reformation erlebt. Allerdings rief Mitte des 17. Jahrhunderts Patriarch Nicon zu einer Kirchenreform auf. „Altgläubige" lehnten die Neuerungen ab, wurden als Ketzer verfolgt und mit dem Bann belegt. Sie zogen sich in die Einsamkeit der Berge zurück.

Noch bis 1993 führte in der völligen Abgeschiedenheit der sibirischen Taiga die altgläubige Familie Lykow ein Eremitendasein. Der Bann wurde erst 1971 aufgehoben.

Auch die Zaren teilten ihr Jahr streng nach den Gedenktagen der Kirche ein. Arbeit und Unterhaltung, Kleidung und Nahrung, ja sogar ihr Gang und Betragen waren genau nach der Vorstellung ausgerichtet, die sie für den Willen Gottes hielten. Ihre Frauen aßen niemals an ihrer Tafel und teilten mit ihnen das Lager nur in den von der Kirche sanktionierten Nächten. Sie lebten abgesondert im Terem. Diese Isolation stammt aus der Tatarenzeit. Die Fastenzeit und alle hohen Festtage durften nicht durch den Geschlechtsverkehr entweiht werden.

Fromme Orthodoxe fühlten sich selbst noch im 20. Jahrhundert unangenehm berührt, wenn jemand an Weihnachten Geburtstag hatte, denn das ließ eine Empfängnis am Festtag Mariä Verkündigung (25. März) vermuten.

Iwan IV. (1530–1584) wurde mit drei Jahren Großfürst von Moskau und ließ sich 1547 vom Patriarchen von Moskau zum „ersten Zar von ganz Russland“, zum „Herrscher aller Reußen“ krönen. Der Begriff „aller Reußen“, der künftig Bestandteil des Herrschertitels aller Zaren wurde, bedeutete nicht „aller Russen“, sondern „von ganz Russland“, einem Land mit vielen ethnischen Volksstämmen.

Iwan ließ zwar die Basilius-Kathedrale auf dem Roten Platz mit ihren bunten Kuppeln erbauen, doch an keinem Zarennamen haftet mehr Fluch als an dem seinen. 43 Jahre lang herrschte er, den man „Iwan den Schrecklichen“ nannte, zwischen blutigen Taten und bitteren Tränen. Innenpolitisch war seine Regierungszeit erfüllt von dem grausamen Terror der zaristischen Selbstherrschaft, der uneingeschränkten Despotie. Das heißt, er allein verfügte über Boden und Bevölkerung und war für sein Handeln nur allein Gott gegenüber verantwortlich.

Man muss verstehen, dass niemand die Tatarenherrschaft, die lange Zeit der Unfreiheit, ohne Schaden zu nehmen ertragen konnte. Sie hat dem russischen Wesen Züge aufgeprägt, die es nicht wieder verloren hat. So, wie die Fürsten Demütigung um Demütigung zu ertragen lernten, gaben sie auch den Druck nach unten weiter. Iwan setzte eigentlich das fort, was schon lange begonnen hatte. Mit der Umgestaltung seines Reiches entfesselte er ein Trauma wilder Tyrannei. Er traf damit die Kirche, die er seiner autokratischen Gewalt zu unterwerfen trachtete. Er traf damit das feudale alte Bojarentum, den Adelsstand, den er enteignete und demütigte.

Aus stolzen Adeligen wurden zitternde Diener ihrer Herren. Er traf damit die Bauern, die er Sklaven gleichsetzte und zu Hörigen degradierte. Aus dem Volk wurden scheinbar willenlose Knechte. Jeden Widerstand gegen seine diktatorische Herrschaft brach Iwan IV. auf brutale und blutige Weise. Dazu schuf er die Leibgarde der Strelitzen.

Das Ergebnis seines Regimes war eine nahezu völlig vernichtete Staatsordnung. Ivan hinterließ ein unzufriedenes, erschöpftes, ausgeblutetes Land.

Die Leiden der Tatarenherrschaft kannte das Volk, aber eine Tyrannei unter ihrem eigenen Fürsten war ihnen fremd. Wenn die Menschen auch gottergeben das Joch ertrugen, ihre Herabwürdigung nahmen sie aber nur mit tiefem Groll auf und fanden sich nie damit ab. Tausende von enteigneten und entwurzelten Menschen, die dem Morden entkamen, flohen über den Don, zu den Kosaken, oder schlossen sich als Unzufriedene in enge Gemeinschaften zusammen. Hier brütete ihre Enttäuschung weiter und rief immer wieder Wellen spontaner Proteste hervor.

Sicher ist, dass diese Wandlung tief greifende Folgen hatte. Wenn die nächsten Jahrhunderte Aufstände mit sich brachten, so stand dahinter nie die Sehnsucht der Menschen nach politischer Mitbestimmung, sondern immer der nie vergessene Zorn über die verlorene Freiheit innerhalb des Staatsgefüges. Dabei ging es ihnen nicht um die Person des Zaren, sondern um sein Amt.

Da man in Byzanz wie im alten Russland sich den Staat nur als eine Symphonie, als einen Zusammenklang von geistlicher und weltlicher Gewalt vorstellen wollte, stellte das Zarentum ein sakrales Amt dar. Damit verbanden die Menschen das tiefe Verlangen nach einem Ideal, das Gottes Willen für ihr Land personifizieren sollte. Widerstand gegen den Zaren war Widerstand gegen Gott, das hätten sie als Sünde empfunden. Das mag der Grund sein, weshalb sie ihn ertrugen, sich nicht gegen ihn erhoben. Wenn ein Greis, den Iwan zum Tode am Pfahl verdammt hatte, die ganzen zwölf Stunden seines qualvollen Sterbens für den Zaren betete, ist uns heute dazu eine Erklärung nicht möglich. Wir wissen nur, dass wir hier an etwas stoßen, das wir zu den Rätseln der russischen Seele rechnen.

Der Moskauer Metropolit stellte an Iwan IV. die Frage: „Wie lange wirst du noch das unschuldige Blut aufrichtiger Menschen und Christen vergießen? Tataren und Heiden und die ganze Welt können sagen, dass alle Völker Recht und Gesetze haben, nur in Russland gibt es keine."

Außenpolitisch gelang es Iwan IV. durch endlose Kriege, das Moskauer Reich zu einem Imperium zu wandeln. Mit seinen Siegen hatte er den Weg der Expansion eingeschlagen, der schließlich fast vier Jahrhunderte (vom ersten Zar Iwan IV., 1547, bis zum letzten Zar Nikolaus II., 1917) erfolgreich sein sollte und das größte und mannigfaltigste Reich entstehen ließ, das die Welt je gesehen hat. Dieses Russland war ein aus sich selbst heraus entstandener Staat, dessen Gestaltung sich nicht an römischen, byzantinischen oder westeuropäischen Vorbildern orientiert hatte. Mit einem eigenen, für Europa untypischen System, mit eigenem Recht, eigener Thronfolge und orthodoxem Glauben ließ es sich nur schwer mit anderen europäischen Staaten vergleichen, die zudem an Bildung und Fortschritt weit überlegen waren.

Russland hatte keine abgestufte hierarchische Herrschaftsstruktur, wie man sie in Europa mit Kaiser, König, Herzog etc. kannte. Hier gab es den Zaren, den Selbstherrscher, der von niemandem abhängig war, und es gab den schroffen Gegensatz zwischen Herren und Knechten, der jeder freien bürgerlichen Verfassung entbehrte. Eine Mittelschicht existierte nicht.

Mit Iwans Sohn, Fjeodor, der 1598 starb, und dessen jüngstem Bruder Dimitri, der 1591 auf mysteriöse Weise in Uglic vielleicht aus Machtgier von seinem Schwager Boris Godunow ermordet wurde, erlosch 1598 das Geschlecht der Rurikiden, der Dynasten der ersten Stunde.

Daraufhin wählte die Reichsversammlung Godunow (1598–1605) zum Nachfolger. Als enger Vertrauter Iwans des Schrecklichen setzte er dessen extrem autokratischen Führungsstil fort und legalisierte und verfestigte durch einen Erlass von 1587 die Leibeigenschaft.

Das eroberte Sibirien machte er zum Verbannungsort für Unerwünschte. 1825 schrieb Alexandr Puschkin das Drama „Boris Godunow". Sein unverhoffter Tod ließ das Land in eine zarenlose Zeit verfallen. Nachbarstaaten wie Schweden und Polen-Litauen nutzten die Unsicherheit und versuchten Russland unter ihren Einfluss zu zwingen. Polen, Russlands Erbfeind, das damals mächtigste slawische Land, aber eng mit der westlichen Kultur und deren Glauben verbunden, betrachtete Russland als barbarisches Gebiet.

Endlich endete 1613 mit der Wahl Michails, des ersten Romanow aus einer Seitenlinie der Rurikiden, „die Zeit der Wirren“. Langsam begann der Aufstieg und ließ Russland etappenweise in die europäische Staatenwelt eintreten.

Den ersten einladenden Schritt hatte schon der deutsche Kaiser Friedrich III. (1415–1493) gemacht, als er 1480 Iwan III. seine Freundschaft angeboten hatte. Der Kontakt zum Heiligen Römischen Reich Deutscher Nation öffnete in der darauf folgenden Zeit westeuropäischen Kaufleuten und Reisenden den Landweg durch Russland, über Moskau, bis hin zu den berühmten Märkten in Indien und dem Fernen Osten.

Um mit den westeuropäischen Mächten konkurrieren zu können, glaubte Russland deren Kultur und Lebensweise imitieren zu müssen. Diese standen aber im Widerspruch zu den eigenen Traditionen. Die dadurch hervorgerufenen Spannungen spitzten sich Ende des 19. Jahrhunderts extrem zu, als Russlands Europäisierung teilweise weit fortgeschritten war.

Es ist ein auffallender Zug in der russischen Geschichte, dass es keine Periode der Aufwärtsentwicklung gegeben hat, an deren Beginn nicht westliche Experten stehen. Für die Ausländer war Russland das Land der unbegrenzten Möglichkeiten. Schon unter Iwan III. bauten Italiener im Kreml Kirchen und Paläste, weil in dessen Staatsgebiet niemand über die Fachkenntnisse für derartige Steinbauten verfügte. Es entstanden der Facettenpalast mit Krönungssaal im italienischen Renaissancestil und die grandiose Mariä-Entschlafens-Kathedrale (Mariä-Himmelfahrts-Kathedrale 1475), die mit ihrer architektonischen Synthese aus europäischer Renaissance und byzantinischer Tradition von 1547 bis 1894 Krönungs- und Trauungskirche war. Es folgten der *Terem*, der Frauen- und Zarinnenpalast, die Mariä-Verkündigungs-Kathedrale und 1491 der Erlöserturm.

Aus dieser Zeit, also aus dem 16. Jahrhundert, ist im Nordosten von Moskau eine Fremdenvorstadt beurkundet. Dort durften sich Nichtorthodoxe und Freie ansiedeln und nach ihren Sitten und Gebräuchen leben, ohne dass die orthodoxe Bevölkerung Anstoß daran nehmen brauchte.

Aufgrund der Dominanz der Deutschen hieß sie bald die „deutsche Vorstadt“, *nemeckaja sloboda.* In wachsendem Wohlstand und Luxus bauten und bewohnten die Fremden steinerne Paläste, während die übliche Bauweise, auch in der nahen Hauptstadt, leicht brennbare Holzhäuser waren. Die Deutschen wurde wegen ihrer Fähigkeit zu disziplinierter, fleißiger, erfolgreicher Arbeit ebenso bewundert wie auch als kleinliche Streber verachtet. Ihnen schien das wahre Menschsein zu fehlen.

Dem Volk waren diese Ausländer verhasst, die die Heiligtümer der Nation nach Wunsch und Belieben durchwanderten. Die bloße Gegenwart der Fremden konnte schon urzeitliche Unversehrtheit verletzen und das Mysterium entweihen, an das selbst geborene Russen nicht zu rühren wagten. Der uralte russische Grundsatz, wonach der Zar und alle seine Handlungen als sakrosankt hoch über jeder Kritik standen, ließ das Land hinter einem Vorhang verschwinden. Wahrheiten sollten streng verborgen bleiben. Nun kamen diese räuberischen, fremden Hände und rissen einen Schleier nach dem anderen von den Mysterien des Volkes weg.

Auch wenn in späteren Jahrhunderten in Russland alles einer strengen Zensur unterlag, entsprach das einem Wesenszug, der die alten Verschleierungstendenzen des Imperiums fortsetzte.

Selten hat ein Regent sein Land so verändert wie Zar Peter der Große (russischer Zar seit 1682, Kaiser 1721–1725). Nur Lenin, sowjetrussischer Revolutionär, Politiker und marxistischer Theoretiker (1870–1924) dürfte ihn darin noch übertroffen haben.

Peter, der Enkel des ersten Romanow, war geradezu besessen von der Idee, Russlands Abriegelung vom übrigen Europa zu beenden und das Tor zum Westen zu öffnen. Als er selber an die europäischen Höfe reiste, war das für die meisten Russen ein ungeheures, ein unvorstellbares Ereignis, denn seit 700 Jahren war keiner ihrer Herrscher in den Westen gereist. Besondere Sympathien hegte Peter für Holländer und Deutsche. Aus ihren Ländern importierte er Sitte, Gebräuche wie auch Handwerker, Gelehrte, Künstler, Wissenschaftler, Hebammen, Ingenieure, Industrielle, Heerführer und Waffenfabrikanten.

Nach der armseligen, aus der Sicht Peters aber triumphalen Eroberung eines unscheinbaren schwedischen Pilaster-Forts erreichte er den Zugang zur Ostsee und begann 1703 mit dem schwierigen Bau seiner neuen Hauptstadt. Während Gefangene Steine mühsam aus dem Ural herbeischafften und über 120.000 Leibeigene in dem sumpfigen Delta der *Newa* den Tod fanden, schufen deutsche, italienische und französische Baumeister die prachtvollen Kathedralen und Paläste. St. Petersburg entstand. Es konnte mit dem Westen konkurrieren! Noch Jahrhunderte später waren westliche Künstler und Architekten hier tätig. 1842 wurde Leo von Klenze aus München, der erste Museumsarchitekt, beauftragt, die „Neue Eremitage" zu planen. Um durch alle 400 Säle der gesamten Kunstsammlung zu gehen, muss man 22 Kilometer zurücklegen. Betrachtet man jedes Ausstellungsstück nur eine Minute und das acht Stunden am Tag, braucht man für die ganze Kollektion fast 15 Jahre.

Nichts hielt den Zaren in dem schmutzigen, bigotten Moskau. Seinen unglücklichen Sohn Alexej verpflichtete er, eine deutsche Frau zu ehelichen. Von nun an kamen fast alle späteren Zarinnen aus deutschen Herrscherhäusern!

Gestützt auf die westliche Kultur erzwang Peter Reformen. Er führte 1700 den neuen Kalender ein, der dem Westen angepasst war. Das russische Jahr 7207, gerechnet nach der Erschaffung der Welt, ging zu Ende, und mit dem ersten Januar sollte das Jahr 1700 beginnen.

Im Eifer seiner Aktivitäten gestaltete er die Schlüsselbereiche des nationalen Lebens völlig um. Die Gefühle der Menschen interessierten ihn wenig. Die meisten seiner Neuerungen mussten als Beleidigung für die Religion und die nationale Tradition angesehen werden. Das Volk war empört, als die Männer ihre Bärte abschneiden und ihre Kaftane in unanständiger Weise bis auf Kniehöhe kürzen mussten. Für sie ging es nicht um Mode oder Äußerlichkeiten, nein, hier wurden russische Tradition und die Mannesehre angegriffen. Dem Zar war nichts heilig. Er forderte, Frauen in der Gesellschaft zuzulassen, und veranlasste Priester, das Beichtgeheimnis zu verletzen.

Mit der Ansiedlung von Lutheranern, Hugenotten, Juden und Freimaurern führte er die religiöse Toleranz ein. Das alles wirkte wie ein Entzaubern der Kirche. Der orthodoxen Kirche nahm er die Macht, denn er war ein Herrscher, der keine Konkurrenten duldete. Zwei miteinander rivalisierende Repräsentanten ertrug er nicht. Kurzerhand besetzte er eine vakante Patriarchenstelle mit seiner eigenen Person. Nach dem Einspruch des Klerus schrie er die Versammelten an: „Hier steht euer Patriarch, und diejenigen, die gegen ihn sind, werden den Patriarchen des Schwertes kennen lernen."

Damit war 1721 die Staatskirche, das so genannte Kaiserpapsttum, mit dem Zar als Oberhaupt, geschaffen.

Zu den ersten Schritten der Reformen, die Zar Peter in Russland vorgenommen hatte, gehörte die Wiedereinsetzung des alten Adelsstandes, des Bojarentums, das er mit Grundbesitz beschenkte. Dieser neuen oberen Schicht der Gesellschaft impfte er die europäische Kultur ein und stattete sie mit Privilegien aus. Schon bald lebten diese Herren in einer Welt, die durch eine kosmopolitische Kultur, durch die Gewohnheit des Befehlens, den Staats- und Militärdienst, das Gerangel um Posten und Ehren bestimmt war. Oder sie genossen eben auf dem Land die Freiheit ihres Grundbesitzes.

Dieser bevorzugten Klasse unterstand eine Masse von 40 Millionen gedemütigten Leibeigenen. „Was nützt uns die Freiheit", sagte einmal ein Adeliger, „wenn wir nicht die Freiheit haben, unsere Leibeigenen auszupeitschen?" Jeder von ihnen besaß weit über 2000 „Seelen", wie man die Abhängigen nannte.

Die Kluft zwischen der gehobenen Gesellschaft und dem einfachem Volk wurde unerträglich, und der Abstand zwischen Thron und Volk unermesslich. Ein Bürgertum gab es nicht, und das zu einer Zeit, in der sich in anderen europäischen Ländern der Abstand zwischen Volk und elitärer Gesellschaft zu verringern begann.

Als Zar Peter 1725 starb, wurde er vom Volk gehasst, als Antichrist, als Freund der Ausländer, als Feind Russlands. Die Menschen litten fürchterlich, dennoch blieb er für sie „Väterchen Zar", der von Gott gesalbte Vater ihres Vaterlandes, das Symbol, das Gottes Wille verkörperte.

Dem staunenden westlichen Ausland hatte der geniale Peter vor Augen geführt, dass die „russische Gefahr" wirklich existierte und die oft geäußerten Befürchtungen nicht grundlos waren. Schließlich hatte Russland 1721 gegen Schweden gesiegt und bezwang 1812 den allseits gefürchteten Napoleon wie später (1943) auch Hitler. Russland war zur europäischen Großmacht aufgestiegen.

Der Westen musste Russland als einen Teil der europäischen Staatenwelt anerkennen. Das abgelegene, unbekannte, verachtete und zum Teil verspottete Russland war zu einer Weltmacht geworden. Von den internen gesellschaftlichen Gegensätzen erfuhr der Westen nichts. Von der Not im Herzen des Landes erfuhr auch das Zarenhaus nichts.

Aus Anlass einer Fahrt der Zarin Katharina II., der Großen (1729–1796), auf die Krim soll Feldmarschall Potemkin (1739–1791), Favorit und Liebhaber Katharinas, 1787 den Befehl gegeben haben, Dorfattrappen zu errichten, um der Zarin Wohlstand und Fortschrittlichkeit der Region vorzuspiegeln. Daher kommt der sprichwörtliche Ausdruck „Potemkin'sche Dörfer", im Sinne von „Vortäuschung falscher Tatsachen".

In vielen Maßnahmen war Katharina die Große, geborene Sophie Friederike Auguste von Anhalt-Zerbst, die Erbin der geistigen Ziele Peters des Großen. Auch sie öffnete ihr Land dem Westen.

Sie schickte Werbeagenten nach Deutschland, um Ausreisewillige in ihr Land zu locken. Ihnen versprach sie kostenlosen Grund und Boden, Steuerfreiheit bis zu 30 Jahren, Befreiung vom Militärdienst, Religionsfreiheit und Selbstverwaltung. Vom siebenjährigen Krieg (1754–1763) hart getroffene Deutsche siedelten sich an. Sie waren angeworben worden, um die Steppengebiete an der Wolga zu kultivieren. Durch ihr landwirtschaftliches Können und ihren Fleiß brachten sie dem noch rückständigen Russland einen ungeheuren Aufschwung. Ab 1918 erlebten die Russlanddeutschen, auch „Wolgadeutsche" genannt, Phasen der Verfolgung und Vertreibung.

Fjodor Dostojewski (1821–1881) lässt in seinem Roman „Die Dämonen" (1871) einen gebildeten Russen sprechen: „... Wir verstehen nicht, von eigener Arbeit zu leben ... da wir aber niemals arbeiten werden, so wird auch immer die Meinung derjenigen maßgebend sein, die an unserer statt bisher gearbeitet haben, also die Meinung immer desselben Europa, immer derselben Deutschen, die ja schon seit zwei Jahrhunderten unsere Lehrer sind."

Der Adel erhielt unter Katharina der Großen weitere Vorrechte, wie ständische Selbstverwaltung und eigene Gerichtsbarkeit. Über ihre Leibeigenen verfügte die Zarin frei, verheiratete sie nach Belieben, schickte sie nach Sibirien oder ins Heer und verschenkte rund 850.000 Seelen an ihre Günstlinge und Liebhaber.

Ein kleines Mädchen bekam von ihrer Patentante zum Geburtstag ein „lebendes Geschenk". War es ein Hund, ein Pferd? Nein, es war eine Sklavin.

Drei Viertel der Bevölkerung waren ungebildete Bauern, Analphabeten, deren Horizont sich nicht weiter erstreckte als über ein paar Nachbardörfer. Ihr Leben spielte sich in einem egalitären Kollektiv ab mit gemeinsamer Haftung und gemeinsamen Entscheidungen. Die Nachbarschaftshilfe besaß höchste Priorität. In dieser natürlich gewachsenen Dorfgemeinschaft empfanden die einfachen Russen schon von alters her ihre Lebensfreude. Bei aller Armut ruhte ihr Leben in der hier harmonisch in sich geschlossenen Welt, im festen Rhythmus der Jahreszeiten und Feldarbeiten, der Kirchenfeste und Jahrmärkte mit frohen Liedern und bunten Farben.

Doch mit den radikalen Reformen, die Peter der Große durchgesetzt hatte, zerbrach das Verhältnis zwischen Zar und Volk, zwischen Land und Staat völlig. Der Staat legte den Bauern ein hartes Joch auf. Die Menschen waren rechtlos, waren Sklaven der Herrenklasse, waren Gefangenen in ihrem eigenen Land. Nicht ganz zu Unrecht machte man der russischen Kirche den Vorwurf, der Unterdrückung der Landbevölkerung und der Arbeiterklasse jahrzehnte- und jahrhundertelang tatenlos zugeschaut zu haben. Auch die orthodoxe Kirche hielt ihre Leibeigenen.

In periodisch sich wiederholenden Aufständen erinnerten die Massen an ihren unterdrückten Zustand. Aber ihre Revolten besaßen kein fest umrissenes Programm und waren zur Niederlage verurteilt. Zu den Gegensätzen zwischen Ober- und Unterschicht und zwischen Zar und Volk kam im 19. Jahrhundert allmählich ein weiterer, nicht weniger verhängnisvoller Gegensatz: der Widerstand eines kleinen, aber aktiven Teils der gehobenen Gesellschaft gegen das Regime. Vorwiegend Adelige standen der Regierung kritisch gegenüber und beobachteten besorgt den Zustand der Gesellschaft.

Diese junge, intellektuelle Generation hatte den Einfluss westeuropäischer Weltanschauungen aufgenommen, die Aufklärung, die Revolution, aber auch den eigenen Sieg über Napoleon im Jahre 1812 im Gedächtnis behalten. Diese Erfahrungen fielen gleich Samenkörnern bei ihnen in fruchtbares Erdreich. Der Krieg hatte die jungen Offiziere gelehrt, was es heißt, Russe zu sein. Hatten sie nicht gemeinsam mit den Leibeigenen eine Schicksalsgemeinschaft gegen Napoleon gebildet? Hatten nicht gerade die patriotisch kämpfenden Bauern einen entscheidenden Anteil am Sieg? Beide Gruppen glaubten nun, das Wohlwollen des Zaren genießen zu können. Vergebens! Leider verstand das zaristische Regime, wie häufig in der russischen Vergangenheit, nicht, was die Zeit von ihm erwartete.

In der Gesellschaft regte sich das Bewusstsein der nationalen Würde und der Notwendigkeit, diese zu festigen, auch um den Preis großer Opfer.

Die Ersten, die die Annahme einer konstitutionellen Monarchie forderten und sich für ein menschenwürdiges Leben und damit gegen die Leibeigenschaft einsetzten, waren vorwiegend Adelige. Nach ihrem Aufstand gegen das Zarentum, im Dezember 1825 in Petersburg, endeten die Dekabristen, die „Aufständischen", im Kugelfeuer oder in Sibirien. Die Gärung ihrer Geister konnte aber nicht mehr zum Stillstand gebracht werden, auch wenn sich Zar Alexander II. 1861 entschloss, die Leibeigenschaft aufzuheben.

Die Dekabristen waren die geistigen Vorläufer der späteren „Intelligenzija". Junge talentierte Adelige und tatkräftige Offiziere fühlten sich am besten geeignet, Russland weiter zum Wohle des Volkes zu verändern und einen entsprechenden Wandel herbeizuführen. Einige, die mit den westeuropäischen Verhältnissen Bekanntschaft gemacht hatten, verglichen nun die trostlosen Zustände im Vaterland mit den gesellschaftspolitischen Zuständen in Westeuropa. Scham überkam sie, in einem um Jahrhunderte zurückgebliebenem Land zu leben.

Fortan sahen sie es nicht mehr als selbstverständlich an, einen Posten im Staatsdienst anzustreben, auf der Dienstleiter emporzukriechen und gegenüber ihren Vorgesetzten zu katzbuckeln. Nein, sie wollten Russland verändern.

Ihre Erfolge waren unbefriedigend. Aber der Kampf um die Menschenwürde setzte sich im Liberalismus, in Studentenbewegungen und schließlich im Sozialismus fort, bis er schließlich in der Februar- und Oktoberrevolution 1917 und in der tragischen Ermordung der Zarenfamilie 1918 in Jekaterinburg explodierte.

Aus den Trümmern und Niederlagen der Monarchie wurde 1918 die russische Republik geboren. Die nationalen Institutionen Russlands gingen im Sowjetstaat auf.

Die sozialistische Arbeiterpartei rief ihre Parolen aus: „Wir halten es für unsere unbedingte Aufgabe, mit allen Kräften und Mitteln die Entwicklung der … Wissenschaft zu fördern … Die Religion aber verdunkelt das Bewusstsein des Menschen, verurteilt ihn zu Passivität gegenüber den Kräften der Natur und schlägt seine schöpferischen Aktivitäten in Fesseln."

Den vielen Wallfahrten zu wundertätigen Heiligen entrissen die Bolschewiken ihre Mystik. Zu Hunderten ließen sie nach der Revolution deren Särge in Anwesenheit der Bevölkerung öffnen, um die Knochenreste vorzuzeigen und nicht, wie verheißen, die wohl erhaltenen Leichname. Die Kirche schien damit als „Lügnerin entlarvt".

Wenn daraufhin der Kreml die Leichname von Lenin († 1924), dem „Säulenheiligen der Revolution", und von Stalin († 1953) konservierte und in gläsernen Särgen zur Schau stellte, so wollte er damit dem Volk sagen: „Die orthodoxen Heiligen sind verwest, aber die unseren nicht!"

Noch rigoroser, als dies der Führerkult des Dritten Reiches in Deutschland bedingte, lehnte man im neuen russischen Sowjetreich das Christentum ab. Die 55.173 Kirchen im Land, davon allein 1500 in Moskau, sind bis auf wenige hundert in der Stalinzeit zweckentfremdet, gesprengt oder abgetragen worden. Von 1200 Klöstern konnten 15 überleben. Die orthodoxe Kirche wurde als lästiges Überbleibsel zaristischer Tradition empfunden. Angesichts der kommunistischen Lehre war dieses Verhalten eigentlich paradox, waren doch die Freiheit des Einzelnen und die Gleichheit vor Staat und Gesetz ihre Idealvorstellungen. Diese wären mit Hilfe und Kooperation der russischen Kirche wesentlich leichter zu verwirklichen gewesen, als mit ihrer erklärten Gegnerschaft. Dabei muss man wissen, dass die Einstellung des Bolschewismus zur Religion die *eine* Sache war, die jeweilige Behandlung der Kirche eine *andere.* Durch den Sturz des Zaren wurde die Kirche zwar endlich aus einer 200-jährigen Abhängigkeit und Bevormundung erlöst. Sie war nun frei, wurde aber von den kommunistischen Machthabern unterdrückt und in Fesseln gelegt.

Heute leben in Russland, aus atheistischer Erziehung erwachsen, religiöse Indifferenz und Unwissenheit Seite an Seite mit tiefer, selbstvergessener Gläubigkeit. Soweit das Volk seit Generationen der orthodoxen Kirche angehörte, besteht eine unverkennbare Treue zu religiösen Gebräuchen. Die Russisch-Orthodoxe Kirche ist immer eine Alternative für Menschen geblieben, welche nichts mit dem Kommunismus zu tun haben wollten.

Der Staat förderte die Allgemeinbildung der ganzen Bevölkerung, aber gewissermaßen in einer leninisierten Version. Auf gewaltsame Weise riss er alle sozialen Barrieren nieder, indem er die geschlossenen Dorfgemeinden und damit einen wesentlichen Teil der alten Volkskultur zerstörte. Menschen aller Schichten wurden in den Streitkräften, Arbeitslagern und Gemeinschaftswohnungen der Städte miteinander vermischt.

Dennoch blieb eine Kluft bestehen zwischen den führenden politischen Kreisen, zu denen heute die neureichen Geschäftsleute hinzukommen, und der Masse des Volkes. Auf beiden Seiten existiert kaum das Gefühl einer Bürgergemeinschaft, sondern nur gegenseitiger Argwohn und ein diffuser, verbitterter Unmut der unteren Volksschichten.

Die russische Geschichte ist eine Geschichte von Gegensätzen und Katastrophen.

Zu den umwälzenden Ereignissen auf ihrem 1000-jährigen Weg gehören die christlich-orthodoxe Bekehrung des Volkes, der spätere Mongoleneinfall, die Herrschaft Zar Peters des Großen, die bolschewikische Revolution von 1917 und dann die Auflösung der Sowjetunion im Jahre 1989.

Kein anderes Land ist durch so viel Blut und Tränen gegangen wie dieses. Gegen alle Stürme der Jahrhunderte erwies sich der Patriotismus der Russen als die stärkste aller Stützen. Dieses russische Vaterlandsgefühl ist ein Phänomen, das sich trotz aller Angriffe nicht unterdrücken lässt. Es ist die Liebe zu „Mütterchen Russland“, zu seiner Landschaft, seiner Sprache, seinen Liedern und Sprichwörtern. Früher gehörten auch „Väterchen Zar“ und die Kirche als wichtige Elemente dazu. Der russische Patriotismus hat das Ende der Monarchie und den erbitterten Kampf des Staates gegen die Kirche überdauert.

Dostojewski sagte über die Zukunft seines Landes: „Wir sind ein junges Volk; wir fangen gerade erst an zu leben, obwohl wir schon tausend Jahre da sind.“

Was auch kommen mag – in der russischen Seele schwingt, im Bund mit einer unbestimmten Sehnsucht und der unverwüstlichen Hoffnung, dass es in Zukunft einmal besser werde, zugleich immer der Klang eines zarten Moll-Akkordes nach.

Fazit

Die Kirche hat die europäische Geschichte stark mit geformt, den Kontinent vom Atlantik bis zum Ural kulturell befruchtet und ihm damit eine Seele eingehaucht. Die große christliche Gemeinschaft, getragen vom gemeinsamen geistigen Erbe, bildete seinerzeit eine Völkerfamilie und schuf so den Vorläufer unseres heutigen vereinigten Europas.

Wenn auch im Laufe der Jahrhunderte das Abendland seltsame Wege gegangen ist und die christliche Ära im alten Sinne vorbei ist, sind wir mitten in der säkularisierten Welt den religiösen Wurzeln verbunden geblieben. Daran können auch einzelne europäische Politiker nicht rütteln, die sich in der einen oder anderen Entscheidung „im Namen des Volkes" über die christliche Prägung Europas erheben und sich gegen sie durchsetzen wollen.

Wie die früheren Generationen werden wir unser kulturelles Erbe und damit die abendländischen Werte an die Jugend weitergeben und den guten Rat des Dalai Lama (geistliches und politisches Oberhaupt des tibetanischen Buddhismus) beherzigen: „Ihr Leute aus dem Westen, haltet eure Traditionen. Haltet das Christentum, es hat das gleiche Potential."

Dann wird das „alte Europa" christlich bleiben, wenn auch etwas anders.

Nur das Selbstbewusstsein, das aus der Tradition der eigenen Kultur gewonnen wird, ermöglicht die notwendige Toleranz, die in der heutigen Welt wichtiger geworden ist als jemals zuvor. Ein Dialog auf allen Ebenen zwischen den Ethnien, Religionen und Kulturen ist die Basis des wechselseitigen Verständnisses, des gegenseitigen Respekts und des Weltfriedens.

„Nicht du trägst die Wurzel, sondern die Wurzeln tragen dich."

Jüdische Weisheit

Literatur

zu allen Themen

Diwald, Hellmut: Geschichte der Deutschen, Frankfurt/Main 1978.

Endreß, Gerhard: Der Islam. Eine Einführung in seine Geschichte, München 1983.

Freund, Michael: Deutsche Geschichte, München 1981.

Küng, Hans: Spurensuche. Weltreligionen auf dem Weg, München 1999.

Maier, Hans: Politische Religionen, Freiburg 1995.

Nipperdey, Thomas: Nachdenken über die deutsche Geschichte, München 1986.

Orthbrand, Eberhard: Deutsche Geschichte. Werdegang des Deutschen Reiches, Laupheim 1954.

Popp, Georg: Die Großen der Welt. Altertum und Mittelalter, Würzburg 1976.

Propyläen Geschichte Deutschlands, 9 Bde, Frankfurt/Main 1984.

Propyläen Geschichte Europas, 6 Bde, Frankfurt/Main 1982.

Ridder, Bernhard: Geschichte der katholischen Kirche in Überblicken, Freiburg 1953.

Schilling, H.: Nation und Konfession in der frühzeitlichen Geschichte, Tübingen 1987.

Schubert, Hans v.: Der Kampf des geistigen und weltlichen Rechts, Heidelberg 1927.

Sepp, J.R.: Das Heidentum und dessen Bedeutung für das Christentum, Regensburg 1853.

Smolinsky, Heribert: Kirchengeschichte der Neuzeit I, Düsseldorf 1993.

Strouhal, Eugen: Ägypten zur Zeit der Pharaonenzeit. Alltag und gesellschaftliches Leben, Tübingen-Berlin 1994.

1 „Altes Europa“

Bamm, Peter: Welten des Glaubens, München 1959.
Blockmans, Wim: Geschichte der Macht in Europa, Gießen 1998.
Bosl, Karl: Europa im Mittelalter, Frankfurt/Main 1975.
Hornung, Erik: Das geheime Wissen der Ägypter und sein Einfluß auf das Abendland, München 1999.
Leicht, Hans: Sturmwind über dem Abendland, Wiesbaden 2002.
Lissner, Ivan: Wir sind das Abendland, Bindlach 1993.
Maurer, Michael: Kirche, Staat und Gesellschaft im 17. und 18. Jahrhundert, München 1999.
Pirenne, Henri: Geschichte Europas, Frankfurt/Main 1961.

2 „Altar und Thron“

Bernhart, Joseph: Der Vatikan als Weltmacht, München-Leipzig 1949.
Jung-Inglessis, Eva-Maria: Romfahrt durch zwei Jahrtausende, Bozen 1993.
Knöpfler, Anton: Lehrbuch der Kirchengeschichte, Freiburg 1906.
Lauer, Pat: 2000 Jahre Christentum, Weyarn 1999.
Metzsch, Friedrich-August v.: In Bildern Gott begegnen, München 2000.
Panati, Charles: Lexikon der religiösen Gegenstände und Gebräuche, Frankfurt/Main 1998.
Pastor, Ludwig v.: Die Geschichte der Päpste, Freiburg 1931.
Payne, Robert: Unter diesem Zeichen, Stuttgart 1968.

3 „Papst und Kaiser“

Beck, Rainer (Hrsg.): 1492 – Die Welt zur Zeit des Kolumbus, München 1992.
Haussherr, Reiner (Hrsg.): Die Zeit der Staufer. Geschichte, Kunst und Kultur. Ausstellungskatalog, Stuttgart 1977/79.
Rausse, Hubert: Geschichte des Deutschen Mittelalters, Regensburg o.J.
Rößler, Hellmuth: Deutscher Adel, 2 Bde., Darmstadt 1965.
Schulz, G.: Sozialer Aufstieg. Funktionseliten im Spätmittelalter und in der frühen Neuzeit, München 2002.

Tellenbach, Gerd: Die westliche Kirche im 10. bis zum frühen 12. Jahrhundert (Die Kirche in der Geschichte, Bd. 2, Lieferung F1), Göttingen 1988.
Thomas, Heinz: Ludwig der Bayer, Kaiser und Ketzer, Regensburg 1993.

4 „Martin Luther"

Bainton, Roland H.: Martin Luther, Göttingen 1971.
Buchwald, Georg: Doktor Martin Luther, ein Lebensbild, Leipzig - Berlin 1902.
Friedenthal, Richard: Luther, München 1967.
Herrmann, Horst: Martin Luther, Ketzer und Reformer – Mönch und Ehemann, Köln 1999.
Schwarz, Ulrich: Martin Luther. Abschied vom Mittelalter, in: Der Spiegel, Nr. 51, Hamburg 2003.
Schwendemann, Wilhelm (Hrsg.): Philipp Melanchthon 1497–1997, Münster 1997.

5 „Wittelsbachische Gegenreformation in Bayern"

Gesetzesblatt für das Königreich Bayern, München 1818.
Hausberger, Karl und Hubensteiner, Benno: Bayerische Kirchengeschichte, München 1985.
Heydenreuter, Reinhard: Der landesherrliche Hofrat unter Herzog und Kurfürst Maximilian I. von Bayern, München 1981.
Kraus, Andreas: Maximilian I., Bayerns großer Kurfürst, Regensburg 1990.
Nöhbauer, Hans F.: Die Wittelsbacher. Eine europäische Dynastie – eine deutsche Chronik, München 1979.
Pfister, Kurt: Kurfürst Maximilian I. und sein Jahrhundert, München 1948.
Roepke, Claus-Jürgen: Die Protestanten in Bayern, München 1972.
Simon, Matthias: Historischer Atlas von Bayern. Die evangelische Kirche, München 1960.
Spindler, Max (Hrsg.): Handbuch der bayerischen Geschichte, 4 Bde, München 1967/75.
Stutzer, Dietmar: Die Säkularisation 1803. Der Sturm auf Bayerns Kirchen und Klöster, Rosenheim 1978.

Weitlauff, Manfred: Der Staat greift nach der Kirche. Die Säkularisation von 1802/03 und ihre Folgen, in: Kirche im 19. Jahrhundert, hrsg.v. Manfred Weitlauff, Regensburg 1998.

6 „Habsburgische Gegenreformation in Böhmen"

Bretholz, Bertold: Neuere Geschichte Böhmens, I. Bd., Gotha 1920.

Lorenz, Hans: Bilder aus Alt-Joachimsthal, Joachimsthal 1925.

Scheible, Heinz (Hrsg.): Melanchthons Briefwechsel, Stuttgart 1993.

Scheinpflug, Bernhard: Kloster Plass und seine Umgebung, Prag 1875.

Schlesinger, Ludwig: Geschichte Böhmens, Prag 1870.

Seibt, Ferdinand (Hrsg.): Renaissance in Böhmen, München 1985.

Sutter Fichtner, Paula: Ferdinand I. Wider Türkennot und Glaubensspaltung, Wien 1986.

7 „Die Hugenotten"

Bahl, Peter: Der Hof des Großen Kurfürsten, Böhlau 2001.

Brandenburg, Edith und Klaus: Hugenotten. Geschichte eines Martyriums, Leipzig 1998.

Fischer, Otto (Hrsg.): Theodor Agrippa d'Aubigné und Thomas und Felix Plattners Lebensbeschreibungen, München 1911.

Holl, Karl: Jean Calvin, in: ders., Gesammelte Aufsätze zur Kirchengeschichte, Tübingen 1928.

Landgrebe, Peter: Minoritätengruppe und wirtschaftliche Bedeutung: Zum Einfluß der Hugenotten auf die deutsche Wirtschaftsentwicklung (Geschichtsblätter des Deutschen Hugenotten-Vereins e.V., Heft 7/10), Sickte 1977 (zugleich Diss. München 1976).

Steffe, Albert Martin: Die Hugenotten. Macht des Geistes gegen den Geist der Macht, Augsburg 1995.

Stubenvoll, Willi: Die deutschen Hugenottenstädte, Frankfurt/Main 1990.

Thadden, Rudolf v. und Magdelaine, Michelle: Die Hugenotten 1685–1985, München 1985.

Tollin, Henri: Geschichte der französischen Colonie von Magdeburg, Magdeburg 1893.

Tworuschka, Monika und Udo (Hrsg.): Religionen der Welt in Geschichte und Gegenwart, Würzburg 1992.
Weber, Max: Die protestantische Ethik und der Geist des Kapitalismus, Hamburg 1973.
Zopf, Otto: Die Hugenotten. Geschichte eines Glaubenskampfes, Konstanz 1948.

8 „Der Kulturkampf“

Bismarck, Fürst Otto von: Gedanken und Erinnerungen, 2 Bde, Berlin 1905.
Georg, Franz: Kulturkampf, München 1954.
Haffner, Sebastian: Von Bismarck bis Hitler, ein Rückblick, Berlin 1987.
Hammerstein, Ludwig v.: Charakterbilder aus dem Leben der Kirche, Trier 1897.
Morsey, Rudolf: Der Kulturkampf. Bismarcks Präsentativkrieg gegen das Zentrum und die katholische Kirche, in: Kirche im 19. Jahrhundert, hrsg. v. Manfred Weitlauff, Regensburg 1998.
Strecker, Karl: Otto von Bismarck, ein Lebensbild, Berlin 1898.

9 „Antijudaismus“

Beck, Wolfgang (Hrsg.): Die Juden in der europäischen Geschichte, sieben Vorlesungen, München 1992.
Castelló, Elena Romero und Kapón, Uriel Macias: Die Juden in Europa, München 1994.
Chamberlain, Houston Stewart: Die Grundlagen des neunzehnten Jahrhunderts, München 1937.
Crossan, John Dominic: Wer tötete Jesus? Die Ursprünge des christlichen Antisemitismus in den Evangelien, München 1999.
Hertzberg, Arthur: Wer ist Jude? München 1998.
Hirsch, Rudolf und Schuder, Rosemarie: Der gelbe Fleck. Wurzel und Wirkungen des Judenhasses in der deutschen Geschichte, Köln 1999.
Lange, Nicholas de: Bildatlas der Weltkulturen. Jüdische Welt, München 1997.
Lehmann, Johannes: Die Kreuzfahrer, München 1976.

Schoeps, Julius H. und Schlör, Joachim (Hrsg.): Antisemitismus, Vorurteile und Mythen, München 1995.
Semi-Gotha: Der Adel jüdischen Ursprungs, Weimar 1912.
Stiftung Jüdisches Museum Berlin (Hrsg.): Zwei Jahrtausende deutsch-jüdische Geschichte, Berlin 2001.
Stobbe, Otto: Die Juden in Deutschland während des Mittelalters, Braunschweig 1866.

10 „Die Freimaurer"

Anonym: Ein deutscher Patriot: Freimaurerei und Sozialdemokratie, Stuttgart 1889.
Bruce-Mitford, Miranda: Zeichen und Symbole, Stuttgart 1997.
Holtorf, Jürgen: Die Logen der Freimaurer. Geschichte, Bedeutung, Einfluss, München 1998.
Keller, Ludwig: Die Freimaurerei, Leipzig 1914 .
Lennhoff, Eugen und Possner, Oskar und Binder, Dieter A.: Internationales Freimaurer-Lexikon, München 2000.
Ludendorff, Mathilde: Erich Ludendorff. Sein Wesen und Schaffen, München 1938.
Valmy, Marcel: Die Freimaurerei. Arbeit am Rauen Stein mit Hammer, Zirkel und Winkelmaß, München 1988.

11 „Mohammed eroberte Europa"

Bernhard, Lewis: Stern, Kreuz und Halbmond. 2000 Jahre Geschichte des Nahen Ostens, München 1997.
Boisard, Marcel A.: Eine Geschichte von globalem Ausmaß, in: Weltmacht Islam. Heft D 28 der Bayerischen Landeszentrale für politische Bildung, München 1988.
Gabrieli, Francesco: Mohammed in Europa, 1300 Jahre Geschichte, Kunst, Kultur, München 1983.
Halm, Heinz: Was ist Islam und wer ist Muslim? Die Glaubensrichtungen des Islam, in: Der Bürger im Staat. Islam in Deutschland. Heft 4 der Landeszentrale für politische Bildung, Baden-Württemberg 2001.
Hilf, Rudolf: Weltmacht Islam? in: Weltmacht Islam. Heft D 28 der Bayerischen Landeszentrale für politische Bildung, München 1988.

Reißner, Ilma (Schriftleitung): Das Heilige Russland. 1000 Jahre russisch-orthodoxe Kirche, Freiburg 1987.
Schacht, Josef und Bosworth, Clifford E.: Das Vermächtnis des Islam, München 1983.
Steinbach, Udo: Der Islam – Religion und Politik, in: Der Islam im Nahen Osten. Heft 238 der Informationen zur politischen Bildung, Bonn 1993.

12 „Die russische Seele"

Almedingen, E.M.: Die Romanows. Rußland 1613–1917, Wien 1968.
Cartier, Raymond: Peter der Große, Kaiser und Barbar, München 1963.
Fleischhauer, Ingeborg: Die Deutschen im Zarenreich, Stuttgart 1986.
Gut, Taja: Iwan der Dumme? Russische Rätsel und ihre Vorgeschichten, in: Neue Rundschau, Heft 3, Frankfurt/Main 1994.
Hosking, Geoffrey: Rußland, Nation und Imperium 1552–1917, Berlin 1996.
Mehnert, Klaus: Der Sowjetmensch, Stuttgart 1958.
Schröder, Hans Henning: Vom Kiewer Reich bis zum Verfall der UdSSR. in: Russland. Heft 281 der Informationen zur politischen Bildung, Bonn 2003.
Wolkonskij, Michael: Die Dekabristen, die ersten russischen Freiheitskämpfer des 19. Jahrhunderts, Zürich 1946.

Bildernachweis

(Mit freundlicher Genehmigung der jeweiligen Rechtsinhaber)

Abb. 1 Josef Bayer, München.

Abb. 2 Trotz intensiver Suche konnte der Rechtsinhaber nicht ermittelt werden.

Abb. 3 Staatliche Münzsammlungen, München.

Abb. 4 Trotz intensiver Suche konnte der Rechtsinhaber nicht ermittelt werden.

Abb. 5 Stiebner Verlag GmbH, München.

Abb. 6 Bildarchiv Preußischer Kulturbesitz, Berlin.

Abb. 7 Albertina Museum, Wien.

Abb. 8 Die Prager Exekution 1621 in: Fr. Pick, Prägerische Execution, 1621.

Abb. 9 Foto Hvézva, Rakovnik..

Abb. 10 Deutsche Hugenotten-Gesellschaft e.V.

Abb. 11 Bildarchiv Preußischer Kulturbesitz, Berlin.

Abb. 12-15 Trotz intensiver Suche konnte der Rechtsinhaber nicht ermittelt werden.

Abb. 16 Jürgens-Photo, Berlin.

Abbildungen auf dem Umschlag:

Papst Innozenz X., Süleiman II., Iwan IV. und Richelieu: akg-images, Berlin.
Bismarck und Luther: Bildarchiv Preußischer Kulturbesitz, Berlin.
Papstpalst in Avignon: Trotz intensiver Suche konnte der Rechtsinhaber nicht ermittelt werden.